ONDE
OS SONHOS
ACONTECEM

ROBERT IGER

ONDE
OS SONHOS
ACONTECEM

MEUS 15 ANOS COMO CEO DA THE WALT DISNEY COMPANY

Tradução de
Alexandre Raposo

Copyright © 2019 by Robert Iger

TÍTULO ORIGINAL
The Ride of a Lifetime

PREPARAÇÃO
Carolina Rodrigues

REVISÃO
Carolina Vaz
Eduardo Carneiro

DIAGRAMAÇÃO
Anderson Junqueira
Tebhata Spekman

CIP-BRASIL. CATALOGAÇÃO NA PUBLICAÇÃO
SINDICATO NACIONAL DOS EDITORES DE LIVROS, RJ
I26o

    Iger, Robert, 1951-
      Onde os sonhos acontecem : meus 15 anos como CEO da The Walt Disney Company / Robert Iger ; tradução Alexandre Raposo. - 1. ed. - Rio de Janeiro : Intrínseca, 2020.
      304 p. ; 23 cm.

      Tradução de: The ride of a lifetime
      ISBN 978-85-510-0667-2

      1. Iger, Robert, 1951-. 2. Walt Disney Company. 3. Executivos - Estados Unidos - Biografia. I. Raposo, Alexandre. II. Título.

20-64360   CDD: 926.584
                    CDU: 929:005.5

Meri Gleice Rodrigues de Souza - Bibliotecária CRB-7/6439

13/05/2020   18/05/2020

[2020]
Todos os direitos desta edição reservados à
EDITORA INTRÍNSECA LTDA.
Av. das Américas, 500, bloco 12, sala 303
22640-904 – Barra da Tijuca
Rio de Janeiro — RJ
Tel./Fax: (21) 3206-7400
www.intrinseca.com.br

Para Willow: este passeio não seria possível sem você.

Kate, Amanda, Max e Will: obrigado pelo amor e pela compreensão e por toda a alegria que vocês me deram.

Para os milhares de membros e funcionários da Disney no passado e no presente: meu orgulho e minha admiração por vocês não têm fim.

SUMÁRIO

PRÓLOGO **9**

PARTE 1

APRENDIZADO

CAPÍTULO 1   Começando por baixo   **29**

CAPÍTULO 2   Apostando no talento   **51**

CAPÍTULO 3   Aprenda o que não sabe (e confie no que faz)   **66**

CAPÍTULO 4   Entra a Disney   **83**

CAPÍTULO 5   Segundo na fila   **101**

CAPÍTULO 6   Coisas boas podem acontecer   **116**

CAPÍTULO 7   Diz respeito ao futuro   **138**

PARTE 2

LIDERANDO

CAPÍTULO 8	O poder do respeito	**157**
CAPÍTULO 9	Disney-Pixar e um novo caminho para o futuro	**170**
CAPÍTULO 10	A Marvel e grandes riscos que fazem todo o sentido	**198**
CAPÍTULO 11	Star Wars	**222**
CAPÍTULO 12	Inovar ou morrer	**240**
CAPÍTULO 13	Integridade não tem preço	**256**
CAPÍTULO 14	Valores fundamentais	**269**

APÊNDICE - LIÇÕES **281**

AGRADECIMENTOS **289**

ÍNDICE **292**

PRÓLOGO

EM JUNHO DE 2016, fiz minha quadragésima viagem à China em dezoito anos, a décima primeira nos seis meses anteriores. Eu estava ali para supervisionar os últimos preparativos antes da inauguração da Shanghai Disneyland. Naquela época, eu era CEO da Walt Disney Company havia onze anos, e meu plano era inaugurar o parque em Xangai e, então, me aposentar. Havia sido uma trajetória emocionante e a criação daquele parque era a maior conquista da minha carreira. Parecia o momento certo para seguir em frente, mas a vida nem sempre segue o planejado. Algumas coisas são impossíveis de prever. O fato de eu ainda estar dirigindo a empresa enquanto escrevo este livro é prova disso. E, de maneira muito mais profunda, o mesmo se aplica ao que aconteceu naquela semana em Xangai.

Inauguraríamos o parque na quinta-feira, 16 de junho. Na segunda-feira daquela semana, esperávamos a chegada da primeira leva de VIPs: membros do conselho e principais executivos da Disney com suas famílias, parceiros de criação, investidores e analistas de Wall Street. Um imenso contingente de mídia internacional já se encontrava ali, e havia mais pessoas a caminho. Eu estava em Xangai havia duas semanas e era movido a adrenalina. Desde a minha primeira viagem à China em busca de locação, em 1998, fui a única pessoa que estivera envolvida no projeto desde o primeiro dia, e mal podia esperar para apresentá-lo ao mundo.

A Walt Disney construiu a Disneylândia em Anaheim, Califórnia, 61 anos atrás, e, desde então, inauguramos parques em Orlando, Paris, Tóquio e Hong Kong. O Disney World em Orlando continua sendo o maior, mas o parque de Xangai pertence a uma categoria completamente diferente dos demais. Foi um dos maiores investimentos na história da empresa. Os números de fato não lhe fazem justiça, mas aqui estão alguns deles para se ter uma ideia de sua dimensão. A construção da Shanghai Disneyland custou cerca de 6 bilhões de dólares. Tem 390 hectares, cerca de onze vezes o tamanho da Disneylândia. Nas várias etapas de sua construção, cerca de quatorze mil trabalhadores moraram na propriedade. Fizemos testes de elenco em seis cidades da China para encontrar os milhares de cantores, dançarinos e atores que se apresentariam em nossos espetáculos teatrais e ao ar livre. Nos dezoito anos que durou a construção do parque, encontrei-me com três presidentes da China, cinco prefeitos de Xangai e mais secretários de partido do que sou capaz de lembrar (um dos quais foi preso por corrupção e banido para o norte da China no meio das negociações, o que atrasou o projeto em quase dois anos).

Mantivemos intermináveis tratativas sobre terrenos, divisão de lucros e funções de gerenciamento; discutíamos tanto coisas importantes (a segurança e o conforto dos trabalhadores chineses, por exemplo) quanto assuntos de menor relevância (se deveríamos cortar uma fita no dia da inauguração). A criação desse parque foi praticamente um curso de geopolítica e um constante ato de equilíbrio entre as possibilidades de expansão mundial e os perigos do imperialismo cultural. O enorme desafio, que repeti para a nossa equipe tantas vezes que acabou se tornando um mantra para todos que trabalharam no projeto, seria criar uma experiência que fosse "autenticamente Disney e distintamente chinesa".

No início da noite de domingo, 12 de junho, chegaram a mim e à minha equipe em Xangai notícias de um tiroteio na boate Pulse, em Orlando, a 24 quilômetros do Disney World. Temos mais de setenta mil funcionários em Orlando, e ficamos aguardando, horrorizados, a confirmação de que alguns deles estavam na boate naquela noite. Nosso chefe de segurança, Ron Iden, que estava conosco em Xangai, imediatamente começou a ligar para sua rede de contatos de segurança nos Estados Unidos. Quando soubemos da notícia, eram doze horas mais cedo em Orlando — pouco antes do amanhecer —, e Ron me disse que teria mais informações quando eu me levantasse pela manhã.

Meu primeiro compromisso no dia seguinte foi uma apresentação para investidores durante o café da manhã. Após isso, precisei gravar uma longa entrevista com Robin Roberts, do *Good Morning America*, que incluía fazer um tour pelo parque e andar em algumas atrações com Robin e sua equipe. Em seguida, participei de uma reunião com autoridades chinesas sobre o protocolo de cerimônias de inauguração, um jantar com executivos seniores e membros do nosso conselho e, por fim, um ensaio do concerto para a noite de inauguração que eu estava organizando. Ron foi me atualizando ao longo do dia.

Sabíamos que mais de cinquenta pessoas tinham sido assassinadas, que havia quase o mesmo número de feridos e que o atirador era um homem chamado Omar Mateen. A equipe de segurança de Ron verificou o nome de Mateen em nosso banco de dados e descobriu que ele visitara o Magic Kingdom alguns meses antes do tiroteio e voltara no fim de semana anterior. Havia imagens daquela última visita nas câmeras de segurança, ele vagando pelo lado de fora de uma das entradas do parque, perto da House of Blues, em Downtown Disney.

O que soubemos a seguir me abalou como poucas coisas ao longo de toda a minha carreira. O fato só viria a público quase dois anos depois, durante o julgamento da esposa de Mateen como cúmplice dos assassinatos (mais tarde, ela foi absolvida), mas os investigadores federais disseram para Ron que acreditavam que o Disney World era o alvo principal de Mateen. Eles encontraram o telefone dele no local do tiroteio e concluíram que o aparelho estivera conectado a uma de nossas torres de celular mais cedo naquela noite. Estudaram as imagens das câmeras e mais uma vez o viram vagando de um lado para outro em frente à entrada perto da House of Blues. Naquela noite, um show de heavy metal foi realizado no local, o que significou segurança extra — cinco policiais armados —, e, após examinar a área por alguns minutos, é possível ver Mateen caminhando até um carro.

As câmeras de segurança detectaram duas armas em posse de Mateen — um rifle e uma pistola semiautomáticos — escondidas em um carrinho de bebê, além de um cobertor infantil que ainda não tinha sido retirado da embalagem. Os investigadores suspeitavam que seu plano era esconder as armas embaixo do cobertor e levá-las até a entrada antes de sacá-las.

Nosso chefe de Parques e Resorts, Bob Chapek, também estava em Xangai, e nos mantivemos em contato o dia inteiro enquanto Ron nos fornecia mais notícias. Ainda estávamos ansiosos para saber se alguém da nossa equipe estava na boate e era enorme a nossa preocupação com a iminência do vazamento da notícia de que éramos um alvo. Seria uma grande matéria e causaria um forte impacto emocional na comunidade.

O vínculo que se cria em momentos de profundo estresse como esse, ao compartilhar informações que não podem ser discutidas com mais ninguém, é poderoso. Sinto-me grato pela competência, tranquilidade e humanidade das equipes que me cercaram em todas as emergências que enfrentei como CEO. O primeiro passo de Bob foi mandar o diretor do Disney World, George Kalogridis, de volta a Orlando, para dar maior apoio executivo ao seu pessoal.

Os dados no telefone de Mateen revelaram que, depois de voltar para o carro, ele fez uma busca por boates em Orlando. O atirador dirigiu até a primeira da lista, mas havia uma construção bem em frente à entrada e o tráfego estava bloqueado. O segundo resultado exibido era a Pulse, onde ele por fim executou o massacre. À medida que chegavam os detalhes da investigação, senti horror e pesar pelas vítimas do atentado e, ao mesmo tempo, um alívio doentio pelo atirador ter mudado de ideia devido à segurança que tínhamos no local.

Muitas vezes me perguntam que aspecto do meu trabalho tira meu sono. A resposta sincera é que o trabalho não me causa muita angústia. Não sei se é uma peculiaridade da química do meu cérebro, um mecanismo de defesa que desenvolvi em reação ao caos familiar na minha juventude ou o resultado de anos de disciplina — ou talvez uma combinação de tudo isso —, mas não costumo ficar muito ansioso quando as coisas dão errado. E em geral abordo as más notícias como problemas que podem ser trabalhados e resolvidos, alguma situação sobre a qual tenho controle em vez de algo que está acontecendo comigo. Mas também estou totalmente ciente do poder simbólico da Disney sendo o alvo, e a única coisa que me deixa muito preocupado é saber que, por mais vigilantes que sejamos, não temos como estar preparados para tudo.

Quando o inesperado acontece, uma espécie de triagem instintiva entra em ação. É preciso confiar em sua "escala de ameaças" interior. Há eventos irrelevantes e outros em que você diz para si mesmo: *Isso é sério, preciso me envolver imediatamente, mas também tenho que me desligar, me concentrar em outras coisas e voltar a isso mais tarde.* Às vezes, mesmo que você esteja "no comando", é necessário ter noção de que, no momento, talvez você não tenha nada a acrescentar e, por isso, não deve agir de imediato. Você acredita que seu pessoal fará o trabalho que lhes cabe e concentra as energias em alguma outra questão urgente.

Era o que eu estava dizendo a mim mesmo em Xangai, a meio mundo de Orlando. Aquele projeto era a coisa mais importante em que a empresa embarcara desde a inauguração do Disney World, em 1971. Nunca havíamos investido tanto em algo com tamanho potencial — tanto para o sucesso quanto para o fracasso — em quase cem anos de história. Eu não tinha escolha a não ser compartimentar, me concentrar nos detalhes de última hora das cerimônias de inauguração e confiar na minha equipe em Orlando e nos protocolos de que dispúnhamos.

Temos um sistema que rastreia nossos funcionários sempre que ocorre um desastre. Se houver um acidente de avião, um furacão ou um incêndio, por exemplo, recebo relatos de quem desapareceu, quem teve de deixar a própria casa, quem perdeu um amigo, parente ou animal de estimação, quem teve a propriedade danificada. Temos mais de duzentos mil funcionários em todo o mundo, portanto, se algo catastrófico ocorrer, há alguma probabilidade de que algum de nossos funcionários tenha sido afetado. Após os ataques terroristas de 2015 em Paris, fiquei sabendo em poucas horas que os fornecedores de uma agência de publicidade com a qual trabalhamos foram mortos. Após o tiroteio de Las Vegas, no último trimestre de 2017, recebi imediatamente relatórios de que mais de sessenta funcionários nossos estavam no show ao ar livre naquela noite. Cinquenta deles conheciam alguém que foi morto ou ferido. Três foram baleados. E um deles, um funcionário da Disneylândia, morreu.

Na manhã daquela terça-feira em Xangai, soubemos que dois dos nossos funcionários de meio expediente estavam entre os mortos no tiroteio na boate. Diversos outros colaboradores eram amigos ou parentes das vítimas. Nossos conselheiros de trauma e luto começaram a trabalhar, entrando em contato com quem tinha sido afetado e providenciando serviços de saúde mental.

MINHA AGENDA naqueles dias que antecederam a inauguração do parque fora programada minuto a minuto: liderar tours pelo parque, conceder entrevistas e participar de ensaios para dar os toques finais nas apresentações da cerimônia de inauguração; promover almoços, jantares e reuniões com acionistas, fornecedores e membros do nosso conselho; me reunir com dignitários chineses para prestar-lhes o devido respeito; inaugurar uma ala do Hospital Infantil de Xangai; ensaiar um breve discurso, parte em mandarim, que eu faria na cerimônia de abertura. Havia até pequenos intervalos programados para que eu pudesse me maquiar, trocar de roupa e fazer um lanche rápido. Na manhã de quarta-feira, eu liderava um tour VIP para cerca de cem convidados. Jerry Bruckheimer e George Lucas estavam lá. Alguns de meus subordinados diretos encontravam-se ali com suas famílias. Minha esposa, Willow, e nossos filhos também estavam presentes. Todos usavam fones de ouvido, e eu falava ao microfone enquanto os guiava pelo parque.

Lembro-me exatamente de onde estávamos — entre a Adventure Island e a Pirate Cove — quando Bob Chapek se aproximou e me puxou para o lado. Imaginei que ele trazia mais notícias sobre a investigação do massacre e me inclinei para que ele pudesse me atualizar em particular. "Houve um ataque de jacaré em Orlando", sussurrou Bob. "Um jacaré atacou uma criança. Um garotinho."

Estávamos cercados de gente, e disfarcei a minha crescente sensação de horror quando Bob me contou o que sabia até então. O ataque ocorrera em nosso resort Grand Floridian Hotel por volta das 20h30. Em Xangai eram cerca de 10h30, então o ataque ocorrera duas horas antes. "Não sabemos o estado da criança", disse Bob.

Instintivamente, comecei a rezar para que o garotinho não morresse. Então, me pus a consultar o histórico em minha mente. Isso já tinha acontecido? Pelo que me constava, nos 45 anos desde que o parque fora inaugurado, nenhum hóspede jamais fora atacado. Comecei a visualizar o local. Bob me dissera que o ataque ocorrera na praia do resort. Já me hospedei diversas vezes no Grand Floridian e conheço bem aquela praia. Há uma lagoa lá, mas nunca vi ninguém nadando naquela área. Espere… isso não era verdade. A imagem de um homem nadando para recuperar um balão que o filho perdera me veio à mente. Fora uns cinco anos antes. Lembrei-me de ter tirado uma foto do homem nadando de volta à margem, balão na mão, rindo comigo mesmo das coisas que os pais se dispõem a fazer pelos filhos.

Terminei o tour e esperei por mais notícias. Existe um protocolo que determina o que chega até mim e o que é tratado por outra pessoa, e minha equipe sempre espera para me dizer algo até ter certeza de que é necessário. (Para frustração deles, às vezes os repreendo porque não me dão as más notícias tão rápido quanto eu gostaria.) Daquela vez, as notícias chegaram imediatamente, mas fiquei desesperado querendo saber mais.

George Kalogridis, aquele que enviamos de volta após o massacre na boate, aterrissou perto do momento em que ocorreu o ataque do jacaré e no mesmo instante começou a administrar a situação, passando-nos informações assim que as recebia. Logo descobri que o garoto estava desaparecido. As equipes de resgate não haviam encontrado o corpo. Seu nome era Lane Graves e ele tinha dois anos. A família Graves estava hospedada no Grand Floridian e fora à praia para uma sessão noturna de cinema. A sessão fora cancelada por causa de uma tempestade, mas os Graves e algumas outras famílias decidiram ficar e deixar os filhos brincarem. Lane pegou um balde e foi até a margem. Anoitecia, e um jacaré, que subira à superfície para se alimentar, estava ali no raso. O animal, então, agarrou o garoto e o puxou para a água. George me informou que a família Graves viera do Nebraska e que uma equipe de crise estava com eles. Eu conhecia alguns membros da equipe. Eles eram excepcionais, e fiquei grato por estarem lá, mas eles seriam testados ao extremo.

Aquela seria a noite do nosso show de inauguração em Xangai, que contaria com a apresentação de uma orquestra de quinhentos integrantes e tinha como atração principal o mundialmente famoso pianista Lang Lang, além de uma programação que incluía os mais renomados compositores, cantores e músicos da China. Antes do espetáculo, eu estava oferecendo um jantar para um grupo de autoridades chinesas e dignitários visitantes. Fiz tudo o que pude para me concentrar em minhas responsabilidades, mas não parava de pensar na família Graves em Orlando. A ideia de que eles haviam sofrido uma perda tão inimaginável, e logo no Disney World, pairava sobre tudo o mais.

No dia da inauguração, quinta-feira, 16 de junho, acordei às quatro da manhã e me exercitei para tentar desanuviar a mente. Então fui até um salão em nosso andar e me encontrei com Zenia Mucha, nossa diretora de comunicações. Zenia e eu trabalhávamos juntos havia mais de dez anos. Ela esteve ao meu lado durante todos os bons e maus momentos. É durona, não tem papas na língua quando acha que estou errado e sempre tem em mente o que é melhor para os interesses da empresa.

A história estava sendo amplamente divulgada, e eu queria que a nossa resposta fosse dada por mim. Eu já vira outras empresas lidarem com crises através de um "porta-voz", e essa estratégia sempre me pareceu fria e um tanto covarde. Os sistemas corporativos em geral trabalham para isolar e proteger os CEOs, às vezes em excesso, e eu estava determinado a não fazer isso naquele momento. Falei para Zenia que precisava divulgar uma declaração, e ela na mesma hora concordou que era a coisa certa a se fazer.

Há muito pouco que se possa dizer a respeito de algo assim, mas nos sentamos naquele salão e ditei meus sentimentos para Zenia da maneira mais sincera possível. Falei sobre ser pai e avô, e como isso me permitia ter um vislumbre da dor inimaginável daqueles pais. Quinze minutos depois da nossa conversa, a declaração foi divulgada. Voltei ao meu quarto para começar a me preparar para a inauguração. Willow saíra, e meus meninos estavam dormindo. Eu não conseguia fazer o que precisava, e alguns minutos depois, voltei a ligar para Zenia. Quando ela atendeu, eu disse: "Quero falar com a família."

Dessa vez, eu esperava resistência da parte dela e do nosso diretor jurídico, Alan Braverman. Aquilo poderia se tornar uma situação legal complicada, e os advogados procuram evitar que qualquer coisa que possa vir a exacerbar a responsabilidade do cliente seja dita. Nesse caso, porém, os dois sabiam que era algo que eu precisava fazer, e nenhum deles se opôs à ideia. "Vou pegar o número para você", disse Zenia. Em poucos minutos eu tinha o número de telefone de Jay Ferguson, amigo de Matt e Melissa Graves, pais do menino, que imediatamente voara para Orlando a fim de lhes fazer companhia.

Sentei-me na beirada da cama e liguei. Eu não sabia o que dizer, mas, quando Jay atendeu, expliquei quem eu era e que estava em Xangai. "Não sei se eles querem conversar comigo", falei, "mas, se quiserem, gostaria de expressar as minhas condolências. Caso contrário, eu pedirei que as transmita para eles."

"Só um minuto", disse Jay. Ouvi uma conversa ao fundo e, de súbito, Matt estava ao telefone. Apenas comecei a falar. Reiterei o que dissera na declaração, que era pai e avô e não conseguia mensurar o que eles estavam passando. Disse que queria que ele soubesse por meu intermédio, a pessoa no topo da empresa, que faríamos qualquer coisa que pudéssemos para ajudá-los a enfrentar aquilo. Dei-lhe o meu número direto e falei para ele ligar caso precisasse de alguma coisa. Então, perguntei se havia algo que eu pudesse fazer por eles naquele momento.

"Prometa que a vida do meu filho não foi em vão", disse ele em meio a soluços. Também pude ouvir Melissa chorando ao fundo. "Prometa que fará tudo que puder para impedir que isso aconteça com outra criança."

Eu lhe dei a minha palavra. Na perspectiva de um advogado, eu sabia que deveria ter cuidado com o que dizia, que precisava considerar se isso de algum modo era uma admissão de negligência. Quando você trabalha em uma estrutura corporativa por tanto tempo, é treinado para dar respostas jurídicas e corporativas, mas não me importei com nada disso naquele momento. Reiterei para Jay que ele deveria me ligar caso houvesse algo de que precisassem, então desligamos, e fiquei sentado, tremendo na beirada da cama. Chorei tanto que minhas duas lentes de contato caíram, e eu as procurava vagamente quando Willow entrou no quarto.

"Acabei de falar com os pais", contei. Eu não sabia explicar o que sentia. Ela se aproximou, me abraçou e perguntou o que poderia fazer por mim. "Só preciso seguir em frente", falei. Mas não me restava mais nada. A adrenalina que me alimentara nas últimas duas semanas, tudo o que aquele projeto significava para mim e a emoção que sentia ao compartilhá-lo desapareceram. Em meia hora, eu deveria me encontrar com o vice-premiê da China, o embaixador dos Estados Unidos na China, o embaixador da China nos Estados Unidos, o secretário do partido de Xangai e o prefeito de Xangai e conduzi-los por um passeio pelo parque. Era como se eu não conseguisse me mexer.

Por fim, liguei para a minha equipe e pedi que me encontrassem no salão do hotel. Eu sabia que, caso relatasse a conversa para eles, começaria a chorar de novo, então fui breve e contei para Bob Chapek o que eu prometera a Matt Graves. "Vamos cuidar disso", respondeu Bob, e imediatamente enviou uma mensagem para a sua equipe em Orlando. (O que eles fizeram por lá foi extraordinário. Existem centenas de lagoas e canais na propriedade e milhares de jacarés. Em 24 horas, havia cordas, cercas e placas por todo o complexo do Disney World, que tem o dobro do tamanho de Manhattan.)

Fui ao encontro dos dignitários. Fizemos passeios e posamos para fotos. Eu me esforcei para sorrir e continuar com o espetáculo. Foi um exemplo gritante de que aquilo que vemos por fora de uma pessoa muitas vezes não reflete o que se passa dentro. Ao fim do tour, eu deveria fazer um discurso para milhares de pessoas reunidas no parque e para milhões de telespectadores em toda a China, cortar uma fita e inaugurar oficialmente a Shanghai Disneyland para o mundo. A vinda da Disney para a China continental era um evento de grandes proporções. Havia membros da imprensa do mundo inteiro. O presidente Xi e o presidente Obama escreveram cartas que planejávamos ler na inauguração. Eu estava ciente da importância de tudo aquilo, mas também não conseguia parar de pensar na voz angustiada de Matt Graves ao telefone.

Enquanto me afastava do vice-premiê, o presidente do Shanghai Shendi Group, a empresa chinesa com a qual fizéramos parceria, veio até onde eu estava e me segurou pelo braço. "Você não vai falar sobre Orlando, vai?", perguntou ele. "É um dia feliz. Hoje é um dia feliz." Assegurei-lhe de que não diria nada que estragasse o clima.

Menos de meia hora depois, me vi sentado sozinho em um banquinho no castelo da Disney, esperando um contrarregra me dar a deixa de que era a hora de eu fazer meu discurso. Eu memorizara as frases que planejava dizer em mandarim e agora me esforçava para me lembrar delas. Era verdade: aquele era um dia feliz, e eu precisava tentar me concentrar e reconhecer quanto significava para todas as pessoas que haviam trabalhado pesado e por tanto tempo para fazer aquilo acontecer; e para o povo da China, que teria aquele lugar para sonhar da mesma forma como eu e tantas crianças americanas sonhamos em ir à Disneylândia. Foi um dia feliz. Foi também o dia mais triste da minha carreira.

TRABALHO PARA a mesma empresa há 45 anos: 22 deles na ABC e outros 23 na Disney, depois que ela adquiriu a rede de televisão, em 1995. Nos últimos quatorze anos, tive a invejável tarefa de ser o sexto CEO a administrar a empresa desde que Walt a fundou, em 1923.

Houve dias difíceis, até mesmo trágicos. Mas, para mim, sem evitar o lugar-comum, esse também é o melhor trabalho do mundo. Fazemos filmes, programas de TV, musicais da Broadway, jogos, fantasias, brinquedos e livros. Construímos parques temáticos e atrações, hotéis e navios de cruzeiro. Organizamos desfiles, eventos e shows ao ar livre todos os dias em nossos quatorze parques em todo o mundo. Fabricamos diversão. Mesmo depois de todos esses anos, às vezes ainda me pego pensando: *Como isso aconteceu? Como tive tanta sorte?* Costumamos chamar as nossas maiores e mais empolgantes atrações em parques temáticos de "E-Tickets". É o que me vem à mente quando penso em meu trabalho: um passeio de quatorze anos em uma superatração E-Ticket conhecida como Walt Disney Company.

Mas a Disney também existe no mundo dos balanços trimestrais, das expectativas dos acionistas e de inúmeras outras obrigações decorrentes da administração de uma empresa que opera em quase todos os países do mundo. Nos dias menos agitados, esse trabalho exige a capacidade de se adaptar e readaptar constantemente. Você vai de traçar a estratégia de crescimento com os investidores a analisar o projeto de uma nova e gigantesca atração de parque temático com a Imagineering; de fazer observações sobre a versão preliminar de um filme a discutir medidas de segurança e a gestão do conselho; de determinar preços de ingressos a definir a escala salarial. Os dias são desafiadores e dinâmicos, mas também são um exercício interminável de compartimentação. Você aborda um assunto — quais são os atributos de uma princesa da Disney no mundo atual e como devem se manifestar em nossos produtos? —, então o deixa de lado e muda o foco para o próximo: qual será a nossa lista de filmes da Marvel para os próximos oito anos? E esses são os raros dias em que as coisas realmente acontecem de acordo com o programado. Como a semana descrita anteriormente deixa muito claro, sempre existem crises e fracassos para os quais você nunca tem como estar totalmente preparado. Poucos serão tão trágicos quanto os acontecimentos daquela semana, mas sempre vai ocorrer alguma coisa.

Isso vale não apenas para a Walt Disney Company, como também para qualquer empresa ou instituição. Sempre vai acontecer algo. Em sua essência, este livro é sobre o conjunto de princípios que me ajuda a estimular o que é bom e a gerenciar o que é mau. Por um longo período, relutei em escrevê-lo. Até bem pouco tempo, eu chegava a evitar falar publicamente sobre as minhas "regras de liderança" ou qualquer coisa parecida, porque achava que não havia "completado a jornada". Contudo, após 45 anos — e em especial depois dos últimos quatorze —, passei a crer que tenho ideias que podem vir a ser úteis para além da minha própria experiência.

Se você administra uma empresa, gerencia uma equipe ou colabora com outras pessoas em busca de um objetivo comum, este livro pode lhe ser útil. Desde o primeiro dia, minhas experiências foram todas no mundo da mídia e do entretenimento, mas me parecem ideias universais: dizem respeito a assumir riscos e estimular a criatividade; sobre a construção de uma cultura de confiança; sobre alimentar em si mesmo uma curiosidade profunda e permanente e inspirar as pessoas ao seu redor; sobre abraçar a mudança em vez de viver em negação; e sobre agir sempre com integridade e honestidade, mesmo quando significa ter que enfrentar coisas difíceis de enfrentar. Trata-se de abstrações, mas tenho a esperança de que as histórias e os exemplos que foram significativos para mim ao longo de minha extensa carreira ajudem a fazê-las parecer mais concretas e acessíveis, não apenas para os aspirantes a CEOs do mundo, como também para qualquer pessoa que deseje ter menos medo e mais confiança em si mesma enquanto navega por sua vida profissional e, até mesmo, pessoal.

De modo geral, este livro foi organizado em ordem cronológica. Desde meu primeiro dia de trabalho na ABC, exerci vinte funções e tive quatorze chefes. Fui o membro de cargo mais baixo da equipe de uma novela diurna e administrei uma rede que produziu alguns dos programas de TV mais inovadores (e alguns dos fracassos mais infames) de todos os tempos. Por duas vezes vi a empresa ser encampada e comprei e incorporei várias outras, entre elas a Pixar, a Marvel, a Lucasfilm e, mais recentemente, a 21st Century Fox. Planejei o futuro do entretenimento com Steve Jobs e me tornei o guardião da mitologia de *Star Wars*, de George Lucas. Penso todos os dias em como a tecnologia está redefinindo a maneira como criamos, distribuímos e experimentamos a mídia e o que significa ser relevante para um público moderno e, ao mesmo tempo, fiel a uma marca de quase cem anos. E trabalhei árdua e cuidadosamente para estabelecer uma conexão entre essa marca e bilhões de pessoas em todo o mundo.

Ao me aproximar do fim de tudo isso e pensar no que aprendi, esses são os dez princípios que me parecem necessários à verdadeira liderança. Espero que lhes sirvam tão bem quanto me serviram.

Otimismo. Uma das qualidades mais importantes de um bom líder é o otimismo, um entusiasmo pragmático pelo que pode ser alcançado. Mesmo diante de escolhas difíceis e resultados abaixo do ideal, um líder otimista não cede ao pessimismo. Em resumo, as pessoas não são motivadas ou energizadas por pessimistas.

Coragem. A base da admissão de riscos é a coragem e, em negócios em constante mutação e revolução, correr riscos é essencial, a inovação é vital, e a verdadeira inovação ocorre apenas quando as pessoas são corajosas. Isso vale para aquisições, investimentos e alocações de capital, e se aplica em particular a decisões criativas. O medo do fracasso destrói a criatividade.

Concentração. É extremamente importante dedicar tempo, energia e recursos para estratégias, problemas e projetos de maior importância e valor, assim como é imperativo comunicar as suas prioridades de forma clara e frequente.

Determinação. Por mais difíceis que sejam, todas as decisões podem — e devem — ser tomadas em tempo hábil. Líderes devem incentivar a diversidade de opiniões, equilibrando-a com a necessidade de tomar e implementar decisões. A indecisão crônica não só é ineficiente e contraproducente, como também profundamente corrosiva para o moral.

Curiosidade. Uma curiosidade profunda e permanente permite a descoberta de novas pessoas, lugares e ideias, bem como a conscientização e a compreensão do mercado e sua dinâmica de mudança. O caminho para a inovação começa com a curiosidade.

Justiça. Uma liderança forte incorpora o tratamento justo e decente das pessoas. A empatia é essencial, assim como a acessibilidade. Pessoas que cometem erros sem querer merecem segundas chances, e julgar os outros com muita rigidez provoca medo e ansiedade, o que desencoraja a comunicação e a inovação. Nada é pior para uma organização do que uma cultura de medo.

Ponderação. A ponderação é um dos elementos mais subestimados da boa liderança. É o processo de adquirir conhecimento para que uma opinião emitida ou uma decisão tomada seja mais plausível e tenha maior probabilidade de estar correta. Simplesmente, trata-se de dedicar tempo para desenvolver opiniões fundamentadas.

Autenticidade. Seja genuíno. Seja honesto. Não finja ser o que não é. Verdade e autenticidade geram respeito e confiança.

A busca incansável pela perfeição. Não significa uma busca pela perfeição a todo custo, mas uma recusa em aceitar a mediocridade ou arranjar desculpas por algo ser "bom o suficiente". Se acreditar que algo pode ser melhorado, faça um esforço para isso. Se você trabalha criando coisas, torne suas criações as melhores possíveis.

Integridade. Nada é mais importante do que a qualidade e a integridade das pessoas e dos produtos de uma organização. O sucesso de uma empresa depende do estabelecimento de altos padrões para tudo, sejam coisas grandes, sejam pequenas. Em outras palavras: o modo como você faz qualquer coisa é o modo como você faz todo o resto.

PARTE 1

APRENDIZADO

CAPÍTULO 1

COMEÇANDO POR BAIXO

ESTE NÃO é um livro de memórias, mas é impossível falar sobre as qualidades que foram úteis ao longo da minha vida profissional sem relembrar minha infância. Há certos modos que sempre tive, coisas que sempre fiz, que são resultado de uma mistura inescrutável de índole e educação. (Por exemplo, desde que me entendo por gente, sempre acordei cedo e desfrutei aquelas horas de solidão antes de o resto do mundo despertar.) Existem outras qualidades e hábitos resultantes de decisões propositais que tomei ao longo do caminho. Como ocorre com muitos de nós, essas decisões foram parcialmente tomadas em resposta aos meus pais, em particular ao meu pai, um homem brilhante e complicado que me moldou mais do que ninguém.

Ele sem dúvida despertou a minha curiosidade pelo mundo. Tínhamos um escritório repleto de estantes de livros, e meu pai lera cada um eles. Não fui um leitor assíduo até o ensino médio, mas, quando finalmente me apaixonei pelos livros, foi por causa dele. Ele encomendou do Book of the Month Club as obras completas de todos os gigantes literários dos Estados Unidos: Fitzgerald, Hemingway, Faulkner, Steinbeck e outros. Eu tirava das prateleiras uma edição de *Suave é a noite,* ou *Por quem os sinos dobram,* ou dezenas de outros títulos e os devorava, e ele me incentivava a ler ainda mais. Também passávamos os nossos jantares discutindo fatos de relevância mundial e, aos dez anos, eu pegava o *The New York Times* no gramado na frente de casa e o lia à mesa da cozinha antes que alguém acordasse.

Morávamos em uma casa de dois andares em uma cidadezinha proletária em Long Island, chamada Oceanside. Eu era o mais velho de dois filhos; minha irmã é três anos mais nova. Minha mãe era gentil e amorosa, e trabalhou em casa até eu ir para o ensino médio, quando arranjou um emprego na biblioteca local da escola secundária. Meu pai era um veterano da Marinha que voltara da guerra e tocava trompete em algumas *big bands* "menores". No entanto, ele achava que jamais conseguiria ganhar a vida como músico, então nunca se dedicou em tempo integral àquele ofício. Ele se formou em marketing na Wharton School da Universidade da Pensilvânia, e seu primeiro emprego foi trabalhar com marketing para uma empresa de fabricação de alimentos, o que o levou à publicidade. Tornou-se executivo de contas de uma agência de publicidade na Madison Avenue — administrava as contas de boliche da Old Milwaukee e da Brunswick —, mas acabou perdendo o emprego. Mudou de agência diversas vezes, quase sempre em movimentos laterais. Quando eu tinha uns dez ou onze anos, ele já tinha mudado de emprego tantas vezes que comecei a me perguntar por quê.

Meu pai sempre foi profundamente engajado em política e tinha um forte viés progressista. Certa vez, perdeu um emprego porque estava decidido a ir à Marcha de Washington e assistir ao discurso de Martin Luther King Jr. Seu chefe não lhe deu o dia de folga, mas ele foi mesmo assim. Não sei se meu pai se demitiu e foi ao discurso ou se foi demitido por ter ido mesmo após ter sido informado de que não poderia faltar ao trabalho, mas esse foi apenas um de muitos finais semelhantes.

Eu tinha orgulho de seu caráter firme e de suas convicções políticas. Ele tinha um senso resoluto do que era certo e justo e sempre tomava o partido do mais fraco. Mas também tinha problemas para controlar o humor e costumava dizer coisas que lhe causavam problemas. Mais tarde, soube que ele fora diagnosticado como maníaco-depressivo e que tentara diversas terapias, incluindo eletrochoque, para tratar a doença. Como filho mais velho, sofri o impacto de sua imprevisibilidade emocional. Nunca me senti ameaçado por seus momentos de mau humor, mas estava ciente de seu lado sombrio e me entristecia por ele. Nunca sabíamos qual pai voltaria para casa à noite, e me lembro claramente de ficar sentado no meu quarto no segundo andar de casa, sabendo se meu pai estava feliz ou triste pelo som e pelo modo como abria e fechava a porta e subia a escada.

Às vezes, ele entrava no meu quarto para ter certeza de que eu estava "passando o tempo de modo produtivo", como ele dizia. Isso significava ler, fazer o dever de casa ou estar empenhado em algo que me tornaria "melhor" de algum modo. Meu pai queria que minha irmã e eu nos divertíssemos, mas também era muito importante para ele que usássemos nosso tempo com sabedoria e trabalhássemos focados em direção aos nossos objetivos. Estou certo de que foi dele que herdei a minha atenção (alguns diriam obsessão) com a administração do tempo.

Desde cedo percebi que minha função era ser o centro de estabilidade da nossa família, o que se estendia até mesmo a questões práticas em casa. Se algo quebrava, minha mãe pedia que eu consertasse, e desde muito pequeno aprendi a ajeitar o que estivesse quebrado. Em parte, minha curiosidade por tecnologia vem daí. Eu gostava de usar ferramentas, desmontar as coisas e entender como funcionavam.

Meus pais viviam preocupados. Entre os dois, havia uma sensação de que algo ruim estava prestes a acontecer. Não sei quanto disso é um acaso genético e quanto é uma reação à ansiedade deles, mas sempre fui o oposto. Com poucas exceções, nunca me preocupei muito com o futuro e nunca tive muito medo de tentar algo e falhar.

À medida que crescia, eu ficava mais consciente da decepção de meu pai consigo mesmo. Vivera uma vida insatisfatória e era um fracasso aos próprios olhos. Por isso nos pressionava a trabalhar tanto e a sermos produtivos, para que pudéssemos ser bem-sucedidos como ele nunca tinha sido. Seus problemas no trabalho significavam que, caso eu quisesse ter algum dinheiro, precisava arranjar meus próprios empregos. Comecei a trabalhar no nono ano, limpando neve, cuidando de crianças e atuando como auxiliar em uma loja de ferragens. Aos quinze, consegui um emprego como zelador das escolas do meu bairro durante o verão. Minha função era limpar todos os aquecedores em todas as salas de aula e depois inspecionar o fundo de cada carteira, certificando-me de que estariam livres de chicletes quando o ano letivo começasse. Limpar chicletes do fundo de mil carteiras pode moldar o caráter, ou ao menos criar uma tolerância à monotonia...

Frequentei o Ithaca College e passei quase todas as noites de fim de semana do primeiro e do segundo ano de faculdade fazendo pizzas na Pizza Hut local. Em geral, tirava notas boas no ensino médio, mas os estudos acadêmicos nunca foram a minha paixão. No entanto, algo despertou dentro de mim quando fui para a faculdade. Eu estava decidido a trabalhar duro e aprender o máximo possível, e acho que isso também tinha a ver com o meu pai — por conta de nunca querer experimentar a mesma sensação de fracasso que ele sentira em relação a si. Eu não tinha uma ideia clara do que significava "ter sucesso", nenhuma ambição específica de ser rico ou poderoso, mas estava determinado a não ter uma vida decepcionante. Disse para mim mesmo que, não importava o rumo que minha vida tomasse, não havia como eu vir a me tornar alguém frustrado ou insatisfeito.

Não carrego muita dor em relação a esses primeiros anos, além da dor de saber que meu pai não teve uma vida mais feliz e que, por conseguinte, minha mãe também sofreu. Eu gostaria que ele pudesse ter sentido mais orgulho de si mesmo. Minha irmã e eu nunca fomos privados de amor quando crianças. Sempre tivemos um teto sobre a cabeça e comida na mesa, mas havia pouco ou nenhum dinheiro para muito mais do que isso. Geralmente, passávamos as férias indo de carro a lugares sem graça ou à praia, que ficava a poucos minutos de casa. Tínhamos roupas suficientes para parecermos apresentáveis, mas nada além disso, e, quando eu rasgava uma calça em uma queda, remendava com fita adesiva até termos dinheiro para substituí-la, o que poderia levar meses. Nunca me senti pobre e ninguém me via dessa forma. Mas as coisas eram muito mais miseráveis do que pareciam, e percebi isso conforme crescia.

Mais tarde, depois de me tornar CEO da Disney, levei meu pai para almoçar em Nova York. Conversamos sobre sua saúde mental e suas perspectivas. Eu lhe disse quanto era grato por tudo o que ele e minha mãe tinham feito por nós, a ética que nos instilaram e o amor que nos dedicaram. Falei que aquilo foi suficiente, mais do que suficiente, e desejei que minha gratidão de algum modo o libertasse da decepção. Sei que muitas das qualidades que foram tão úteis em minha carreira começaram com ele. Espero que ele também tenha entendido isso.

COMECEI MINHA CARREIRA na ABC em 1º de julho de 1974, como supervisor de estúdio da ABC Television. Antes disso, passei um ano como garoto do tempo e repórter de noticiário de um pequeno canal de TV a cabo em Ithaca, Nova York. Aquele ano de labuta na obscuridade (e atuando de forma medíocre) me convenceu a abandonar o sonho que tinha desde os quinze anos: ser âncora de telejornal na TV. Não é piada quando digo que a experiência de passar o boletim meteorológico diário ao povo de Ithaca me ensinou uma habilidade necessária: a capacidade de transmitir más notícias. Durante seis meses do ano, o longo período sombrio de outubro a abril, eu estava longe de ser o sujeito mais popular da cidade.

Fui para a ABC graças à visão ruim de meu tio Bob. O irmão de minha mãe, que eu adorava, passou alguns dias em um hospital de Manhattan após uma cirurgia oftálmica, e seu colega de quarto, que era um executivo de baixo escalão da ABC, por algum motivo queria que meu tio acreditasse que ele era um grande magnata da rede. Ele fingia receber ligações na cama do hospital, como se houvesse decisões importantes que só ele poderia tomar, e meu tio caiu na conversa. Antes de receber alta, meu tio mencionou ao colega de quarto que seu sobrinho estava procurando emprego como produtor de TV em Nova York. O sujeito lhe deu o seu número de telefone e disse: "Diga ao seu sobrinho para me ligar."

Ele ficou surpreso e um tanto confuso a respeito de quem eu era quando o procurei de fato. Pelo que meu tio me descrevera, eu esperava um poderoso executivo da rede cuja influência fosse sentida nos níveis mais altos da empresa. O homem estava longe disso, mas, para ser justo, ele me conseguiu uma entrevista no pequeno departamento que dirigia, Serviços de Produção, e, pouco depois, fui contratado como supervisor de estúdio.

O cargo pagava 150 dólares por semana e era o mais baixo possível na escala da ABC. Havia meia dúzia de nós que realizava todo tipo de serviço, em *game shows*, novelas, programas de entrevistas, noticiários e especiais feitos para a televisão — basicamente qualquer coisa produzida nos amplos estúdios da ABC em Manhattan. Fui designado para toda uma gama de programação: *All My Children*, *One Life to Live*, *Ryan's Hope*, *The $10,000 Pyramid*, *The Money Maze*, *Showdown*, *The Dick Cavett Show*, *Good Night America*, de Geraldo Rivera, e o *ABC Evening News with Harry Reasoner*.

A descrição do trabalho era bem simples: estar presente sempre que precisassem de mim para realizar qualquer tarefa. Muitas vezes, isso significava estar em um estúdio às 4h30 para os "ajustes de iluminação". Os sets de novela eram montados na noite anterior às filmagens, e meu trabalho era dar entrada ao diretor de iluminação e aos contrarregras muito antes de o dia clarear, para que as luzes estivessem no lugar certo quando o diretor e os atores chegassem para os primeiros ensaios. Eu coordenava todos os carpinteiros, cenógrafos, eletricistas, maquiadores, figurinistas e cabeleireiros, verificando todo mundo e me certificando de que recebessem as ordens do dia. Eu controlava seus horários, suas queixas e suas violações de regras sindicais. Certificava-me de que as refeições estivessem à disposição e que o ar-condicionado esfriasse os estúdios o suficiente para começarem a gravar sob o calor das luzes. Era o oposto de um cargo glamoroso, mas aprendi os prós e contras de todos esses programas. Aprendi o jargão. Eu conhecia todas as pessoas que faziam um programa de TV funcionar. Mais importante, talvez, foi ter aprendido a tolerar o horário puxado e a pesada carga de trabalho da produção televisiva, e essa ética de trabalho tem permanecido comigo desde então.

Até hoje, acordo às 4h15 quase todas as manhãs, embora agora o faça por razões egoístas: ter tempo para pensar, ler e me exercitar antes que as exigências do dia assumam o controle. Esse horário não é para todo mundo, mas, sempre que você tiver tempo, é vital criar espaço no dia a fim de deixar os pensamentos vagarem para além das responsabilidades de trabalho imediatas, para analisar as coisas com menos urgência e mais criatividade do que é possível quando começam a surgir as prioridades do dia a dia. Passei a valorizar esse tempo sozinho todas as manhãs e tenho certeza de que eu seria menos produtivo e menos criativo no trabalho se não passasse essas primeiras horas longe de e-mails, mensagens de texto e telefonemas, que exigem tanta atenção no decorrer do dia.

NAQUELA ÉPOCA, a indústria era muito diferente do que é hoje. De certa forma, era melhor. A competição era mais simples e o mundo menos pulverizado. Sem dúvida, havia uma narrativa americana amplamente compartilhada, organizada em torno de uma crença social generalizada a respeito de fatos básicos. Em muitos outros aspectos, porém, era pior. Por um lado, tolerava-se um nível de desrespeito que seria inaceitável atualmente. Sem dúvida, o dia a dia era muito mais difícil para as mulheres e os membros de grupos sub-representados do que para mim. Mas, mesmo no meu caso, estar na base da cadeia alimentar significava ficar exposto a abusos ocasionais pelos quais as pessoas seriam demitidas hoje em dia.

Um exemplo que ilustra muito desse tempo: o *The Evening News* era transmitido às seis da tarde (horário padrão do Leste). No momento em que terminávamos de gravar, o âncora Harry Reasoner e seu diretor de cena, um homem chamado Whitey, saíam do estúdio e paravam no bar do Hotel des Artistes, na West Sixty-seventh Street. (O *The Evening News* era transmitido naquele velho hotel em um salão de baile convertido.) Todas as noites, Harry tomava um martíni Beefeater duplo extrasseco com gelo e um twist de limão.

Uma de minhas responsabilidades era esperar enquanto o produtor revisava o programa e depois informar a Harry e à equipe do estúdio sobre a necessidade de alguma atualização ou correção antes de o programa ser exibido em fusos horários mais adiantados. Certa noite, Harry estava prestes a partir para o segundo martíni e me pediu que voltasse ao estúdio e perguntasse ao produtor como estavam as coisas. Entrei na sala de controle e falei: "Harry pediu que eu perguntasse como estão as coisas." O produtor olhou para mim com desdém. Então, abriu o zíper da calça, colocou o pênis para fora e respondeu: "Não sei. Diga você como estão." Quarenta e cinco anos depois, ainda fico com raiva quando me lembro dessa cena. Nós nos tornamos muito mais conscientes da necessidade de tratamento justo, igualitário e não abusivo no ambiente de trabalho, mas isso demorou muito a acontecer.

No último trimestre de 1974, fui designado para trabalhar no *The Main Event*, um show de Frank Sinatra no Madison Square Garden que a ABC transmitiria ao vivo no horário nobre. Eu seria o supervisor do estúdio no local, o que significava que precisava estar disponível para realizar serviços para a enorme equipe de palco do Madison Square Garden. Aquela era uma tarefa nobre e, pessoalmente, muito importante para mim. Meu pai tocava vinis de Sinatra sem parar no toca-discos lá de casa. Até hoje, lembro-me perfeitamente da imagem de meu pai em pé na sala, acompanhando Frank com o trompete.

Estar no mesmo edifício em que Sinatra, assistindo aos ensaios e dando a minha pequena contribuição para garantir que a produção ocorresse sem problemas — eu não conseguia acreditar na minha sorte. O ápice veio algumas horas antes do início do show, quando um assistente de produção me disse para buscar um frasco de antisséptico bucal e entregá-lo o mais rápido possível no camarim do sr. Sinatra. Corri alguns quarteirões até uma farmácia no centro da cidade e comprei a maior garrafa de Listerine que pude encontrar, pensando o tempo todo que Frank estava com problemas na garganta e que toda a transmissão dependia de mim!

Nervoso e sem fôlego, bati na porta do camarim com o antisséptico bucal na mão. A porta se abriu e fui recebido por um guarda-costas imponente, que queria saber que diabo eu estava fazendo ali. "Vim trazer o Listerine para o sr. Sinatra", falei. Antes que ele pudesse responder, ouvi aquela voz familiar vinda de algum lugar do fundo do cômodo: "Deixe-o entrar." Momentos depois, eu estava diante do Presidente do Conselho.

"Qual é o seu nome, garoto?"

"Bob."

"De onde você é?"

Por algum motivo respondi "Brooklyn", onde nasci e vivi até os cinco anos, quando minha família se mudou para Long Island. Acho que devo ter desejado parecer mais real para ele de algum modo, e "Oceanside" não tinha o mesmo encanto.

"Brooklyn!", disse Frank, como se fosse o segundo melhor lugar do mundo depois de Hoboken, e, então, me entregou uma nota de 100 dólares. Quando o show terminou, ele deu a cada membro da equipe um elegante isqueiro de ouro com a inscrição: COM AMOR, SINATRA. Gastei os 100 dólares quase imediatamente, mas até hoje guardo o isqueiro em uma gaveta da minha escrivaninha.

The Main Event foi produzido por Jerry Weintraub e Roone Arledge, o impetuoso chefe de 43 anos da ABC Sports. Em 1974, Roone já era um lendário executivo de televisão. Ele juntou à equipe diversos produtores que trabalharam para ele na Sports. Na noite anterior ao show, eles ensaiaram o espetáculo inteiro. Howard Cosell deu o pontapé inicial, apresentando Frank no palco como se ele fosse um boxeador (o próprio palco tinha sido montado à semelhança de um ringue de boxe no centro da arena), e então Frank apareceu e cantou por quase duas horas.

Foi a primeira vez que vi Roone em ação. Ele assistiu à apresentação e, quando o ensaio terminou, concluiu que quase tudo precisava ser desmontado e refeito. O cenário tinha que ser reprojetado, a introdução de Howard tinha que ser refeita, a iluminação necessitava de uma alteração radical. Toda a maneira como Frank interagiria com a plateia, disse Roone, tinha que ser reformulada.

Realizei as minhas pequenas tarefas e vi como tudo era desmontado e voltava a ser construído, sem muitos xingamentos ou lamentos por parte da equipe. Não havia como negar que o programa que foi ao ar menos de 24 horas depois era muito melhor do que o ensaiado. Não entendi como ele fizera aquilo, mas depois descobri que isso era típico de Roone, alguém sem nenhuma propensão a aceitar o "bom o bastante" e absolutamente à vontade ao desafiar um prazo inflexível (e esgotando muita gente no processo) para torná-lo ótimo.

A emoção de trabalhar no *The Main Event* desapareceu assim que voltei a meu mundinho de novelas e *game shows*. E não demorou muito para que eu tivesse que lidar com o meu próprio drama. O chefe do pequeno departamento em que eu trabalhava era um valentão corrupto que pagava a vendedores e fornecedores com dinheiro do orçamento de nosso departamento para fazer trabalhos ("trabalhos administrativos", como ele os chamava) para si e para outros executivos da ABC e depois enchia os bolsos de propina. Ele também estava comprando móveis que alegava serem para cenários de novelas, e então usava os assistentes de palco para transportá-los até um apartamento em Midtown que ele montara para uma amante. Eu deveria compactuar com tudo aquilo, ajudando ou fazendo vista grossa, o que me irritava profundamente. Comecei a perguntar para algumas pessoas da área se havia algo que eu pudesse fazer a respeito, e a notícia chegou até ele.

Um dia o chefe do departamento me chamou em seu escritório. Quando entrei, ele logo me acusou de violar as regras da empresa. "O que você pretende?", disse ele. "Ouvi dizer que usou a nossa picape para se mudar para um novo apartamento."

Na verdade, eu tivera rápido acesso a uma picape da empresa e brinquei com alguns colegas dizendo que talvez devesse usá-la para me mudar para o apartamento que eu acabara de alugar. Não foi o que eu fiz, e falei isso para ele, mas naquele momento me ocorreu a ideia de que alguém devia ter lhe dito que eu era um encrenqueiro.

"Você está espalhando boatos a meu respeito", disse o sujeito. Como não neguei que vinha falando dele, o homem me encarou por um tempo e disse: "Sabe de uma coisa, Iger? Você não será mais promovido."

Ele me deu duas semanas para encontrar um trabalho em outro departamento ou eu seria demitido. Eu tinha 23 anos e estava certo de que minha carreira na televisão havia terminado. Mas fui até o quadro de anúncios de empregos da ABC — naquela época, uma prancheta pendurada na parede — e ali, em uma lista de cerca de 25 outros cargos para os quais eu não me qualificava, havia uma vaga na ABC Sports. Liguei na mesma hora para um dos caras que conheci no show do Sinatra e expliquei que estava em uma situação complicada. Ele me disse para ir até o 1.330 (a sede corporativa da ABC, na Avenue of the Americas, 1.330), e, um mês depois, fui contratado como supervisor de operações de estúdio da ABC Sports. Se você fez uma careta, saiba que esse novo cargo era um tanto mais ilustre do que o emprego que eu acabara de perder. Mas foi a mudança que fez toda a diferença, parte da qual gosto de pensar que devo a Frank Sinatra e parte a um cara que mais tarde foi demitido por desfalque.

EM SEU AUGE, durante os anos 1970 e início dos anos 1980, a ABC Sports era uma das divisões mais lucrativas da rede, em grande parte porque o *Monday Night Football* e o *Wide World of Sports* eram muito populares. A emissora também tinha uma ótima programação de futebol universitário, da Major

League Baseball, de muitos dos principais torneios de golfe e campeonatos de boxe, além de programas como *The American Sportsman* e *The Superstars*. Além disso, a cada quatro anos, a ABC era a "rede das Olimpíadas", tendo feito a cobertura da maior parte dos Jogos Olímpicos de 1964 a 1988.

Os caras que trabalhavam na Sports eram os "descolados" da empresa, um status que se refletia em praticamente tudo a respeito deles, desde a maneira como se vestiam (ternos sob medida e sapatos Gucci sem meias), o que comiam e bebiam (vinho caro e uísque, em geral no almoço) até as estrelas de Hollywood e atletas e políticos famosos com quem confraternizavam. Eles sempre viajavam para algum lugar exótico, geralmente voando de Concorde para nosso escritório europeu em Paris e depois saindo de lá para cobrir eventos em locais como Monte Carlo e Saint-Moritz.

Acabei galgando degraus suficientes para possuir um assento no Concorde também. As viagens que fiz, em especial para o *Wide World of Sports* da ABC, mudaram a minha vida. Eu nunca tinha saído do país até então, e de repente viajava pelo mundo inteiro. (Como Jim McKay declarava semana após semana em sua narração de abertura, estávamos "espalhados pelo mundo para oferecer a vocês uma constante variedade de esportes".) Em um fim de semana qualquer, eu poderia estar em um campeonato de surfe no Havaí, em um evento de patinação artística no gelo em Praga, em uma competição de levantamento de peso em Budapeste, ou em um rodeio do Frontier Days em Cheyenne. Havia salto em penhascos em Acapulco, esqui alpino em Kitzbuhel, ginástica olímpica na China, na Romênia, na União Soviética...

A ABC Sports me mostrou o mundo e me tornou mais sofisticado. Fui exposto a coisas que nunca contemplara até então. Lembro-me exatamente de onde e quando fiz minha primeira boa refeição em Paris, a primeira vez que pronunciei a palavra *Montrachet* e minha primeira experiência dirigindo por Mônaco em um luxuoso carro esportivo. Para alguém que crescera em uma casa em Oceanside, Nova York, tudo parecia um tanto inebriante. Mas aquilo era muito mais do que levar uma vida extravagante. Viajei com regularidade para países em desenvolvimento e providenciei a cobertura de eventos no bloco comunista, negociando com órgãos governamentais intransigentes e navegando por sistemas muitas vezes corruptos e ardilosos. Testemunhei em primeira mão como as pessoas viviam do outro lado da Cortina de Ferro e tive uma noção dos desafios diários de suas vidas. (Ainda me lembro de olhar para a escuridão de Bucareste durante os apagões noturnos no inverno, quando o governo desligava a rede elétrica.) Também vi quanto seus sonhos não eram diferentes dos sonhos das pessoas comuns nos Estados Unidos. Enquanto os políticos desejavam dividir o mundo ou gerar uma mentalidade de "nós contra eles", do "bem contra o mal", eu era exposto a uma realidade muito mais sutil.

Quanto ao glamour, há (e acabou havendo) um argumento convincente de que viver em tão alto estilo era uma atitude irresponsável. No entanto, naquela época, a ABC Sports orbitava em si mesma, muitas vezes imune às leis que governavam o restante da rede. Roone Arledge estava no centro dessa órbita. Ele fora escolhido para comandar a ABC Sports no início dos anos 1960, e quando cheguei ele já pertencia à realeza televisiva. Mais do que qualquer pessoa na história, ele mudou a maneira como vemos esportes na televisão.

Acima de tudo, Roone sabia que estávamos contando histórias, não apenas transmitindo eventos, e, para contar grandes histórias, é preciso ter grandes talentos por perto. Ele foi a pessoa mais competitiva para quem já trabalhei e um inovador incansável, mas também sabia que só era tão bom quanto as pessoas de quem se cercava. Jim McKay, Howard Cosell, Keith Jackson. Frank Gifford, Don Meredith, Chris Schenkel, Bob Beattie, no esqui; Jackie Stewart, no automobilismo. Todos tinham personalidades televisivas magnéticas, e Roone os transformou em nomes familiares.

"O drama humano da competição esportiva" (para citar outra frase daquela abertura do *Wide World of Sports*): era assim que Roone via os eventos que cobríamos. Atletas eram personagens de narrativas em desenvolvimento. De onde vieram? O que tiveram que superar para chegar aonde chegaram? Como a competição era análoga aos dramas geopolíticos? Como era uma janela para diferentes culturas? Ele se deleitava com a ideia de que estávamos trazendo não apenas esportes, mas também o mundo para as salas de estar de milhões de americanos.

Ele também foi a primeira pessoa com quem trabalhei a adotar avanços tecnológicos para revolucionar o que fazíamos e como o fazíamos. Câmeras de ângulo reverso, replays em câmera lenta, eventos de transmissão ao vivo via satélite — isso é tudo coisa de Roone. Ele queria experimentar todas as novas invenções e romper com todos os formatos obsoletos. Estava sempre procurando novas maneiras de chamar a atenção e se conectar com os espectadores. Roone me ensinou o ditado que me guiou em todos os cargos que exerci desde então: inovar ou morrer, e não há inovação se você agir com medo do novo ou do que ainda não foi experimentado.

Ele também era um perfeccionista implacável. Em meus primeiros anos no esporte, passei a maior parte dos fins de semana em uma sala de controle no porão na 66th Street. Meu trabalho consistia em receber transmissões do mundo todo e entregá-las a produtores e editores, que as cortariam e dublariam antes de irem ao ar. Roone costumava aparecer na sala de controle ou, caso não aparecesse, ligava de onde estava. (Havia um "telefone Roone" vermelho em cada sala de controle, bem como nas unidades móveis de todos os eventos que cobríamos.) Se ele estava em casa acompanhando um programa — ele sempre estava assistindo de algum lugar — e via algo de que não gostava, ligava para dizer. Esse ângulo da câmera está errado. Essa fala precisa de mais ênfase. Não estamos dizendo às pessoas o que virá a seguir!

Nenhum detalhe era dispensável aos olhos de Roone. A perfeição era resultado de acertar todos os mínimos detalhes. Em inúmeras ocasiões, como testemunhei no show do Sinatra, ele rasgava um programa inteiro antes de ir ao ar e exigia que a equipe refizesse tudo, mesmo que significasse trabalhar até o amanhecer em uma sala de edição. Ele não era de gritar, mas se mostrava rigoroso e exigente e expressava com muita clareza o que havia de errado, o que esperava que fosse consertado e que não se importava com o sacrifício necessário para ajeitar o que fosse preciso. O programa era o mais importante. Era tudo para ele. O programa era mais importante para Roone do que para as pessoas que o protagonizavam, e conviver com essa realidade era fundamental para quem trabalhasse para ele. Seu compromisso em melhorar as coisas era estimulante. Muitas vezes era exaustivo e frustrante (em grande parte porque ele esperava até o processo de produção estar muito avançado para fazer observações ou exigir mudanças), mas também era inspirador, e a inspiração superava em muito a frustração. Você sabia quanto ele se importava em fazer coisas grandiosas e simplesmente queria corresponder àquela expectativa.

Seu mantra era claro: "Faça o que for preciso para melhorar." De todas as coisas que aprendi com Roone, essa foi a que mais me marcou. Quando falo sobre essa qualidade específica de liderança, me refiro a ela como "a busca incansável pela perfeição". Na prática, isso significa muitas coisas e é difícil de definir. Na verdade, é mais uma mentalidade do que um conjunto específico de regras. Ao menos como eu a assimilei, não se trata de perfeccionismo a todo custo (algo com que Roone não estava muito preocupado). Em vez disso, trata-se de criar um ambiente em que você se recuse a aceitar a mediocridade. Você instintivamente repele a vontade de dizer *Não há tempo suficiente*, ou *Não tenho forças*, ou *Isso exigirá uma conversa difícil que não quero ter*, ou qualquer uma das muitas outras maneiras pelas quais podemos nos convencer de que "bom o bastante" é bom o bastante.

Décadas depois que deixei de trabalhar para Roone, assisti a um documentário, *Jiro Dreams of Sushi*, sobre um mestre de sushi de Tóquio chamado Jiro Ono, cujo restaurante tem três estrelas Michelin e é uma das reservas mais procuradas do mundo. No filme, ele tem quase 85 anos e ainda tenta aperfeiçoar sua arte. Alguns o descrevem como a personificação viva da palavra japonesa *shokunin*, que é "a busca incansável pela perfeição por um bem maior". Eu me apaixonei por Jiro quando assisti ao documentário e fiquei fascinado pelo conceito de *shokunin*. Em 2013, estive em Tóquio a trabalho e fui ao restaurante com alguns colegas. Conhecemos Jiro, que foi o responsável por nosso jantar, e observei, admirado, enquanto ele habilmente preparava dezenove peças de sushi maravilhosas, uma após outra, ao longo de 35 minutos. (A velocidade da refeição era devido ao seu compromisso de servir o sushi com o arroz na temperatura corporal. Se a refeição demorasse muito, o arroz esfriaria e ficaria com menos de 37°C, o que para Jiro era inaceitável.)

Gostei tanto do documentário que mostrei trechos dele para 250 executivos em um retiro da Disney. Queria que eles entendessem melhor, através do exemplo de Jiro, o que eu queria dizer quando falava sobre "a busca incansável pela perfeição". É isso que significa sentir imenso orgulho pelo trabalho que você cria e ter o instinto de buscar a perfeição e a ética de trabalho para seguir esse instinto.

UMA DAS MINHAS interações favoritas com Roone ocorreu no início do meu vínculo com a ABC Sports. Naquela época, embora trabalhássemos no mesmo andar e a Sports fosse uma divisão relativamente pequena, Roone nunca me pareceu acessível. Além de cumprimentos superficiais, ele mal se dava conta da minha presença. Um dia, me vi ao lado dele em um mictório. Para minha surpresa, Roone puxou papo comigo.

"Como vai?"

Após um instante de silêncio atordoado, respondi:

"Bem, há dias em que sinto dificuldade de manter a cabeça fora d'água."

Roone olhou para a frente. Sem perder o ritmo, ele disse:

"Arranje um snorkel mais comprido."

Então, terminou o que estava fazendo e saiu.

Ele não era muito de pedir desculpas. Só tempos depois, quando trabalhei mais próximo dele, descobri ao que as pessoas se referiam quando diziam que ele se recusava a aceitar um não como resposta. Se ele lhe pedisse que fizesse algo, esperava que você esgotasse todos os meios possíveis para realizar aquilo. Se você voltasse e dissesse que tentou e que era impossível, ele apenas respondia: "Arranje outra maneira."

Em 1979, o Campeonato Mundial de Tênis de Mesa estava sendo realizado em Pyongyang, na Coreia do Norte. Certo dia, Roone me chamou em seu escritório e disse: "Isso vai ser interessante. Vamos cobrir o evento no *Wide World of Sports*." Achei que ele estivesse brincando. Sem dúvida ele sabia que seria impossível adquirir os direitos de transmissão de um evento na Coreia do Norte.

Ele não estava brincando.

Então, iniciei uma busca mundial para obter aqueles direitos. A primeira parada foi em Cardiff, no País de Gales, para me encontrar com o chefe da Federação Mundial de Tênis de Mesa e, a partir dali, uma vez que eu não tinha permissão para viajar à Coreia do Norte, fui até Pequim, para me encontrar com a delegação norte-coreana. Após alguns meses de intensas negociações, estávamos prestes a fechar um acordo quando recebi uma ligação de alguém do gabinete asiático do Departamento de Estado dos Estados Unidos. "O que você está fazendo é ilegal", disse ele. "Está violando as rígidas sanções dos Estados Unidos contra fazer negócios com a Coreia do Norte."

Certamente parecia o fim da linha, mas eu também tinha Roone em minha mente me dizendo para encontrar outra maneira. No fim das contas, o Departamento de Estado não se opunha à nossa entrada na Coreia do Norte; até gostaram da ideia de entrarmos com câmeras e capturarmos as imagens que pudéssemos por lá. Eles só não permitiriam que pagássemos aos norte-coreanos pelos direitos de imagem ou firmássemos qualquer contrato. Quando expliquei isso à delegação norte-coreana, eles ficaram lívidos e parecia que tudo iria por água abaixo. Finalmente, cheguei a uma solução alternativa que envolvia a garantia do pagamento dos direitos não através do país anfitrião, mas da Federação Mundial de Tênis de Mesa. Embora não fôssemos mais pagá-los, o governo norte-coreano concordou em nos deixar entrar, e nos tornamos a primeira equipe de mídia dos Estados Unidos a entrar na Coreia do Norte em décadas, um momento histórico na transmissão esportiva. Roone nunca soube tudo o que eu fizera para conseguir aquilo, mas sei que não teria feito o que fiz se não tivesse sido motivado por suas expectativas e por meu desejo de agradá-lo.

Encontrar o equilíbrio entre exigir que o seu pessoal tenha um bom desempenho e não lhes incutir o medo do fracasso é um negócio delicado. A maioria das pessoas que trabalhava para Roone queria seguir os seus padrões, mas nós também sabíamos que ele não tinha paciência para desculpas e que podia facilmente se voltar contra alguém com seu jeito ácido e cruel caso sentisse que aquela pessoa não estava tendo um desempenho de acordo com as suas expectativas.

Toda manhã de segunda-feira, os altos executivos da Sports se reuniam ao redor de uma mesa de conferências para revisar a cobertura do fim de semana anterior e planejar o que viria a seguir. O restante da equipe se sentava em um círculo de cadeiras no limiar da sala, verdadeiros deputados nanicos sem direito a voto, esperando críticas em relação ao trabalho que acabara de concluir e ordens para o seguinte.

Certa manhã — foi no início do meu trabalho no *Wide World of Sports*, mais ou menos na mesma época da troca do snorkel —, Roone entrou e começou a criticar a equipe inteira por termos perdido um recorde mundial estabelecido por Sebastian Coe, o grande corredor britânico de meia distância, em um evento de atletismo em Oslo, na Noruega. Em geral, ficávamos em cima dessas coisas, mas nesse caso houve complicações inesperadas e não consegui os direitos da corrida a tempo de podermos transmiti-la. Suspeitei que isso seria um problema na segunda-feira, mas mantive a irreal esperança de que o assunto passasse despercebido.

Não tive essa sorte. Roone olhou para a sua equipe sênior em volta da mesa, querendo saber de quem era a culpa. No canto da sala, ergui a mão e falei que a culpa era minha. A sala ficou em silêncio; mais de vinte cabeças se voltaram para mim. Ninguém disse nada e seguimos em frente, mas depois da reunião várias pessoas vieram até onde eu estava e murmuraram:

"Não acredito que você fez isso."

"O quê?"

"Admitiu a culpa."

"Como assim?"

"Ninguém faz isso aqui."

Roone nunca tocou no assunto comigo, mas, a partir daquele momento, passou a me tratar de modo diferente, aparentemente com mais consideração. Na época, pensei que havia apenas uma lição óbvia naquela história: a importância de assumir a responsabilidade quando você erra. Isso é verdadeiro e significativo. No seu trabalho, na sua vida, você será mais respeitado e as pessoas ao seu redor confiarão mais em você se reconhecer seus erros com honestidade. É impossível evitar cometê-los, mas é possível reconhecê-los, aprender com eles e dar o exemplo de que às vezes errar é normal. O que não é certo é sabotar os demais mentindo sobre alguma coisa ou tirando o corpo fora.

No entanto, há uma lição paralela que só fui compreender em sua plenitude anos depois, quando assumi uma posição de verdadeira liderança. É tão simples que você pode achar que não merece ser mencionada, mas é surpreendentemente rara: seja decente com as pessoas. Trate todos com justiça e empatia. Isso não significa diminuir as expectativas ou passar a mensagem de que erros são tolerados. Significa criar um ambiente onde as pessoas saibam que você as ouvirá, que você é emocionalmente consistente e imparcial e que elas terão uma segunda chance se cometerem erros na tentativa de dar o seu melhor. (Se elas não assumirem seus erros, se culparem outra pessoa ou se o erro for resultado de algum comportamento antiético, a história muda de figura e é algo que não deve ser tolerado.)

Havia pessoas na ABC Sports que viviam com medo de Roone se voltar contra elas e, como resultado, evitavam correr riscos ou ousar mais. Nunca me senti assim, mas via isso nos outros e entendia o motivo. Ele era um chefe caprichoso, e, com o tempo, o capricho custa caro para o moral de uma equipe. Um dia ele fazia alguém se sentir a pessoa mais importante da divisão; no outro, fazia críticas severas ou cravava uma faca nas costas de alguém por razões que nunca ficavam muito claras. Ele tinha um jeito de manipular as pessoas, e eu nunca soube se era uma estratégia proposital ou um traço da sua personalidade. Apesar de todo o seu imenso talento e sucesso, no fundo Roone era inseguro, e se defendia da própria insegurança estimulando-a nas pessoas à sua volta. Do seu modo, muitas vezes aquilo funcionava e fazia com que você se esforçasse para agradá-lo, mas havia momentos em que ele me deixava tão enlouquecido que eu tinha certeza de que desistiria. Eu não era o único a pensar assim.

Mas não desisti. Eu conseguia me adaptar à maneira como Roone exercia sua autoridade, ser motivado pelo lado bom e não ficar pessoalmente magoado pelo ruim. Acho que eu era naturalmente resiliente, e trabalhar para Roone me tornou ainda mais. E me orgulhava de trabalhar pesado, sobretudo em um lugar onde tantas pessoas à minha volta eram mais instruídas e possuíam históricos mais sofisticados. Para mim, era importante saber que, na hora H, eu poderia superar qualquer um, de modo que estava muito mais concentrado nisso do que nas vicissitudes do humor de Roone.

Foi só mais tarde, olhando para trás, que percebi que muito daquilo que realizávamos não precisava custar tão caro. Fui motivado pelo desejo de Roone pela perfeição e o carrego comigo desde então. Mas também aprendi outra coisa ao longo do caminho: excelência e justiça não precisam ser mutuamente excludentes. Na época, eu não teria enunciado isso dessa forma. Na maior parte do tempo, estava concentrado apenas em fazer bem meu trabalho e com certeza não pensava no que faria de diferente caso estivesse no lugar de Roone. Anos depois, entretanto, quando tive a oportunidade de liderar, instintivamente percebi que tanto era necessário buscar a perfeição quanto me precaver da armadilha de me preocupar apenas com o produto e nunca com as pessoas.

CAPÍTULO 2

APOSTANDO NO TALENTO

E M MARÇO DE 1985, eu tinha 34 anos e acabava de me tornar vice-presidente da ABC Sports quando Leonard Goldenson, fundador, presidente do conselho e CEO da ABC, concordou em vender a corporação para uma empresa muito menor, a Capital Cities Communications. A Cap Cities, como era chamada, tinha um quarto do tamanho da ABC, e nos adquiriu por 3,5 bilhões de dólares. Todos na ABC foram pegos de surpresa pela notícia. Como uma empresa como a Cap Cities adquiria de repente uma grande rede de televisão? Quem eram aqueles caras? Como isso aconteceu?

Esses caras eram Tom Murphy e Dan Burke. Ao longo dos anos, eles construíram a Cap Cities, uma aquisição após a outra, começando como uma pequena estação de televisão em Albany, Nova York. Com a ajuda do amigo íntimo de Tom, Warren

Buffett, que bancou a negociação de 3,5 bilhões de dólares, eles conseguiram encampar nossa empresa, que era muito maior. (Nas palavras do próprio Tom Murphy, eles eram "o peixinho que engoliu a baleia".)

Tom e Dan não pertenciam ao nosso mundo. Aos nossos olhos, eram chinfrins. Possuíam estações de rádio e TV locais, um negócio editorial em expansão, incluindo alguns jornais de médio porte. Eram católicos praticantes (o escritório em Nova York ficava em um prédio na Madison Avenue, de propriedade da Arquidiocese Católica de Nova York), não tinham experiência em fazer contatos nem conexão com Hollywood e carregavam a reputação de serem verdadeiros sovinas. Não tínhamos ideia do que aconteceria quando assumissem, mas sabíamos que nada com o que estávamos acostumados continuaria do mesmo jeito.

O negócio foi fechado em janeiro de 1986. Logo depois, Tom e Dan realizaram um retiro corporativo em Phoenix. Eu não era suficientemente qualificado para ser convidado, mas ouvi muitas reclamações e risadinhas debochadas de outros executivos da ABC depois do evento, sobre exercícios piegas de formação de equipe e os valores conservadores de Tom e Dan. Mais tarde, eu perceberia que todos estávamos sendo cínicos e esnobes. Nos anos posteriores, aquelas tradições piegas ajudariam a criar uma camaradagem autêntica dentro da empresa. E a aversão de Tom e Dan a Hollywood não significava que não eram sofisticados, como muitos executivos da ABC presumiram no início. Eles apenas eram quem eram: empresários pragmáticos, concentrados no trabalho e sem interesse no glamour.

Era verdade, porém, que administrar uma enorme empresa de entretenimento era algo que nunca tinham feito. Para começo de conversa, eles nunca tinham administrado talentos executivos de nível internacional. Isso ficava mais do que evidente em seu relacionamento com Roone. Quando a Cap

Cities nos adquiriu, Roone dirigia a Sports e a ABC News, que ele assumiu em 1977, quando os índices de audiência estavam despencando. Ele transformou a emissora do mesmo jeito que fizera com a Sports, colocando seus âncoras mais famosos — Peter Jennings, Barbara Walters, Ted Koppel e Diane Sawyer — em um pedestal e usando-os em vários programas. Ele criou o *20/20* e o *World News Tonight*, então chamado *Nightline*, que surgiu da cobertura da crise dos reféns no Irã feita pela ABC. Ele trouxe para o noticiário o mesmo espírito competitivo incansável e a notável sensibilidade visual de que lançava mão nas transmissões esportivas, e a divisão prosperou sob a sua liderança.

Tom e Dan respeitavam Roone e estavam cientes de seu talento e sua reputação, mas também se sentiam um tanto intimidados. Ele falava uma língua e transitava em um mundo com o qual os dois não estavam familiarizados. E Roone tirou proveito disso. Ele era arredio e, de vez em quando, abertamente crítico em relação aos dois. Chegava atrasado para as reuniões e às vezes ignorava descaradamente algumas ordens emitidas pelos "contadores de feijão", como Roone os chamava. Naquela época, eu era um dos últimos membros da velha guarda da Sports que ainda estavam por lá, e Roone se lamentava comigo. Eu recebia uma ligação de seu assistente no fim do dia, me pedindo que fosse até a News. Quando chegava lá, Roone abria uma garrafa de vinho branco italiano que ele adorava, nos sentávamos em seu escritório cercados por prêmios Emmy, e ele reclamava do modo como Tom e Dan reprimiam seu estilo. "Eles não entendem", dizia. "Não dá para economizar no caminho do sucesso."

Roone acreditava em não poupar custos em busca da grandeza e não queria que ninguém lhe dissesse que precisava mudar o modo como fazia as coisas para cumprir metas orçamentárias arbitrárias. Ele não se importava com o lado comercial das coisas, mas, se fosse pressionado, mencionava a receita que tínhamos gerado ao longo dos anos e dizia que os gastos excessivos nos permitiam não apenas criar uma divisão de altíssimo nível, como também produzir uma aura de sofisticação e glamour da qual os anunciantes queriam fazer parte.

Tom e Dan não trabalhavam assim. Eles entraram e imediatamente tiraram todas as mordomias às quais estávamos acostumados. Não havia mais limusines estacionadas em frente à sede da ABC à espera dos executivos. Nada de viagens no Concorde ou em assentos de primeira classe. Nada de contas de despesas ilimitadas. Eles viam como o nosso negócio estava mudando de uma maneira que muitas pessoas na ABC se recusavam a aceitar. As margens estavam ficando mais estreitas; e a concorrência, mais acirrada. Até dentro da própria empresa, a ESPN começava a se firmar, o que acabaria tendo um impacto direto na ABC Sports.

Tom e Dan não eram apenas sujeitos simplórios que não "entendiam as coisas". Eram empresários astutos que sentiam para que lado os ventos sopravam. (Também é preciso dizer que, quando achavam importante gastar dinheiro, eles o faziam. Roone se beneficiou disso mais do que qualquer um quando recebeu o aval para cortejar Diane Sawyer, da CBS, e David Brinkley, da NBC, e fechar o time de estrelas da ABC News.)

Uma das primeiras coisas que fizeram depois de assumirem o cargo foi dizer a Roone que não o queriam dirigindo a Sports e a News ao mesmo tempo. Eles lhe deram uma escolha, e Roone optou pela News — com a única condição de que ele seria o produtor-executivo da nossa cobertura dos Jogos Olímpicos de Inverno de 1988, em Calgary. Imaginei que eles o substituiriam por alguém de dentro da divisão (pensei até que havia uma chance de ser eu), mas trouxeram Dennis Swanson, que, antes de se tornar chefe da prestigiosa divisão da ABC Sports, administrara meia dúzia de emissoras de TV locais da ABC. (A grande — e legítima — reivindicação de Dennis à fama era a de que ele havia colocado Oprah Winfrey na televisão em Chicago, em 1983.)

Da noite para o dia, deixei de trabalhar para o executivo de televisão esportiva mais bem-sucedido de todos os tempos para ser subordinado de alguém que jamais passara um minuto sequer em uma rede ou em uma transmissão esportiva. Meu ex-chefe, Jim Spence, foi uma das pessoas preteridas para o cargo de Roone. Quando Tom e Dan anunciaram que contratariam Dennis, Jim pediu demissão e outros executivos seniores o seguiram. Jim foi para a agência de talentos ICM a fim de implantar uma divisão esportiva. Fiquei onde estava, esperando que uma oportunidade aparecesse. Contudo, pouco tempo depois de começar a trabalhar para Dennis, falei com Jim que parecia não haver mais nada para mim na ABC e que, portanto, eu precisava ir embora. Jim pediu que eu me juntasse a ele na ICM, e logo fizemos um acordo. Eu estava sob contrato na ABC, mas achava que eles me liberariam e fui trabalhar no dia seguinte disposto a dizer isso para Dennis.

Antes de marcar uma conversa com ele, falei com Steve Solomon, chefe de Recursos Humanos da ABC, que Dennis trouxera para ajudá-lo na administração da Sports. Contei para Steve que planejava ir embora. "Precisamos conversar com Dennis", disse ele. "Ele tem outros planos para você."

"Tenho novidades", declarou Dennis, quando entrei em seu escritório. "Vou promovê-lo a vice-presidente sênior de programação. Quero que você crie um modelo para toda a programação esportiva da ABC."

Fiquei completamente atônito.

"Eu estava prestes a lhe dizer que estava indo embora", respondi afinal.

"Indo embora?"

"Eu achava que não havia futuro para mim aqui."

Então, expliquei que Jim Spence estava dando início a uma divisão de esportes na ICM e que eu decidira me juntar a ele.

"Acho que isso é um erro", disse Dennis. Para início de conversa, ele não tinha tanta certeza de que a empresa me liberaria do contrato. "É uma grande oportunidade, Bob. Você não deveria desperdiçá-la", completou, dando-me 24 horas para eu lhe dar uma resposta.

Fui para casa naquela noite e tive uma longa conversa com minha então esposa, Susan. Avaliamos as minhas dúvidas quanto a trabalhar para Dennis em relação ao potencial do novo emprego. Conversamos sobre nossas duas filhas e sobre a segurança de estar em um lugar que eu conhecia bem em contraponto ao risco de tentar um novo empreendimento. No fim das contas, decidi ficar onde estava porque a ABC Sports tinha sido um lugar muito bom para mim ao longo dos anos e eu ainda não estava pronto a abrir mão disso.

Há momentos em nossas carreiras, em nossas vidas, que são pontos de inflexão, mas em geral não são os mais óbvios nem os mais dramáticos. Eu não tinha certeza se estava tomando a decisão certa. Provavelmente seria mais seguro ficar em um lugar que eu já conhecia. Mas eu também não queria sair de modo muito impulsivo só porque meu ego estava ferido ou porque eu tinha algum sentimento de superioridade em relação a Dennis. Se no fim das contas eu fosse embora, tinha que ser porque havia uma oportunidade boa demais para ser recusada, e o trabalho na ICM não era isso.

Aceitar a oferta de Dennis se provou uma das melhores decisões já tomadas em relação à minha carreira. Logo eu descobriria que minha avaliação a respeito dele estava totalmente equivocada. Era um sujeito amável e engraçado; sua energia e seu otimismo eram contagiosos; e, mais importante, ele tinha consciência do que não sabia. Essa é uma característica rara em um chefe. É fácil imaginar outra pessoa no lugar de Dennis tentando compensar o fato de nunca ter trabalhado em uma emissora exalando um tipo de falsa autoridade ou conhecimento, mas Dennis não funcionava assim. Nós nos sentávamos para reuniões, algo acontecia e, em vez de blefar, Dennis dizia que não sabia o que fazer, então se voltava para mim e para as demais pessoas em busca de ajuda. Muitas vezes ele pedia que eu liderasse as conversas com superiores enquanto se recostava na poltrona, e não perdia uma oportunidade de exaltar minhas virtudes para Tom e Dan. Durante os preparativos para as Olimpíadas de Inverno, Dennis pediu que eu apresentasse nossos planos para os executivos do mais alto escalão da empresa. Foi uma oportunidade enorme para mim e um exemplo perfeito de como ele nunca se colocou à frente de ninguém.

Dennis era assim: um homem naturalmente generoso, mas também resultado da cultura que Tom e Dan implantaram. Eles eram duas das pessoas mais autênticas que já conheci, sempre genuinamente eles mesmos. Sem arrogância, sem grandes egos que precisassem ser gerenciados, sem falsa sinceridade. Portavam-se com a mesma honestidade e franqueza, não importava com quem estivessem falando. Ambos eram empresários astutos (Warren Buffett mais tarde os definiu como "provavelmente a melhor combinação de gestão feita por duas pessoas que o mundo já viu ou talvez verá"), mas eram mais do que isso. Aprendi com eles que a decência genuína e a competitividade profissional não se excluíam mutuamente. De fato, a verdadeira integridade — um senso de saber quem você é e ser guiado pelo próprio juízo do que é certo e errado — é uma espécie de arma secreta. Eles confiavam na própria intuição, tratavam as pessoas com respeito, e, com o tempo, a empresa passou a representar os valores pelos quais eles viviam. Muitos de nós recebíamos menos do que ganharíamos se fôssemos trabalhar para um concorrente. Sabíamos que eles eram avarentos. Mas ficávamos devido à nossa lealdade àqueles dois homens.

A estratégia de negócios deles era bem simples. Os dois eram extremamente vigilantes no que dizia respeito a controle de custos e acreditavam em uma estrutura corporativa descentralizada. Ou seja: eles não achavam que todas as decisões importantes deveriam ser tomadas pelos dois ou por um pequeno grupo de estrategistas na sede da empresa. Em vez disso, contratavam pessoas inteligentes, decentes e trabalhadoras, colocavam essas pessoas em cargos de grande responsabilidade e lhes davam a autonomia e o apoio necessários para que realizassem o trabalho. Também eram tremendamente generosos com o próprio tempo e estavam sempre acessíveis. Por isso, os executivos que trabalhavam para eles sempre tiveram uma noção clara de quais eram as prioridades, e o foco deles permitia que todos nós também fôssemos focados.

EM FEVEREIRO DE 1988, fomos a Calgary para fazer a cobertura dos Jogos de Inverno. Conforme combinado, Roone era o produtor-executivo e eu, o executivo sênior do programa. O que significava que, no longo período que antecedeu os Jogos Olímpicos, eu seria encarregado da complexa programação de todos os eventos televisionados, teria que me comunicar e negociar com o Comitê Organizador Olímpico e diversos órgãos governamentais de todo o mundo e ajudar a planejar nossa cobertura dos jogos com antecedência. Alguns dias antes do início dos jogos, Roone apareceu em Calgary e me chamou até a sua suíte. "Tudo bem", disse ele. "O que estamos fazendo?"

Tínhamos deixado de trabalhar juntos havia dois anos, mas logo de cara parecia que nada tinha mudado — para o bem e para o mal. Estávamos programados para exibir uma retrospectiva de três horas dos Jogos Olímpicos na noite anterior às cerimônias de abertura, e durante semanas tentei fazer Roone se concentrar naquilo. Finalmente ele assistiu à retrospectiva depois de chegar a Calgary, na noite anterior à data em que o programa iria ao ar. "Está tudo errado", disse. "Não tem emoção. Nenhuma tensão." Uma equipe trabalhou a noite inteira para fazer todas as mudanças a tempo de colocar o programa no ar. Ele estava certo, é claro. Seu instinto de contador de histórias estava mais afiado do que nunca. Mas foi uma maneira muito estressante de começar e um lembrete de como a relutância de uma pessoa em dar uma resposta em tempo hábil pode causar tanta tensão e ineficiência desnecessárias.

Montamos a nossa base em um armazém cavernoso nos arredores de Calgary. Havia vários trailers e construções menores dentro do armazém, que abrigava diversas equipes de produção e tecnologia. Nossa sala de controle também era ali, com Roone na poltrona do capitão e eu na última fila lidando com a logística. Atrás da sala de controle havia uma cabine de observação envidraçada para VIPs. Durante os jogos, Tom, Dan, diversos membros do conselho e convidados passavam algum tempo na cabine, observando nosso trabalho.

Os primeiros dias transcorreram sem problemas, e então tudo mudou da noite para o dia. Fortes ventos quentes, os *chinook*, começaram a soprar e a temperatura subiu para 15ºC. A neve no percurso alpino e o gelo nas pistas de bobsled derreteram. Os eventos foram cancelados um atrás do outro, e mesmo aqueles que ocorreram se provaram um desafio, porque as nossas câmeras não conseguiam registrar por causa do nevoeiro.

Nos dias posteriores, eu chegava à sala de controle todas as manhãs quase sem ideia do que levaríamos ao ar naquela noite. Foi um exemplo perfeito da necessidade de se manter otimista. As coisas estavam péssimas, com certeza, mas eu precisava encarar a situação não como uma catástrofe, mas como um quebra-cabeça que precisávamos resolver e, assim, comunicar à nossa equipe que tínhamos o talento e a agilidade para resolver esse tipo de problema e criar algo maravilhoso no processo.

O grande desafio foi encontrar uma programação para preencher o horário nobre, que agora estava repleto de buracos onde deveriam passar os eventos olímpicos mais concorridos. Ou seja: tínhamos que lidar com um Comitê Olímpico que lutava para resolver os próprios problemas de cronograma. Mesmo antes de os jogos começarem, testei minha sorte com eles. No programa original do torneio de hóquei, os Estados Unidos jogariam contra duas das equipes mais fortes do mundo nos dois primeiros jogos. Supus que eles perderiam as duas partidas, e o interesse dos espectadores cairia muito depois que a equipe fosse eliminada. Então, viajei pelo mundo inteiro, reunindo-me com federações nacionais de hóquei e comitês olímpicos para convencê-los a reformular a tabela. A essa altura, eu falava ao telefone com o Comitê Olímpico de Calgary diversas vezes por dia, implorando para que mudassem a programação dos eventos, de forma que tivéssemos algo para exibir no horário nobre.

As reuniões com Roone antes da transmissão de cada noite eram quase cômicas. Ele entrava na cabine toda tarde e perguntava: "O que vamos fazer hoje à noite?" E eu respondia "Bem, temos Romênia contra Suécia no hóquei", ou algo assim. Depois, eu o informava sobre os eventos remarcados, que com frequência não ocorriam. Como não tínhamos as competições de que precisávamos, todos os dias enviávamos uma equipe de produtores para descobrir histórias cativantes que tivessem apelo junto às pessoas. Então, eles editavam as matérias e as encaixavam naquela transmissão noturna. A equipe jamaicana de bobsled foi uma dádiva dos céus. Assim como Eddie "The Eagle" Edwards, o quixotesco saltador de esqui britânico que terminou em último lugar nas provas de 70 e 90 metros. Era tenso, mas também divertido. E foi gratificante enfrentar o desafio de cada dia, sabendo que a única saída era manter o foco e transmitir o máximo de tranquilidade possível para as pessoas ao meu redor.

De algum modo, tudo deu certo. Os índices de audiência foram historicamente altos. Tom e Dan ficaram satisfeitos. O drama adicional de precisar improvisar muita coisa foi um final adequado para o reinado de Roone na televisão esportiva. Foi também a última Olimpíada que a ABC cobriu, após 42 anos. Não teríamos mais os direitos de transmissão após aqueles jogos. Na última noite de cobertura, depois de encerrarmos as atividades, vários de nós permaneceram na sala de controle, onde bebemos champanhe, brindamos os nossos esforços e rimos do modo como evitamos o desastre. Uma a uma, as pessoas voltaram para o hotel. Fui o último a deixar a sala de controle, onde fiquei por um tempo, absorvendo o silêncio e a tranquilidade após tanta ação. Então, apaguei as luzes e fui para casa.

ALGUMAS SEMANAS DEPOIS, fui chamado para uma reunião com Tom e Dan. "Queremos conhecê-lo melhor", falou Tom. Ele me disse que ambos me observaram de perto em Calgary e ficaram impressionados com a forma como lidei com a pressão. "Podem surgir algumas oportunidades", comentou Dan, de modo que eu soubesse que estavam de olho em mim. Meu primeiro pensamento foi que talvez eu tivesse uma chance de assumir a direção da ESPN, mas logo após essa reunião eles deram o cargo para um sujeito que era vice-presidente executivo da ABC Television na época. Lá estava eu, frustrado por ter sido preterido mais uma vez, quando me ligaram de novo e me deram o cargo dele. "Queremos que você fique lá por um tempo", explicou Dan. "Mas temos planos mais ambiciosos."

Eu não sabia que planos seriam esses, mas o trabalho que eles haviam acabado de oferecer — o de número dois na ABC TV — parecia bastante ambicioso. Eu tinha 37 anos, trabalhava principalmente em esportes e agora administraria a emissora de dia, tarde da noite e sábado pela manhã, além de gerenciar assuntos de negócios para toda a rede. Eu não sabia fazer nada disso, mas Tom e Dan pareciam confiantes de que eu poderia aprender enquanto trabalhava.

Ao longo de toda a minha carreira, minha tendência sempre foi dizer sim a todas as oportunidades. Em parte, isso é apenas uma vã ambição. Eu queria progredir, aprender e fazer mais e, para isso, não abriria mão de nenhuma chance, mas também queria provar para mim mesmo que era capaz de fazer coisas com as quais não estava familiarizado.

Quanto a isso, Tom e Dan eram os chefes perfeitos. Eles falavam sobre valorizar a competência mais do que a experiência e acreditavam em colocar as pessoas em cargos que exigiam mais do que elas sabiam serem capazes. Não que a experiência não fosse importante, mas eles "apostavam no cérebro", como diziam, e acreditavam que as coisas dariam certo se colocassem pessoas talentosas em posições nas quais pudessem crescer, mesmo que elas estivessem em terreno desconhecido.

Tom e Dan me levaram para seu círculo interno. Eles me incluíram em suas tomadas de decisão e me faziam confidências sobre pessoas, incluindo Brandon Stoddard, que dirigia o horário nobre como presidente da ABC Entertainment. Brandon era um executivo talentoso que tinha bom gosto televisivo, mas, como muitos outros oriundos do setor de entretenimento, não tinha temperamento para trabalhar em uma estrutura corporativa. Brandon tinha Hollywood em mente e, para ele, Tom e Dan eram "gente de emissora" e não entendiam do negócio. Brandon era incapaz de esconder o desdém pelos dois e não queria se adaptar à maneira que eles tinham de fazer as coisas, nem mesmo empreender um esforço para entender de onde vinham. Por sua vez, não é de surpreender que Tom e Dan ficassem cada vez mais frustrados, e, com o tempo, começasse a reinar a desconfiança, além de uma mútua animosidade de baixo nível entre as partes.

No início da manhã de uma sexta-feira, Dan se sentou à minha frente na lanchonete da sede da ABC na West 66th Street. Na maioria dos dias, ele e eu chegávamos ao escritório antes de todo mundo e muitas vezes nos encontrávamos no refeitório e conversávamos sobre o que estava acontecendo. Ele pôs a bandeja do café da manhã na mesa e disse:

"Tom está indo para Los Angeles hoje. Sabe por quê?"

"Não", respondi. "O que está acontecendo?"

"Ele vai demitir Brandon Stoddard."

Aquilo não me deixou completamente chocado, mas fiquei surpreso por não ter ouvido nada a respeito de seus planos de substituí-lo. Seria uma notícia e tanto em Hollywood o fato de demitirem o chefe da ABC Entertainment.

"O que vocês vão fazer?", perguntei.

"Não sabemos. Precisamos descobrir."

Tom demitiu Brandon naquela sexta-feira. Dan voou para encontrá-lo no fim de semana e, na segunda-feira à noite, ligou para a minha casa.

"Bob, o que está fazendo?"

"Preparando o jantar das meninas", falei.

"Queremos que você venha para cá amanhã de manhã. É possível?"

Eu disse que sim, e ele acrescentou:

"Antes de entrar no avião, você precisa saber de uma coisa. Queremos que você dirija a Entertainment."

"Como assim?"

"Queremos que você seja presidente da ABC Entertainment. Venha até aqui para conversarmos."

Voei para Los Angeles na manhã seguinte e fui direto ao encontro deles. Os conflitos com Brandon haviam ultrapassado os limites, disseram. Eles passaram o fim de semana pensando em diversas pessoas para substituí-lo. Uma ideia era dar o cargo para nosso chefe de pesquisa, Alan Wurtzel, de quem eles gostavam e respeitavam. Eles aventaram a possibilidade com Stu Bloomberg, que fora chefe do departamento de humor e a quem eles acabaram tornando chefe do departamento de drama da rede também. "Vocês não podem fazer isso", dissera Stu. "Isso é um trabalho criativo. Não podem entregá-lo ao chefe da pesquisa!" Então, eles perguntaram: "O que acha de Bob Iger?" Stu respondeu que não me conhecia bem, mas que todos ficaram impressionados com o modo como lidei com a cobertura dos Jogos Olímpicos e ele sabia que as pessoas me respeitavam e gostavam de mim.

Stu também dissera que ficaria feliz em trabalhar para mim, o que foi o suficiente para Tom e Dan.

"Queremos que você assuma o cargo", disse Tom.

Fiquei lisonjeado, mas também sabia que aquilo representava um grande risco para eles. Seria a primeira vez na história da empresa que a pessoa à frente da ABC Entertainment não viria do mundo do entretenimento. Eu não tinha certeza se alguém de fora de Hollywood já ocupara esse cargo em qualquer outra emissora.

"Olha, agradeço a confiança", falei. "Mas não leio um roteiro desde meu curso de redação para TV na faculdade. Não conheço esse aspecto da área."

Eles responderam da maneira paternal de sempre.

"Ah, Bob, você vai se sair muito bem", disse Tom.

E Dan acrescentou:

"Queremos que você sobreviva aqui, Bob. Esperamos que, ao terminar, saia empunhando o seu escudo, e não carregado em cima dele!"

Jantei naquela noite com Stu Bloomberg e Ted Harbert, os dois homens que, ao lado de Brandon, eram responsáveis pela programação do horário nobre da ABC. O plano era que eu dirigisse o departamento e Stu e Ted dividissem a vice-direção. Ted cuidaria da programação e do planejamento; Stu cuidaria do desenvolvimento. Ambos eram veteranos do entretenimento, e Stu, em particular, fora responsável por vários sucessos recentes da ABC, incluindo *Anos Incríveis* e *Roseanne*. Seria totalmente justificável se desdenhassem do sujeito que nada entendia daquela área, mas que estava prestes a ser o chefe. Em vez disso, foram duas das pessoas mais solidárias com quem já trabalhei, e o apoio que recebi deles começou logo naquela primeira noite. Durante o jantar, falei que precisava da ajuda dos dois. Eles conheciam o negócio, eu não, mas nossos destinos agora estavam entrelaçados, e eu esperava que eles estivessem dispostos a serem pacientes comigo enquanto eu aprendia o novo ofício. "Não se preocupe, Bob. Vamos ensiná-lo", disse Stu. "Será ótimo. Confie em nós."

Voltei para Nova York e me sentei com minha esposa. Antes de ir, combinamos que eu não tomaria nenhuma decisão definitiva sem primeiro conversarmos a respeito. Aquele trabalho exigiria uma mudança para Los Angeles, e adorávamos morar em Nova York. Tínhamos acabado de reformar o nosso apartamento; nossas meninas estavam matriculadas em uma ótima escola; nossos amigos mais próximos eram de Nova York. Susan, produtora-executiva na WNBC, era uma daquelas nova-iorquinas que jamais desejariam viver em outro lugar. Eu sabia que seria difícil para ela e que, no fundo, não gostaria de ir embora. Susan foi incrivelmente solidária. "A vida é uma aventura", disse ela. "Se você não escolher o caminho da aventura, não viverá de verdade."

No dia seguinte, quinta-feira, Tom e Dan anunciaram que eu seria o novo chefe da ABC Entertainment. Três dias depois, voei para Los Angeles e comecei no cargo novo.

CAPÍTULO 3

APRENDA O QUE NÃO SABE (E CONFIE NO QUE FAZ)

NÃO FOI EXATAMENTE um salto de paraquedas, mas no começo pareceu muito com uma queda livre. Eu disse a mim mesmo: você tem um emprego. Eles esperam que você dê um jeito nesse negócio. Sua inexperiência não pode ser desculpa para o fracasso.

Então, o que fazer em uma situação dessas? A primeira regra é não forjar nada. Você precisa ser humilde e não pode fingir ser alguém que não é ou que sabe algo que não sabe. Contudo, você também está em uma posição de liderança e, portanto, não pode deixar que a humildade o impeça de liderar. É uma linha tênue, e algo que prego atualmente. É preciso fazer as perguntas necessárias, admitir sem desculpas o que não entende e se esforçar para aprender o mais rápido possível. Não há nada que inspire menos confiança do que uma pessoa que finge um conhecimento que não possui. A verdadeira autoridade e a verdadeira liderança vêm de saber quem você é e não fingir ser outra coisa.

Felizmente, eu tinha Stu e Ted ao meu lado. Eu dependia deles totalmente, sobretudo naqueles primeiros dias. Sua primeira prioridade foi agendar o que me pareceu uma interminável sequência de reuniões realizadas em cafés da manhã, almoços e jantares. Naquela época, os chefes das três redes eram algumas das pessoas mais poderosas da televisão (um fato que me parecia surreal), mas, para todos na indústria, eu era um iminente ponto de interrogação. Eu não tinha noção de como as coisas eram feitas em Hollywood, não tinha experiência em administrar relacionamentos com pessoas criativas nem em trabalhar com seus representantes. Eu não falava a língua deles. Não entendia a sua cultura. Para eles, eu era um executivo de Nova York que, de repente — por razões que deviam ter parecido desconcertantes —, passou a exercer uma enorme influência nas suas vidas criativas. Então, todos os dias eu me encontrava com gerentes, agentes, escritores, diretores e estrelas da televisão que Stu e Ted iam colocando na fila para mim. Na maioria dessas reuniões, eu tinha a nítida sensação de ser cutucado e sondado em uma tentativa de descobrirem quem eu era e o que diabos estava fazendo ali.

A tarefa era não deixar meu ego tirar o que eu tinha de melhor. Em vez de me esforçar demais para impressionar quem estava do outro lado da mesa, eu precisava não apenas resistir à vontade de fingir que sabia o que estava fazendo, como também fazer perguntas sempre que necessário. Não havia como escapar do fato de que ali eu era um peixe fora d'água. Minha origem não remontava a Hollywood. Eu não tinha uma grande personalidade nem um estilo evidente. Mal conhecia alguém na cidade. Eu poderia ficar inseguro quanto a isso ou poderia deixar que minha relativa insipidez — minha não *hollywoodidade* — me desse um certo ar de mistério que trabalhasse a meu favor enquanto eu absorvia o máximo que podia.

Cheguei a Los Angeles com um prazo de seis semanas para decidir a programação do horário nobre da temporada 1989-90. Em meu primeiro dia no cargo, recebi uma pilha de quarenta roteiros para ler. Todas as noites, eu os levava para casa e obedientemente os avaliava, fazendo anotações nas margens, mas lutando para imaginar como o roteiro à minha frente seria transposto para a tela e duvidando da minha capacidade de julgar o que era bom e o que não era. Será que eu estava prestando atenção nas coisas certas? Será que havia coisas que outras pessoas conseguiam ver com clareza e eu estava deixando passar por completo? A princípio, a resposta foi sim. No dia seguinte, eu me encontrava com Stu e os demais para peneirar a pilha. Stu era capaz de dissecar um roteiro com muita rapidez — "No início do segundo ato, as motivações não são claras...", e eu olhava para as páginas no meu colo e pensava: *Espere aí, segundo ato? Quando terminou o primeiro?* (Stu se tornaria um de meus amigos mais próximos. Às vezes, eu o exauria com minhas perguntas e inexperiência, mas ele perseverou e me transmitiu ensinamentos fundamentais, não apenas sobre como ler roteiros, mas sobre como interagir com pessoas criativas.)

Entretanto, com o passar do tempo, comecei a perceber que já havia internalizado muita coisa observando Roone contar histórias ao longo de tantos anos. O esporte não era igual à televisão do horário nobre, mas havia lições importantes sobre estrutura, ritmo e clareza que absorvi sem me dar conta. Em minha primeira semana em Los Angeles, almocei com o produtor e escritor Steven Bochco, que emplacara dois grandes sucessos para a NBC — *Chumbo Grosso* e *L.A. Law* —, mas que recentemente assinara um contrato lucrativo de dez séries com a ABC. Falei para Steven que tinha dificuldade para ler roteiros. Eu nem sabia o jargão, e ainda havia a pressão para tomar decisões rápidas a respeito de tantos programas. Steven subestimou aquilo de um modo que achei reconfortante vindo de alguém como ele. "Não é nada de outro mundo, Bob", falou. "Confie em si mesmo."

Na época, havia vários programas de sucesso na programação do horário nobre da ABC — *Who's the Boss?*, *Tudo em Família*, *Roseanne*, *Anos Incríveis* e *Thirtysomething*. Mas ficávamos em um distante segundo lugar em relação à colossal NBC. Meu trabalho seria encontrar uma maneira de diminuir essa distância. Acrescentamos mais de dez programas novos naquela primeira temporada, entre eles *Family Matters* e *Life Goes On* (o primeiro programa de TV a apresentar um personagem importante com síndrome de Down), e o *America's Funniest Home Videos*, que se tornou um sucesso gigantesco e imediato e agora está em sua 31ª temporada.

Também exibimos o primeiro grande sucesso de Steven para a emissora. Quando cheguei, ele tinha acabado de entregar o roteiro de *Doogie Howser, M.D.*, a história de um médico de quatorze anos tentando equilibrar a vida profissional com a de um adolescente. Steven me mostrou um vídeo do jovem ator, Neil Patrick Harris, para quem ele queria dar o papel principal. Falei que não estava seguro quanto a isso. Não achava que Neil fosse capaz de dar conta do recado. De maneira muito educada e direta, Steven me contestou, sugerindo com delicadeza que eu não sabia de nada. Ele me informou que aquela decisão era basicamente dele — não apenas a escolha de elenco, como também continuar ou não com o projeto. De acordo com o contrato, caso aprovássemos um projeto, ele se comprometeria com treze episódios. Se não, teríamos de pagar uma taxa de rescisão de 1,5 milhão de dólares. Aprovar aquele projeto foi uma de minhas primeiras decisões de programação, e, felizmente, Steven estava certo sobre Neil. *Doogie Howser, M.D.* rendeu quatro temporadas fortes para a ABC e marcou o início de uma longa colaboração e amizade com Steven.

. . .

ASSUMIMOS OUTRO RISCO muito maior nessa primeira temporada. Baseado em um esboço literalmente escrito em um guardanapo em um restaurante de Hollywood, o diretor de drama da ABC deu o aval para um piloto de David Lynch, famoso por seus filmes cult *Eraserhead* e *Veludo Azul*, e o roteirista e romancista Mark Frost. Tratava-se de um drama surreal e sinuoso sobre o assassinato de uma rainha do baile de formatura, Laura Palmer, na fictícia cidade de Twin Peaks, no noroeste do Pacífico. David dirigiu o piloto de duas horas, que eu me lembro claramente de ter assistido pela primeira vez e pensado: *Isso é diferente de tudo o que já vi e temos que fazê-lo.*

Como ocorria todos os anos, Tom, Dan e alguns outros executivos apareceram no segundo trimestre para a temporada-piloto. Exibimos *Twin Peaks* para eles, e, quando as luzes se acenderam, a primeira coisa que Dan fez foi se voltar para mim e dizer: "Não sei o que foi isso, mas achei muito bom." Tom ficou muito menos impressionado que Dan, e os outros executivos de Nova York na sala concordaram com ele. Era muito estranho, muito sinistro para a TV aberta.

Eu tinha muito respeito por Tom, mas também sabia que aquele programa era importante o suficiente para lutarmos por ele. Ocorriam mudanças que precisávamos enfrentar. Agora competíamos com a programação mais ousada disponível na TV a cabo e com a nova Fox Network, sem falar no crescimento dos videogames e a ascensão do videocassete. Eu sentia que a TV aberta se tornara chata e secundária, e, com *Twin Peaks*, teríamos a chance de colocar no ar algo totalmente original. Não podíamos simplesmente voltar à nossa velha atitude enquanto tudo mudava ao redor. Mais uma vez, a lição de Roone: inovar ou morrer. Por fim, convenci-os a me deixar exibir o piloto para um público mais jovem e diversificado do que um grupo de caras mais velhos da ABC de Nova York. O público-teste não apoiou de fato a exibição do programa na TV aberta, principalmente porque era muito diferente. Mas foi justo isso

— ser *diferente* — que nos motivou a dar sinal verde e a produzir sete episódios.

Decidi lançá-lo no meio da temporada, no segundo trimestre de 1990, em vez de no último de 1989. Todo ano, segurávamos alguns programas para o meio da temporada, a fim de servirem como substitutos para aqueles que inevitavelmente fracassavam. Havia menos pressão sobre esses programas substitutos do que sobre os lançados no outono, e essa me pareceu a melhor estratégia para *Twin Peaks*. Então, ele entrou em produção para ir ao ar na primavera, e, nos meses posteriores, começaram a surgir os copiões dos primeiros episódios. Embora meses antes tivesse me dado permissão para ir em frente com o projeto, Tom assistiu a alguns desses copiões e me escreveu uma carta: "Você não pode exibir isso. Se colocarmos no ar, acabaremos com a reputação da nossa empresa."

Telefonei para ele e disse que tínhamos que colocar *Twin Peaks* no ar. A essa altura, dentro e fora de Hollywood, já corriam fortes boatos de que estávamos fazendo aquilo. Saiu até uma matéria na primeira página do *The Wall Street Journal* sobre o cara engomadinho da ABC que estava assumindo enormes riscos criativos. De repente, comecei a receber ligações de Steven Spielberg e George Lucas. Visitei Steven no set de *Hook, a Volta do Capitão Gancho*, que ele estava dirigindo na época, e George em seu Skywalker Ranch. Ambos estavam interessados em falar sobre o que poderiam fazer para a ABC. Essa noção, a de que diretores daquele calibre estariam interessados em fazer programas de TV, era inédita até começarmos a produzir *Twin Peaks*. (Dois anos depois, em 1991, George entregou *O Jovem Indiana Jones*, que durou duas temporadas.)

Eu disse para Tom: "Estamos recebendo elogios inacreditáveis da comunidade criativa por estarmos assumindo esse risco. Precisamos colocar o programa no ar." Para crédito de Tom, foi isso que o conquistou. Ele era meu chefe e poderia ter dito: "Desculpe, eu o desautorizo." Mas ele entendeu o valor de conquistar pessoas criativas em Hollywood e aceitou minha ideia de que era um risco que valeria a pena correr.

Promovemos o programa na cerimônia de entrega do Oscar, em fins de março, e exibimos o piloto de duas horas no domingo, 8 de abril. Quase 35 milhões de pessoas — cerca de um terço dos telespectadores da época — estavam sintonizados. Então, o programamos para as quintas-feiras às nove da noite, e, em poucas semanas, *Twin Peaks* se tornou o programa de maior sucesso que apresentamos naquele horário nos quatro anos anteriores. Saiu na capa da *Time*. A *Newsweek* descreveu-o como "nada que você tenha visto no horário nobre... ou na vida". Fui a Nova York em maio para as prévias, o grande encontro primaveril no qual as emissoras exibem as próximas séries para os anunciantes e para a imprensa, e tive que subir ao palco para falar sobre a ABC. "De vez em quando, um executivo de rede assume um grande risco", falei, e imediatamente a multidão aplaudiu de pé. Foi a coisa mais emocionante que já senti em minha carreira.

A onda de euforia cessou quase que de imediato. Em seis meses, *Twin Peaks* passou de fenômeno cultural a decepção frustrante. Demos liberdade criativa para David, mas, quando chegamos ao fim da primeira temporada, ele e eu nos vimos presos em um debate contínuo sobre as expectativas do público. O programa inteiro era centrado na questão de quem matou Laura Palmer, e senti que David estava perdendo isso de vista, lançando migalhas de pão de uma maneira que me parecia casual e insatisfatória.

David foi — e é — um cineasta brilhante, mas não era produtor de TV. A produção de um programa exige uma disciplina organizacional (entrega de roteiros no prazo, gerenciamento de equipe, a certeza de que tudo avança conforme o cronograma) que David simplesmente não tinha. Também há uma disciplina no modo de contar histórias. Em um filme, é preciso arrebatar as pessoas por duas horas, proporcionar-lhes uma boa experiência e esperar que elas saiam do cinema envolvidas e encantadas. Com uma série de TV, você precisa fazê-los voltar semana após semana, temporada após temporada. Até hoje, amo e respeito David e sempre admirarei o seu trabalho, mas o fato de ele não ter a sensibilidade de um produtor de TV resultou em uma narrativa aberta demais.

"Você precisa resolver o mistério ou ao menos dar alguma esperança às pessoas de que ele será resolvido", falei. "O público, inclusive eu, está começando a ficar frustrado!" David achava que o mistério não era o elemento mais importante do programa; em sua versão ideal, nunca descobriríamos quem era o assassino, mas surgiriam outros aspectos da cidade e de seus personagens. Remoemos isso diversas vezes, até que, por fim, ele concordou em revelar quem era o assassino no meio da segunda temporada.

Depois disso, a narrativa se tornou uma bagunça. Após o mistério ser resolvido, a história perdeu o impulso. Para piorar, não havia disciplina suficiente no processo de produção, o que levou a confusões e atrasos. Tornou-se óbvio para mim que, por mais brilhante que fosse, David não devia dirigir a série, e levantei a discussão de demiti-lo e trazer um grupo de diretores de TV experientes para assumir seu lugar. Concluí, porém, que seria uma situação na qual ninguém sairia ganhando e que seríamos vilanizados caso demitíssemos David Lynch. Em vez disso, transferimos *Twin Peaks* para sábado à noite, em parte para aliviar a exigência de desempenho do programa, e, quando a audiência caiu de modo vertiginoso, David me culpou publicamente. Eu condenara *Twin Peaks* à morte, dissera ele, primeiro forçando a solução do mistério, depois colocando o programa em uma noite em que ninguém o assistiria.

Olhando para trás, não tenho certeza se eu estava certo. Eu estava aplicando à narrativa uma abordagem televisiva mais tradicional, e David podia estar à frente de seu tempo. No fundo, senti que ele estava frustrando o público, mas pode ser que minha exigência por uma resposta à pergunta sobre quem matou Laura Palmer tenha lançado o programa em outro tipo de desordem narrativa. David poderia estar certo o tempo todo.

O gerenciamento de processos criativos começa com o entendimento de que aquilo não é uma ciência — tudo é subjetivo. Em geral, não há certo ou errado. A paixão necessária para criar algo é poderosa, e, compreensivelmente, a maioria dos criadores de conteúdo se ressente quando sua visão ou execução são questionadas. Tento levar isso em consideração sempre que me relaciono com alguém do lado criativo do nosso ramo. Quando me pedem insights e críticas, fico extremamente atento a quanto os criadores se dedicaram ao projeto e quanto aquilo é importante para eles.

Nunca começo com os aspectos negativos e, a menos que estejamos nos estágios finais de uma produção, nunca começo meu feedback tratando de miudezas. Descobri que as pessoas costumam se concentrar em detalhes como uma maneira de mascarar a falta de ideias claras, coerentes e relevantes. Se você começa mesquinho, parece mesquinho. E se a conjuntura toda estiver uma bagunça, os detalhes não importarão, e você não deve gastar tempo se concentrando neles.

Obviamente, não há duas situações iguais. Há uma grande diferença entre dar opiniões para um diretor experiente como J. J. Abrams ou Steven Spielberg ou para alguém com muito menos experiência e confiança. A primeira vez que me sentei com Ryan Coogler para fazer observações sobre *Pantera Negra*, percebi que ele estava visivelmente ansioso. Ele nunca produzira um filme tão grandioso quanto *Pantera Negra*, com um orçamento tão alto e tanta pressão para fazê-lo bem-feito. Esforcei-me para ser o mais claro possível: "Você criou um filme muito especial. Tenho algumas observações específicas, mas, antes de passá-las, quero que saiba que temos uma tremenda confiança em você."

Essa é uma maneira de afirmar o que pode parecer óbvio, mas que geralmente é ignorado: a gerência precisa manter um delicado equilíbrio entre ser responsável pelo desempenho financeiro de qualquer trabalho criativo e, ao mesmo tempo, ter o cuidado de não se intrometer nos processos criativos de maneira prejudicial e contraproducente. A empatia é um pré--requisito para o bom gerenciamento da criatividade, e o respeito é fundamental.

POR INCRÍVEL QUE PAREÇA, *Twin Peaks* não foi nosso maior fracasso naquela temporada. No segundo trimestre de 1990, dei sinal verde a *Cop Rock*, um programa que se tornaria alvo de piadas sujas e ocuparia um lugar permanente nas listas dos piores programas de televisão de todos os tempos. Mas mantenho a decisão até hoje.

Em uma de nossas primeiras reuniões, Steven Bochco me disse que, além de *Doogie Howser*, ele tinha outra ideia: um drama policial musical. Ele foi abordado por um produtor da Broadway interessado em transformar *Chumbo Grosso* em um musical, o que por vários motivos ele não pôde fazer. Mas Steven ficou com uma ideia na cabeça: não a de fazer um programa policial musical para a Broadway, mas um programa policial musical para a TV. Ele mencionava isso com frequência, e eu desconversava. Eu queria que Steven fizesse um programa policial, mas não um musical. Naquela primavera, porém, ainda aproveitando o sucesso da primeira temporada de *Twin Peaks*, finalmente me decidi. "Quer saber?", falei para ele. "Por que não? Vamos tentar."

O programa se passava no Departamento de Polícia de Los Angeles (LAPD) e, sob todos os aspectos, funcionou como uma história policial normal com uma boa trama — só que em momentos muito dramáticos os personagens começavam a cantar: blues, gospels, apresentações em grandes grupos. Desde o momento em que vi o piloto, senti que aquilo não daria certo e seria um fracasso lendário, mas também achei que havia uma chance de eu estar enganado. Admirava muito o talento de Steven e, de qualquer forma, achava que, se era para entrar nessa, eu precisava entrar de cabeça.

Cop Rock estreou em setembro de 1990. Geralmente, quando os programas eram exibidos pela primeira vez, eu pedia que nosso chefe de pesquisa em Nova York ligasse para mim em Los Angeles e informasse qual fora a audiência noturna. Dessa vez, eu disse para ele: "Se a audiência for boa, ligue. Se for ruim, basta mandar um fax." Acordei às cinco da manhã com o zumbido do aparelho de fax, então fechei os olhos e voltei a dormir.

Na verdade, as críticas não foram de todo horríveis. Lembro-me de um crítico que elogiou a "audácia" do programa. Outros disseram que, tirando a música, ficava um grande drama policial de Steven Bochco. A maioria disse que era vergonhoso. Retiramos o programa do ar em dezembro daquele ano, após onze episódios. Steven deu uma festa de despedida, para comemorar e lamentar o cancelamento do programa. Ao fim de suas observações, disse: "Bem, o show não acaba até a mulher gorda cantar." Então, pairou sobre as nossas cabeças uma mulher corpulenta, cantando em um trapézio voador.

Levantei-me e me dirigi ao elenco e à equipe. "Tentamos algo grande e não deu certo. Prefiro correr grandes riscos e às vezes falhar a não correr risco algum."

Foi assim que me senti de verdade na época. Não me arrependi de ter tentado. E foi assim que me senti alguns meses depois, quando cancelamos *Twin Peaks*. Eu não queria jogar com prudência, queria criar possibilidades para a grandeza. De todas as lições que aprendi naquele primeiro ano no horário nobre, a necessidade de se sentir confortável com o fracasso foi a mais profunda. Não com a falta de esforço, mas com a inevitável verdade de que, se você quer inovação — e sempre deve querer —, precisa ter permissão para errar.

Steven e eu compartilhamos juntos o fracasso de *Cop Rock*. Fazíamos piadas sobre isso, e fiz questão de nunca me distanciar da decisão que tomei de colocá-lo no ar. Parecia uma versão em muito maior escala da lição que aprendi naquela sala da ABC Sports anos antes. Você não pode apagar seus erros ou culpar outra pessoa por suas más decisões. Precisa assumir os próprios erros. Você ganha tanto respeito e boa vontade ao ficar ao lado de alguém após um fracasso quanto ao lhe dar crédito por seu sucesso.

Quando as feridas de *Cop Rock* já estavam começando a cicatrizar, Steven me disse que queria fazer o que ele chamou de "o primeiro programa de classificação indicativa para maiores de dezessete anos na história da TV". Eu disse: "Steven, você fez *Chumbo Grosso* e *L.A. Law* para a NBC. E o que nos restou? Recebo um programa policial e é *Cop Rock*. E agora você quer fazer algo que vai espantar os anunciantes?" O que eu não gostava era do fato de Steven achar que já fizera todas essas coisas e sentir necessidade de fazer algo diferente; e de como ele respondia ao panorama mutável da televisão. Ele achava que a HBO nos superaria em breve, porque os seus produtores não precisavam se submeter aos censores da TV aberta ou se preocupar em não ofender os anunciantes. Então, ele lançou o *Nova York Contra o Crime* como o primeiro drama da TV aberta indicado para maiores de dezessete anos.

Eu concordava com Steven sobre a natureza mutável da televisão e a chatice da TV aberta, mas também sabia que não havia como obter permissão para colocar no ar um programa com essa classificação etária. O pessoal de vendas me disse isso, contei para Steven, e deixamos a ideia de lado por algum tempo. Mas eu acreditava que podíamos fazer algo que ampliasse os limites e não precisasse necessariamente ser para maiores de dezessete anos. Steven acabou intrigado com a ideia. "Se fôssemos fazer, como seria?", perguntou.

Nós dois consultamos os censores e criamos um modelo do que podíamos e do que não podíamos fazer em um programa "PG-13", indicado para maiores de treze anos. Elaboramos um glossário de todas as palavras que eram tecnicamente aceitáveis. ("Puxa-saco" podia; "escroto" não. Dava para usar "bundão" ao descrever uma pessoa, mas não como uma parte do corpo.) Pegamos um caderno e desenhamos bonecos de palitos representando pessoas nuas, descobrindo quais ângulos revelariam o suficiente, embora não muito.

O passo seguinte foi vender a ideia para Dan Burke. Dan pegou um avião para Los Angeles, e nós três almoçamos perto do escritório de Steven. Mostramos a ele nosso glossário, nossos bonequinhos, e explicamos por que aquele programa era importante para nós. "Podem ir em frente", disse Dan afinal. "Mas, quando der merda, e vai dar, não terei como livrar a *sua* cara", e apontou para mim.

Foi outro exemplo de eu estar disposto a correr riscos em parte devido à confiança que Dan e Tom depositavam em mim. Eles me deram esse trabalho, eu correspondi rapidamente, e eles me concederam uma enorme abertura. Eu não podia fazer o que quisesse, mas gozava de considerável liberdade para trabalhar. Era uma confiança que Brandon Stoddard, meu antecessor, nunca teve. Ele se recusava a respeitá-los; eles, por conseguinte, não o respeitavam e estavam sempre determinados a negar qualquer pedido que ele fizesse.

Após obtermos a aprovação de Dan, houve um longo e trabalhoso período de desenvolvimento, no qual Steven seguia em uma direção e os padrões e as práticas da ABC determinavam outra, até que finalmente chegaram a um acordo. O programa estreou no último trimestre de 1993, uma temporada inteira após começarmos a pensar em colocá-lo no ar. A American Family Association pediu um boicote; muitos anunciantes se recusaram a comprar espaços; mais de cinquenta das nossas 225 afiliadas evitaram o primeiro episódio. Mas a recepção da crítica foi extraordinária e, na segunda temporada, estava entre os dez melhores programas da televisão. *Nova York Contra o Crime* se tornaria um dos pilares do horário nobre por doze anos, ganhando vinte Emmys e sendo considerada uma das melhores séries dramáticas já criadas para a TV aberta.

Durante meu período no horário nobre, terminamos no primeiro lugar — em quatro de cinco anos — de audiência entre a cobiçada faixa de 18-49 anos. Chegamos a desbancar Brandon Tartikoff, que conseguiu manter a NBC no topo da medição da Nielsen (que aufere a audiência norte-americana) por 68 semanas consecutivas. Brandon ligou para me parabenizar quando a ABC despontou no topo da lista. Ele era um cara elegante e fez algo que ninguém jamais fará outra vez. "Eu me sinto um pouco triste com isso", falei para ele. "É como a série de Joe DiMaggio chegando ao fim."

Nosso êxito sempre foi um esforço de equipe, mas também foi o primeiro sucesso que experimentei na minha carreira atribuído a mim publicamente. Por um lado, parecia estranho receber crédito por coisas que outras pessoas fizeram. Eu viera para a Entertainment sem saber nada sobre o trabalho, e um grupo de pessoas incrivelmente talentosas compartilhou tudo o que sabiam comigo. Elas trabalharam com afinco e não se sentiram ameaçadas pelo fato de eu ter me tornado seu chefe. Graças à sua generosidade, fizemos sucesso juntos, e mesmo assim o crédito me foi amplamente concedido.

Contudo, também acho justo dizer que não teríamos chegado ao primeiro lugar do horário nobre sem a minha direção. A confiança de Dan e Tom me encorajou a correr grandes riscos; e, se eu tinha algum poder, era a minha capacidade de instar pessoas criativas a fazer o melhor trabalho possível e se arriscarem, além de ajudá-las a se recuperar de um fracasso. É sempre um esforço coletivo, mas meus anos na Entertainment me proporcionaram uma nova apreciação do que é necessário fazer para que um grupo de pessoas talentosas produza no mais alto nível.

Encontrar esse equilíbrio entre aceitar o crédito por verdadeiras realizações e não dar muita atenção ao hype do mundo exterior se tornou ainda mais necessário durante meus anos como CEO. Diversas vezes me sinto culpado diante de outras pessoas com quem trabalho quando me dão crédito e atenção demasiados. Isso se manifesta de maneiras estranhas. Frequentemente estou em reuniões com alguém de fora da empresa e essa pessoa olha apenas para mim, mesmo que eu esteja cercado de colegas à mesa. Não sei se outros CEOs sentem a mesma coisa, mas acho esses momentos constrangedores e faço questão de direcionar elogios e atenção aos meus colegas de trabalho. Da mesma forma, quando estou participando de uma reunião com um grupo fora da Disney, certifico-me de manter contato e falar com todas as pessoas à mesa. É um pequeno gesto, mas eu me lembro de como era ser o assistente esquecido. E tudo aquilo que o faz lembrar que você não é o centro do universo é benéfico.

DURANTE O FERIADO de Ação de Graças de 1992, Dan Burke me ligou para dizer que o presidente da ABC estava se aposentando. Eles queriam que eu voltasse para Nova York e ocupasse o lugar dele. Não foi uma notícia tão inesperada. Quando me tornaram chefe da Entertainment, Tom e Dan sugeriram que, se eu me saísse bem, eles queriam que eu dirigisse a rede em algum momento. Foi inesperado, porém, quando perguntei a Dan quando eles queriam que eu começasse. "Primeiro de janeiro", disse ele, dali a pouco mais de um mês.

Fiquei feliz por voltar a Nova York, e não apenas pelo trabalho. Mais cedo naquele ano, Susan e eu nos separamos, e ela voltou para a cidade com nossas filhas. Susan nunca gostou de Los Angeles e passou a gostar bem menos quando nos divorciamos. Nova York era o lugar onde ela se sentia em casa, e eu não podia censurá-la por isso. Sempre que possível, eu pegava um avião para ver as meninas na Costa Leste, mas foi um ano terrível.

Em pouco tempo, vendi a casa em Los Angeles, fiz as malas e me mudei para um quarto no Mark Hotel, no Upper East Side. E, em 1º de janeiro de 1993, aos 43 anos, me tornei presidente da rede de televisão ABC. Eu já sabia havia algum tempo, mas ainda assim pareceu surreal quando aconteceu. Meus antigos mentores — Roone, na News, Dennis Swanson, na Sports — agora se reportavam a mim. Ted Harbert, que, assim como Stu Bloomberg, me ensinara a ser um executivo de televisão, assumiu o meu cargo na Entertainment.

Menos de um ano depois, no fim de 1993, Tom Murphy me chamou em seu escritório.

"Dan vai se aposentar em fevereiro", disse ele. "Preciso que você ocupe o lugar dele."

"Não posso fazer isso", respondi. "Eu mal comecei esse trabalho. Quem vai administrar a rede? Você tem que esperar."

Por mais que minha tendência fosse aceitar todas as oportunidades, aquilo pareceu rápido demais.

Oito meses depois, Tom voltou a me procurar. "Preciso de você nesse cargo", disse ele. "Preciso de ajuda para administrar a empresa." Em setembro de 1994, tornei-me presidente e diretor de operações da Capital Cities/ABC, um ano e nove meses depois de me tornar presidente da rede. Foi uma trajetória vertiginosa e, às vezes, desestabilizadora. Como regra, eu não recomendaria promover alguém tão rápido quanto eles me promoveram, mas repito porque vale a pena repetir: o fato de eles demonstrarem confiança em mim a cada passo fez toda a diferença em meu sucesso.

No segundo trimestre de 1995, pouco depois que me tornei diretor de operações, Michael Eisner, CEO da Walt Disney Company, começou a sondar uma possível aquisição da Cap Cities/ABC. A princípio, aquilo não deu em nada e, nessa época, Tom me disse que planejava conversar com o conselho a respeito de eu substituí-lo como CEO. Em julho daquele ano, estávamos em Sun Valley, Idaho, para a conferência anual da Allen & Company. Eu estava conversando com Tom no estacionamento e vi Warren Buffett, nosso maior acionista, e Michael Eisner conversando ali perto. Eles acenaram para Tom se aproximar e, antes que ele se afastasse, pedi: "Me faça um favor. Se decidir vender para o Michael, me avise antes, está bem?"

Não demorou muito. Algumas semanas depois, Michael procurou Tom formalmente para iniciar a negociação da compra da Capital Cities/ABC pela Disney.

CAPÍTULO 4

ENTRA A DISNEY

TANTO JÁ FOI dito e escrito sobre a nossa aquisição pela Disney que tenho pouco a acrescentar, exceto pela minha perspectiva única, dada a minha posição na ABC, e o fato de terem me dito à época que era crucial para Michael Eisner que eu assinasse um contrato de permanência na empresa por mais cinco anos. Michael era CEO da Disney desde 1984 e dirigia a empresa sem um número dois havia mais de um ano, depois que seu diretor de operações, Frank Wells, morreu em um acidente de helicóptero em meados de 1994. Se aquele negócio fosse fechado, a Disney quase dobraria de tamanho, e Michael sabia que não poderia integrar as duas empresas e administrar a nova entidade sozinho. Para mim, era muita coisa a ser absorvida. Em um dia eu estava na fila para me tornar o próximo CEO da Cap Cities/ABC; no outro, me pediam que comandasse a divisão de mídia da Disney por pelo menos cinco anos. Embora fosse um trabalho objetivamente intrigante, na época pareceu uma pílula difícil de engolir.

Eu sabia que, caso concordasse em ficar, era provável que eu precisasse voltar para Los Angeles, o que eu não queria. Eu odiava a ideia de ficar longe das minhas filhas outra vez. Além disso, meus pais, que já eram idosos, moravam em Long Island, e eu queria continuar perto deles. Eu também estava noivo de Willow Bay, com quem começara a namorar havia pouco mais de um ano. Willow tinha um ótimo trabalho em Nova York, como âncora da edição de fim de semana do *Good Morning America*, substituindo Joan Lunden durante a semana e sendo preparada para se tornar sua sucessora. Eu não queria me separar dela e não queria pedir que desistisse de seu trabalho para atravessar o país comigo.

Assim, por um lado, as razões pessoais para não aceitar pesavam muito. Por outro, os motivos profissionais para topar eram igualmente relevantes. Eu não conhecia Michael muito bem, mas gostava dele e o respeitava. Anos antes, trabalhamos ao mesmo tempo na ABC por um breve período, mas eu era um funcionário de baixo escalão e nossos caminhos nunca se cruzaram. Anos depois, ele e Jeffrey Katzenberg, a quem Michael trouxera para dirigir o Walt Disney Studios depois de se tornar CEO, tentaram me contratar quando eu estava à frente da ABC Entertainment. O fato de ele estar dizendo agora que o negócio não seria fechado sem mim sugeria que um dia ele poderia pedir que eu desempenhasse o papel de diretor de operações que estava vago desde a morte de Frank Wells. Em geral, ao longo dos anos, tento me concentrar no trabalho que tenho e não nos que algum dia talvez tivesse, mas era difícil ignorar a ideia de que um dia eu poderia ter a chance de dirigir a Disney.

Willow foi inequivocamente favorável à ideia. Ela disse que eu não tinha nada a perder e muito a ganhar se aceitasse e que tinha certeza de que daríamos um jeito. Também apelei um pouco para a sabedoria de Tom Murphy. Tom estava em conflito (ele queria me entregar a Michael como parte do acordo), mas também era capaz de separar seus interesses e sempre foi um bom conselheiro para mim. Eu sabia que ele estava sendo sincero ao dizer: "Cara, se você jogar bem suas cartas, um dia vai dirigir essa empresa."

A Disney e a Capital Cities/ABC chegaram a um acordo sobre os termos financeiros em uma tarde de sexta-feira. Embora ainda houvesse alguns pontos mais sutis a serem solucionados, a única questão importante que ainda não estava resolvida era se eu ficaria ou iria embora. Naquela mesma noite, Willow e eu tínhamos marcado um jantar com o padre jesuíta que nos casaria. (Eu sou judeu, Willow é católica, de modo que convocamos o padre Ghirlando e um precentor judeu de Nova Jersey para oficiar o casamento.) Lá estava eu, um judeu divorciado tentando causar uma boa impressão no padre que realizaria nosso matrimônio e, a cada dois minutos, precisava me desculpar e me levantar da mesa para atender às ligações sobre o acordo. Comecei a me preocupar em parecer desrespeitoso com o padre Ghirlando, então finalmente pedi desculpas pelas interrupções e falei:

"Sei que sou judeu, mas preciso apelar para a confidencialidade entre padre e confidente."

"É claro", disse ele.

"Estamos prestes a anunciar o maior negócio da história do entretenimento e estou tentando tomar uma decisão sobre permanecer ou não na empresa. Esse é o motivo de todas essas ligações."

O padre Ghirlando não me contemplou com nenhuma sabedoria clerical, mas abençoou qualquer decisão que eu estivesse prestes a tomar. Continuamos conversando sobre nosso casamento, mas, toda vez que eu me desculpava para atender a outra ligação, o padre Ghirlando parecia um tanto empolgado, sabendo que estava ouvindo falar sobre uma das maiores aquisições na história dos Estados Unidos antes do resto do mundo.

Por recomendação de Tom Murphy, contratei um advogado chamado Joe Bachelder e, no sábado pela manhã, fui até seu escritório no centro de Manhattan e disse a ele que aquilo precisava ser resolvido logo. Eu estava tendendo a ficar na empresa, então naquele momento eu basicamente estava enviando Joe para a batalha com o diretor jurídico da Disney, Sandy Litvack, a fim de redigir um contrato que me parecesse justo. Na noite seguinte, os membros do conselho da ABC e da Disney se reuniram nos escritórios da Dewey Ballantine, a firma que representa a Disney. Foi uma situação tensa. Enquanto as diretorias discutiam os detalhes da megafusão, Sandy Litvack reclamava que tudo iria por água abaixo porque Joe estava sendo muito inflexível. A certa altura, Michael Eisner puxou Tom Murphy para um canto e implorou para que ele interviesse e me fizesse aceitar o acordo que a Disney oferecia. O próprio Michael me confrontou um pouco mais tarde. "Bob", disse ele, "está sendo mais fácil resolver esse acordo de 19,5 bilhões de dólares do que o seu. Por favor, você poderia simplesmente dizer que sim?"

O ponto de discórdia final dizia respeito a quem eu me reportaria. Joe estava forçando um contrato formal de que eu me reportaria diretamente a Michael, que recusou. Ele queria a liberdade de nomear um presidente, alguém entre nós dois, e queria ter certeza de que eu soubesse que ele podia fazer isso. Embora eu preferisse que ele dissesse que eu seria formalmente o seu braço direito, gostei de quão direto Michael foi comigo. Mais tarde naquela noite, finalmente falei para Joe aceitar. Eu esperava encontrar um caminho para me tornar CEO algum dia (entendendo que nada é garantido), mas não era o momento de lutar por isso. Queria que a fusão desse certo e me certificar de que a equipe da Capital Cities fosse bem tratada pela

Disney. Se eu não estivesse ali dentro, certamente eles seriam incluídos na Disney de um modo potencialmente desanimador.

Todos nos reunimos na manhã seguinte, ao raiar do dia, na sede da ABC. O plano era anunciarmos o negócio, darmos uma coletiva de imprensa em um dos estúdios da ABC (a TV-1, onde ocorreu um dos debates entre Kennedy e Nixon em 1960), e então Michael e Tom iriam até a TV-2, na porta ao lado, para dar uma entrevista para o *Good Morning America*, que estava ao vivo. Seria realmente uma notícia de última hora. Ninguém na ABC News fora informado com antecedência que o acordo era iminente. Por coincidência, Willow estava substituindo Joan Lunden naquele dia. Quando Charlie Gibson, o outro âncora, percebeu a comoção no estúdio ao lado, perguntou: "Em uma escala de um a dez, como você avaliaria o que está havendo ali?" Willow, que obviamente sabia o que estava acontecendo, mas que jurara segredo, respondeu: "Eu daria doze, Charlie."

Minha prorrogação de cinco anos foi anunciada com o acordo. Em seguida, convoquei uma reunião com todos os principais executivos da Cap Cities/ABC. Nenhum deles esperava por isso e ainda estavam em choque. Havia pessoas ao redor da mesa que tinham trabalhado para Tom e Dan durante toda a sua carreira e que olhavam para mim e perguntavam: "O que vai acontecer agora? O que faremos?"

Fui o mais franco possível. A Disney tinha uma cultura corporativa muito diferente da nossa, mas Tom levara em consideração os interesses de toda a empresa quando aceitou o acordo. Contudo, seria uma transição difícil; não havia como contornar isso. Queria que as pessoas entendessem que eu sabia quanto aquilo era assustador. A cultura corporativa com a qual nos acostumamos estava prestes a terminar. A Disney era mais agressiva, mais criativa, mais uma criatura de Hollywood do que a empresa em que todos trabalhávamos. Mas eu estava em uma posição privilegiada para facilitar a transição e queria que eles soubessem que poderiam confiar em mim caso precisassem de ajuda.

Quanto ao acordo em si, muitas pessoas ficaram chocadas com o valor de 19,5 bilhões de dólares; outras acharam que Tom poderia ter ficado mais tempo e vendido por muito mais. É impossível dizer. Mas que acabou sendo uma pechincha para a Disney, isso é certo. Michael nunca recebeu muito crédito por ter tido a coragem de fazer o acordo, mas era um risco enorme que valeu a pena no decorrer dos anos. A aquisição deu à Disney escala suficiente para permanecer independente enquanto outras empresas de entretenimento chegavam à dolorosa percepção de que eram pequenas demais para competir em um mundo em mudança. Os ativos que a Disney adquiriu na fusão — especialmente a ESPN — impulsionaram seu crescimento durante anos e foram uma reserva fundamental por quase uma década conforme a Disney Animation enfrentava uma série de fracassos nas bilheterias.

ALGUMAS SEMANAS DEPOIS de anunciarmos o acordo, peguei um avião rumo a Aspen para passar um fim de semana com Michael e sua esposa, Jane, na casa deles em Snowmass. Fiquei impressionado com a beleza do lugar, um gigantesco chalé de madeira projetado pelo arquiteto Bob Stern — que também era membro do conselho da Disney —, aninhado em um vale cercado pelos picos de Aspen. Tudo naquele lugar exalava bom gosto.

A Disney fizera a devida diligência sobre os ativos adquiridos, mas não havia como entender todas as complexidades da empresa que estavam prestes a possuir. Cheguei carregando diversos fichários, cada um detalhando os muitos negócios da Capital Cities, incluindo a ABC, suas emissoras de televisão, a ESPN, uma empresa de rádio em expansão, uma grande editora de jornais e revistas, outros canais de TV a cabo e um conjunto de pequenos negócios. "Sua equipe foi apressada na avaliação", falei. "Então tem muita coisa que você não sabe."

Nos dois dias seguintes, esclareci para Michael todos os aspectos de nossa empresa. Talvez ele pudesse achar que estava comprando uma empresa de televisão, mas era muito mais complexo do que aquilo. Havia de tudo, desde os contratos de direitos de exibição da ESPN até as próximas negociações entre a ABC e a NFL. Tracei um panorama do nosso segmento de rádio, que variava entre música country, noticiário e a WABC, e falei sobre o fato de precisarmos lidar com um apresentador de rádio que dissera algo controverso e incendiário no ar. Havia questões delicadas a respeito do contrato de Barbara Walters, que estava prestes a expirar, e as particularidades de administrar os negócios de uma rede de notícias. As complexidades se sucediam. Eu queria que Michael compreendesse a realidade e também soubesse que eu tinha tudo sob controle.

Michael ficou claramente abalado. Na época ele tinha apenas 52 anos, mas passara por uma operação de ponte de safena um ano antes, e Jane ficava atenta a sua dieta, seus horários e sua rotina de exercícios. Na época, eu não sabia como ela exortara o marido a mudar o estilo de vida e como aquela aquisição a deixava ansiosa. Ela queria que ele trabalhasse menos, e lá estava eu, sentado na casa deles, dizendo: "Será um peso muito maior do que você imagina e há uma urgência muito maior para a solução de alguns desses problemas."

Ao término do fim de semana, Michael me levou até o aeroporto. No caminho, paramos para conhecer Michael Ovitz e sua família, que tinham uma casa ali perto. Jane, Michael e a família Ovitz haviam combinado de fazer uma caminhada. Eu não sabia que as duas famílias eram próximas, mas vi naquela tarde que ali havia uma química. Pouco tempo antes, Ovitz tentara deixar a CAA, empresa da qual era um dos fundadores e que transformara na agência de talentos mais poderosa do mundo, para administrar a Universal Studios. Aquilo não deu certo, e ele estava procurando uma maneira de começar um novo capítulo de sua carreira em Hollywood. A caminho do aeroporto para pegar o voo de volta a Nova York, ocorreu-me que Michael poderia estar pensando em colocá-lo como seu braço direito na Disney.

Uma semana depois, a suspeita se confirmou. Michael ligou e me disse: "Seu relatório foi revelador. Sem dúvida não será fácil gerenciar essa nova empresa." Jane também estava preocupada, disse ele, para então abordar diretamente a questão de Ovitz. "Quando fizemos o acordo, deixei em aberto a possibilidade de colocar outra pessoa entre nós dois." Sim, respondi, eu sabia que nada era garantido. "Bem, eu queria que você soubesse que contratarei Michael Ovitz e que ele será o seu chefe."

Ovitz seria o presidente da Walt Disney Company, não o diretor de operações. Na hierarquia corporativa, isso significava que ele era meu chefe, mas não necessariamente sucessor de Michael. Fiquei decepcionado por um instante, mas também gostei de Michael ter sido sincero comigo durante a negociação e estar sendo sincero naquele momento. Ele não tentou botar panos quentes ou fingir que o negócio era algo que não era. Eu estava com 44 anos na época, ainda tinha muito o que aprender e, de qualquer forma, não havia nada a ganhar começando aquela relação com o pé esquerdo. Eu queria fazer as coisas darem certo. Após o anúncio da contratação de Michael Ovitz, eu disse a um repórter do *New York Times*: "Se Mike Eisner acha que isso é o certo para a empresa, confio em sua intuição." No dia em que a citação foi publicada no *Times*, fui informado por um executivo da Disney que Michael não gostava de ser chamado de "Mike". Eu nem tinha começado e já cometera minha primeira gafe.

Logo descobri que outras pessoas tinham sentimentos muito mais intensos do que eu a respeito da contratação de Ovitz. Disseram-me que Joe Roth, presidente do estúdio, estava irado e que Sandy Litvack e Steve Bollenbach, diretor financeiro da Disney, se mostravam descontentes com a nova estrutura corporativa e se recusavam a se reportar a Ovitz. Em Nova York, a cinco mil quilômetros de distância, eu já captava o ressentimento se acumulando na "Disney Corporate". A contratação de Michael Ovitz gerou conflitos internos desde o momento em que foi anunciada, mas eu não tinha ideia de como as coisas ficariam tensas.

NOS MESES SEGUINTES, enquanto todos esperávamos a aprovação regulatória da Comissão Federal de Comunicações (FCC), viajei semanalmente para Los Angeles a fim de conhecer os diversos executivos da Disney que em breve seriam meus colegas. Willow e eu também sabíamos que não teríamos tempo para uma lua de mel depois que o negócio fosse fechado, então encurtamos radicalmente o noivado e nos casamos no início de outubro de 1995.

Passamos a lua de mel no sul da França e estávamos no elegante Grand Hotel du Cap-Ferrat quando recebemos uma caixa gigantesca repleta de artigos da Disney: pijamas do Mickey combinando, chapéus do Mickey para a noiva e para o noivo, chinelos do Pato Donald. Havia tanta coisa e era tão exagerado que não sabíamos o que fazer. Decidimos deixar tudo ali quando fôssemos embora, achando que talvez alguém tivesse uma ideia do que fazer com aquilo ou tivesse filhos que gostassem dos presentes. Mas até hoje uma parte de mim se envergonha com a ideia da equipe do hotel entrando no quarto depois de termos ido embora e encontrando toda aquela parafernália do Mickey. Lembro-me de ter olhado para aquilo e dizer a Willow: "Trabalho para uma empresa muito diferente agora." (De fato, em todos os anos em que trabalhei para ele, raramente vi Michael Eisner usando uma gravata que não fosse do Mickey. Toda a liderança sênior também era incentivada a usá-las, embora eu tenha agido como se nunca tivesse recebido aquele memorando em particular.)

Havia diferenças mais significativas do que o vestuário da marca. Toda a cultura da empresa funcionava de maneira diferente. Tom e Dan eram chefes acolhedores e acessíveis. Se você tivesse um problema, eles abriam as portas para recebê-lo. Se precisasse de um conselho, eles o ofereciam com altruísmo. Como empresários, estavam intensamente concentrados no gerenciamento de despesas e no aumento dos lucros e se cercavam de executivos que poderiam trabalhar para eles eternamente, desde que seguissem os mesmos princípios. Também acreditavam em uma estrutura corporativa descentralizada. Se você respeitava o orçamento e se comportava de forma ética, Tom e Dan lhe davam espaço para operar com independência. Afora um departamento financeiro e uma consultoria jurídica, não havia equipe corporativa nem burocracia centralizada e pouca interferência nas unidades do negócio.

A Disney era o oposto de tudo isso. Nos primeiros dias de administração da empresa, Michael e Frank Wells formaram uma unidade corporativa central chamada Planejamento Estratégico, integrada por um grupo de executivos agressivos e instruídos (todos possuíam MBAs, muitos de Harvard e Stanford). Eles tinham uma inclinação para a análise e eram hábeis em fornecer dados e insights de que Michael precisava para se sentir seguro em relação a todas as negociações da empresa enquanto tomava integralmente as decisões criativas. Eles tinham também um poder significativo sobre o restante da companhia e o exerciam com impunidade sobre todos os líderes seniores que dirigiam as diversas unidades de negócios da Disney.

Cheguei à Disney na metade do mandato de 21 anos de Michael como CEO. Ele foi um dos CEOs mais célebres e bem-sucedidos dos Estados Unidos e sua primeira década foi extraordinária. Expandiu de maneira agressiva os parques temáticos e resorts da Disney e introduziu uma estratégia de preços muito mais rentável. Ele lançou o segmento de navios de cruzeiro, que era relativamente pequeno em comparação a outros ramos, mas também detentor de lucros sólidos. No fim da década de 1980 e início dos anos 1990, a Disney Animation produziu sucessos em sequência: *A Pequena Sereia*, *A Bela e a Fera*, *Aladdin* e *O Rei Leão*. Isso levou a uma explosão no setor de produtos de consumo da Disney, com receita proveniente das lojas, de licenciamentos e de todas as formas de distribuição mundial de mercadorias. O Disney Channel, lançado nos Estados Unidos, logo se tornou um sucesso, e o Walt Disney Studios, responsável pelos *live-actions*, lançou uma série de sucessos comerciais.

Quando nos unimos à empresa, porém, as rachaduras começavam a aparecer. O vazio deixado pela morte de Frank Wells levou a uma intensa animosidade entre Michael e Jeffrey Katzenberg, que reivindicou grande parte do crédito pelo sucesso da Disney Animation durante a primeira década de Michael. Jeffrey ficou ressentido por Michael não tê-lo promovido após a morte de Frank Wells. Michael, por sua vez, se ressentiu por Jeffrey pressioná-lo a conceder essa promoção. Em 1994, pouco depois da cirurgia de ponte de safena, Michael forçou Jeffrey a renunciar, o que resultou em uma batalha jurídica pública, amarga e bem cara. Além desses conflitos, a Disney Animation começava a se mostrar instável. Os anos seguintes seriam pontuados por uma série de fracassos dispendiosos: *Hércules*, *Atlantis: O Reino Perdido*, *Planeta do Tesouro*, *Fantasia 2000*, *Irmão Urso*, *Nem que a Vaca Tussa* e *O Galinho Chicken Little*. Outros — *O Corcunda de Notre Dame*, *Mulan*, *Tarzan* e *Lilo & Stitch* — se saíram moderadamente bem, mas nenhum chegou perto dos sucessos criativos ou comerciais da década anterior. Para seu crédito, durante esse período, Michael teve a sabedoria de iniciar um relacionamento com a Pixar, que resultou em alguns dos maiores filmes de animação já produzidos.

Desde o início, a equipe da Disney — principalmente o pessoal do Planejamento Estratégico — tirava partido de nós como novatos na empresa. Não que tudo o que eles fizessem fosse ruim, mas era exatamente o oposto daquilo que nós, que trabalhamos para Tom e Dan, estávamos acostumados a fazer. Eles eram uma empresa totalmente centralizada, orientada por processos, e nos irritávamos por instinto com a maneira como operavam. Eles também nunca haviam adquirido uma grande empresa e pensavam muito pouco em como fazer isso com cuidado e sensibilidade. Desavenças que poderiam ter sido tratadas com diplomacia receberam um tratamento muitas vezes autoritário e exigente. Por terem adquirido nossa empresa, eles agiam como se devêssemos sempre nos curvar à sua vontade. Aquilo não agradava a muita gente da antiga Cap Cities. Eu tinha um cargo suficientemente alto para me sentir protegido, mas muitas pessoas abaixo de mim estavam preocupadas com o que aconteceria com elas, e gastei muito tempo e energia acalmando ansiedades e intervindo em conflitos em seu favor.

Também tive meus próprios desentendimentos. Logo após a aquisição, a Disney sabiamente renunciou a toda a nossa área de jornais impressos, anos antes de esse setor ir para o fundo do poço. Mas nos apegamos a algumas publicações, incluindo a revista de moda *W*. Pouco depois do acordo, o editor e diretor da *W* mencionou para mim que Jane Pratt, fundadora da revista *Sassy* e uma das primeiras colaboradoras do VH-1 e da MTV, tinha uma ideia para "uma *Cosmopolitan* descolada" chamada *Jane*.

Ela me procurou e lançou a ideia, da qual gostei porque poderia nos conectar com um público mais jovem e menos ranzinza. Revisei seu plano de negócios, que fazia sentido para mim, e dei sinal verde para a equipe. Logo recebi uma ligação de Tom Staggs, que mais tarde seria meu diretor financeiro e então trabalhava no Planejamento Estratégico. Tom ligou em nome do chefe, Larry Murphy, que dirigia toda a unidade de Planejamento Estratégico, e timidamente me informou que Larry não permitia que nenhuma empresa da Disney expandisse, investisse ou tentasse iniciar algo novo sem uma análise completa de seu grupo. Depois de fazerem a análise, eles levariam sua recomendação até Michael.

Dava para ver que Tom não se sentia confortável no papel de mensageiro, então educadamente pedi que ele dissesse a Larry que eu levaria aquilo adiante e que não precisava da opinião dele.

Isso logo levou a uma ligação de Larry, que queria saber o que diabos eu estava fazendo.

"Você vai fazer essa revista?"

"Vou."

"Você sabe quanto vai custar?"

"Sei."

"E você acha que é uma boa ideia?"

"Acho."

"Não trabalhamos assim na Disney."

No fim das contas, Larry permitiu que o empreendimento fosse adiante. Ele estava relutante em iniciar uma briga comigo logo depois de eu ter entrado na empresa, mas deixou um claro sinal de que a partir de então não haveria mais autonomia na Disney.

Para ser justo, era uma *má* ideia e, sem dúvida, não valia o tempo nem o investimento (apesar de acabarmos vendendo a *W* e a *Jane* para a Si Newhouse, da Condé Nast, e lucrado na transação). Mas há uma maneira de transmitir isso e, ao mesmo tempo, passar a confiança em quem trabalha para você e preservar seu espírito empreendedor. Dan Burke me ensinara essa lição logo no início, de uma maneira que não poderia ser mais oposta à abordagem do Planejamento Estratégico. Não me lembro exatamente do que se tratava, mas, em uma de nossas conversas sobre alguma iniciativa que eu estava pensando em tomar, Dan me enviou um bilhete que dizia: "Evite entrar no ramo de óleo para trombone. Você pode se tornar o maior fabricante de óleo para trombone do mundo, mas, no fim das contas, o mundo consome apenas alguns litros de óleo para trombone por ano!" Ele estava me dizendo para não investir em projetos que esgotariam tanto a mim quanto aos recursos da empresa e não renderiam muito em troca. Foi uma maneira muito positiva de passar esse ensinamento, e ainda tenho esse pedaço de papel em minha mesa, ao qual recorro quando converso com os executivos da Disney sobre quais projetos levar adiante e onde concentrar a sua energia.

ENQUANTO EU TENTAVA me adaptar à nova cultura da Disney, também assistia à rápida desintegração do relacionamento entre meu novo chefe, Michael Ovitz, e Michael Eisner. Foi doloroso testemunhar aquilo, e estava acontecendo diante dos olhos de muita gente na empresa.

Oficialmente, o mandato de Michael Ovitz começou em outubro de 1995, e desde o início ficou claro que ele era o cara errado, no lugar errado e na hora errada. Ele deixara a CAA e perdera a oportunidade de administrar a Universal. Percebia-se como era importante para ele permanecer no topo da pirâmide de Hollywood, e a oferta para ser o braço direito de Michael Eisner era o colete salva-vidas que ele achava precisar.

Mas o processo de tomada de decisões em uma agência não tem nada a ver com o processo em uma grande corporação, sobretudo em uma altamente estruturada como a Disney. Em vez de ajudar Michael a administrar um complicado conjunto de negócios, o que compreende grande parte das atribuições de alguém naquela posição, Ovitz veio com mil ideias, a maioria envolvendo as personalidades gigantes com quem ele mantinha relações. Como codiretor da CAA, uma agência de capital fechado, ele estava acostumado a aparecer com uma tonelada de ideias que poderiam ser postas em prática logo de cara — e supôs que poderia fazer o mesmo ali. Ele era um agente por excelência e se habituara a estar sempre acessível aos clientes, muitas vezes deixando de lado tudo o que estava fazendo para ficar disponível para eles. Esses hábitos não funcionavam na Disney. Ele queria oferecer a pessoas como Tom Clancy, Magic Johnson, Martin Scorsese e Janet Jackson (e muitos mais) contratos coletivos que ampliariam os negócios da Disney. Ele constantemente mostrava para essas pessoas o que a empresa poderia fazer por elas. Acordos assim podem parecer ótimos em um comunicado de imprensa, mas raramente acabam bem. Eles precisam de um executivo sênior para atuar como patrocinador, investindo o tempo e a energia necessários para orientar cada aspecto do acordo em cada negócio e em cada iniciativa. Também sinalizam carta branca para o talento, e, em lugares como a Disney, onde todas as ideias são cuidadosamente avaliadas, isso pode ser um desastre.

Eu trabalhava em Nova York, mas voava para Los Angeles toda segunda-feira para o almoço de Michael Eisner com a equipe, o que me garantia um lugar na primeira fila de todo esse desastre. Ovitz aparecia com suas ideias e energia, e ficava claro para todos à mesa que Michael Eisner, que não era tolo, tinha pouco interesse nelas. Então, Michael obedientemente procedia à atualização de nossos negócios e novas estratégias, e Ovitz, sentindo-se desrespeitado, deixava bem clara a sua falta de interesse. Toda a equipe via isso acontecer, reunião após reunião. A própria linguagem corporal era dolorosa de testemunhar, e o desconforto começou a afetar toda a equipe de gerenciamento sênior. Quando duas pessoas no topo de uma empresa têm um relacionamento disfuncional, não há como o restante da empresa abaixo delas ser funcional. É como ter pais que brigam o tempo todo. As crianças sentem a tensão, começam a refletir a animosidade de volta para os pais e a descontar umas nas outras.

Tentei ser educado com Ovitz durante todo esse tempo e respeitei o fato de ter que me reportar diretamente a ele. Tentei instruí-lo nos assuntos que me diziam respeito, muitas vezes fornecendo relatórios informativos para ajudá-lo a entender melhor as particularidades dos índices de audiência da TV aberta, dos acordos de distribuição da ESPN ou dos contratos de talentos, mas, cada vez que isso ocorria, ou ele desconsiderava as informações ou era distraído por telefonemas. Certa vez, em meu escritório, ele recebeu uma ligação do presidente Clinton, com quem conversou por 45 minutos enquanto eu esperava sentado do lado de fora. Uma ligação de Tom Cruise interrompeu outra reunião. Martin Scorsese encerrou uma terceira apenas alguns minutos depois de começar. Reuniões iam sendo canceladas, remarcadas ou abreviadas uma depois da outra, e logo todos os altos executivos da Disney cochichavam às suas costas sobre o desastre que ele era. Gerenciar o próprio tempo e respeitar o dos outros é uma das coisas mais importantes que um gerente deve fazer, e ele era péssimo nisso.

Com suas ideias não dando em nada e Michael Eisner essencialmente impedindo-o de desempenhar um papel significativo na empresa, Ovitz ficou irritado e envergonhado. Mesmo que tivesse autoridade para realmente dar certo em seu papel, acho que ainda assim teria fracassado na Disney, porque ele simplesmente não estava preparado para a cultura corporativa. Eu lhe entregava uma pilha de material antes de uma reunião, e, no dia seguinte, que ele não havia lido nada, então me dizia "Dê-me os fatos" e emitia uma rápida opinião. Ele não era rápido por ter processado todas as informações. Pelo contrário: estava se escondendo devido à falta de preparo, e em uma empresa como a Disney, se você não faz seu trabalho, as pessoas ao redor percebem na mesma hora e o respeito por você desaparece. Atenção é fundamental. Muitas vezes você precisa participar de reuniões que, se tivesse escolha, optaria por não participar. É necessário aprender e absorver, ouvir os problemas das outras pessoas e ajudá-las a encontrar soluções. Tudo isso faz parte de ser um grande gerente. O problema era que Michael Ovitz não era um gerente; ele ainda era um agente. Ovitz conhecia esse ramo melhor do que ninguém, mas esse não era o ramo em que estávamos.

. . .

EM ABRIL DE 1996, Michael Eisner me visitou em meu escritório em Nova York. Ele entrou, fechou a porta e disse: "Sei que as coisas não estão dando certo com Michael. Foi um desastre contratá-lo." Ele sabia que outros executivos, como Joe Roth, diretor do Disney Studios, vinham falando sobre se demitir porque estavam muito frustrados, e pediu que eu não fizesse isso. Eu não planejava me demitir. Eu não gostava dali — meus primeiros seis meses na Disney foram os mais desanimadores e improdutivos de minha carreira —, mas ainda era novo na empresa e, como morava em Nova York, não estava tão exposto a essas perturbações quanto os demais. O que eu tinha em mente era que aquele era um problema difícil para Michael e que eu não pretendia aumentar a tensão.

"Não sei exatamente quando", contou Michael, "mas vou demiti-lo." Ele me pediu que não comentasse com ninguém e lhe dei minha palavra. Nunca tive certeza de para quem mais ele contara aquilo, mas esperava que Michael falasse com Ovitz poucas semanas depois daquela conversa. Em vez disso, os meses se arrastaram, e a tensão e a disfunção pioraram ainda mais. Todo mundo — os dois, toda a liderança sênior, toda a equipe que trabalhava para Ovitz — estava infeliz. Era hora de estancar a sangria.

Enfim, em dezembro, mais de oito meses depois de dizer que faria aquilo, Michael demitiu Michael Ovitz e encerrou um doloroso capítulo na história da empresa (embora o transtorno tenha persistido na forma de processos movidos por acionistas que passavam de 100 milhões de dólares, além do pacote indenizatório que Ovitz recebeu). Hoje, tenho um relacionamento cordial com Michael Ovitz. Ele tem sido generoso a respeito do sucesso da Disney durante meu tempo como CEO, e, olhando para trás, não penso nele como um cara mau, mas como alguém que participou de um grande erro. A mudança de cultura foi um salto grande demais para ele.

Ele e Michael queriam que isso desse certo, cada um pelas suas próprias razões. Michael esperava que Ovitz entrasse e soubesse como fazer o trabalho, e Ovitz não tinha a menor ideia de que tipo de ajustes precisaria fazer para ser bem-sucedido na cultura de uma empresa gigante de capital aberto.

Ambos deveriam saber que aquilo não funcionaria, mas evitaram deliberadamente fazer as perguntas difíceis, porque cada um estava um tanto cego pelas próprias necessidades. É algo difícil de fazer, em especial no calor do momento, mas naqueles casos em que você espera que algo dê certo sem ser capaz de explicar de forma convincente *como* aquilo vai funcionar — é nesse momento que um pequeno alarme deve soar e você precisa se fazer algumas perguntas esclarecedoras. Qual é o problema que preciso resolver? Será que essa solução faz sentido? Se tenho alguma dúvida, por quê? Estou fazendo isso por boas razões ou motivado por algo pessoal?

CAPÍTULO 5

SEGUNDO NA FILA

Nos três anos seguintes, Michael administrou a empresa sem um braço direito. Nosso relacionamento se estreitou após a saída de Ovitz, mas eu também sentia certa cautela da parte de Michael de vez em quando, como se ele achasse que eu estava de olho em seu cargo e que nunca poderia confiar plenamente em mim. Isso resultou em aproximações e afastamentos constantes. Às vezes, Michael me incluía nas decisões e confiava em mim, então, de súbito, assumia uma postura fria e me mantinha a distância.

Era verdade que, após a aquisição, eu ficara lá em parte porque pensei que pudesse ter a chance de administrar a empresa algum dia, mas isso não significava que eu estava de olho no cargo de Michael, mas que estava comprometido a fazer meu trabalho da melhor maneira possível e aprender tudo o que pudesse sobre todos os aspectos da empresa. Como já ocorrera ao longo da minha carreira, se chegasse o momento em que Michael estivesse pronto para deixar o cargo, eu queria estar preparado quando surgisse a oportunidade.

Ao longo dos anos, fui muito perguntado sobre a melhor maneira de lidar com a ambição — tanto a sua quanto a das pessoas que você gerencia. Como líder, você deve querer que aqueles que estão ao seu redor estejam ávidos para crescer e assumir maiores responsabilidades, desde que sonhar com o trabalho que desejam não os distraia do trabalho que têm em mãos. Você não pode deixar a ambição ir muito além da oportunidade. Já vi muita gente de olho em um trabalho ou projeto específico, embora a possibilidade de consegui-lo de fato fosse muito remota. O foco nessa coisa pequena e distante se tornava um problema. Essas pessoas ficavam impacientes com o lugar em que estavam. Não dedicavam atenção suficiente às responsabilidades que tinham porque ansiavam muito por outra coisa, e, portanto, sua ambição os tornava contraproducentes. É importante saber como encontrar o equilíbrio: faça bem seu trabalho; seja paciente; procure oportunidades para participar, se expandir e crescer; e através de atitude, energia e concentração, torne-se uma das pessoas a que os chefes acreditam que precisarão recorrer quando surgir uma oportunidade. Por outro lado, se você é chefe, essas são as pessoas a quem você deve estimular. Não são as que clamam por promoções e reclamam que não são aproveitadas o suficiente, mas as que se mostram indispensáveis dia após dia.

Como em muitas outras coisas, Tom e Dan eram modelos perfeitos nesse quesito. Eles investiram em meu crescimento, deixaram claro quanto queriam que eu fosse bem-sucedido e abriram caminho para que eu aprendesse o que precisava saber para crescer e, finalmente, administrar sua empresa. Em todas as etapas, trabalhei com afinco para absorver o máximo que podia, sabendo que, caso eu me saísse bem, eles teriam planos mais ambiciosos para mim. Como resultado, sentia-me profundamente leal a eles.

No entanto, a dinâmica entre um CEO e a próxima pessoa na fila a substituí-lo é muitas vezes conturbada. Todo mundo quer acreditar que é insubstituível. O truque é não se apegar à noção de que você é a única pessoa capaz de fazer aquele trabalho. Essencialmente, uma boa liderança não significa ser indispensável, mas ajudar outras pessoas a se prepararem para possivelmente ocuparem seu lugar, garantindo-lhes acesso à sua própria tomada de decisão, identificando as habilidades que precisam desenvolver e ajudando-as a melhorar e, como tive que fazer, às vezes sendo honesto sobre o motivo de não estarem prontas para darem o próximo passo.

Meu relacionamento com Michael se desenvolveu de maneira complicada. Às vezes eu sentia que ele questionava minha competência; em outras ocasiões, era generoso, me incentivava e contava comigo para ajudá-lo em seu trabalho. Um ponto alto de nosso relacionamento ocorreu no fim de 1998, quando Michael veio ao meu escritório em Nova York me pedir para criar e administrar uma nova organização internacional. Na época, eu era presidente do conselho do Grupo ABC, o que significava que estava à frente da rede ABC e da ESPN, além de toda a Disney TV. Seria uma grande carga somada a essas responsabilidades, mas eu estava ansioso para fazer aquilo e grato por Michael ter pedido a mim.

Naquela época, a Disney era surpreendentemente provinciana. Possuíamos escritórios em todo o mundo, da América Latina à Índia e ao Japão, mas não tínhamos uma estratégia mundial coerente ou estruturas que fizessem sentido. No Japão, por exemplo, havia um escritório em uma parte de Tóquio, um setor de produtos de consumo em outra, uma empresa de televisão em uma terceira. Nenhuma das divisões se comunicava com as demais. Não havia coordenação em relação às funções administrativas, como, digamos, contabilidade ou TI. Esse tipo de redundância existia em toda parte. Mais importante, no entanto, era que não tínhamos pessoal em nenhum de nossos territórios cujo trabalho fosse gerenciar nossa marca naquele local e procurar novas oportunidades. Era uma abordagem muito passiva, muito centrada em Burbank.

Michael detectou o problema e sabia que precisava mudar aquilo. Ele sabia que precisávamos crescer mundialmente. Anos antes, ele visara à construção de um parque temático na China. Frank Wells, o segundo em comando na primeira década em que Michael dirigiu a Disney, tentou algumas aproximações com autoridades chinesas no início dos anos 1990, mas nunca fez muito progresso. Contudo, nessas reuniões iniciais, a China ficou ciente de que estávamos interessados em construir um parque lá e sinalizou que queria que aquilo acontecesse.

Por ter trabalhado na ABC Sports e no *Wide World of Sports*, eu era um dos poucos executivos da Disney com experiência internacional e o único que sabia alguma coisa sobre a China, depois de conseguir colocar no ar alguns programas infantis da ABC na televisão chinesa em uma fase pré-Disney. Então, Michael me tornou presidente da Walt Disney International e me encarregou não apenas de criar uma estratégia mundial, como também de encontrar um lugar para construir um parque temático na China.

Tivemos uma discussão inicial sobre o lugar e, por uma combinação de fatores — clima, população, terrenos disponíveis —, logo concluímos que Xangai seria o único local viável. Em outubro de 1998, enquanto Willow entrava no nono mês de gravidez de nosso primeiro filho, viajei para Xangai pela primeira vez a serviço da Disney e fui levado e apresentado a três terrenos. "Vocês podem ficar com qualquer um desses", disseram as autoridades chinesas, "mas precisam decidir logo".

Escolhemos uma propriedade em Pudong, na periferia de Xangai, embora, em nossa primeira visita, não tenha sido fácil visualizar um castelo da Disney e uma Disneylândia inteiramente desenvolvida no que então era uma pequena aldeia agrícola nos arredores de uma cidade em ascensão. Valas percorriam toda a localidade, crianças pequenas e cães vadios circulavam no entorno. Pequenos trechos de vegetação espalhavam-se por entre casas decrépitas e depósitos ocasionais. Havia mais bicicletas que automóveis e nada do que consideramos "modernidade" à vista. No entanto, o terreno era perfeitamente situado entre o aeroporto internacional de Xangai, que seria inaugurado em breve, e o que se tornaria o "centro da cidade" de uma das maiores e mais vibrantes metrópoles do mundo. Assim começou o que se tornaria uma jornada de dezoito anos e que me faria retornar mais de quarenta vezes àquele mesmo lugar.

ENQUANTO ISSO, meu outro domínio, a ABC, entrava nos estágios iniciais daquilo que seria um longo declínio. Os programas de sucesso que desenvolvemos quando eu estava no horário nobre haviam envelhecido e nos tornamos complacentes e sem imaginação em nosso processo de desenvolvimento. O *Nova York Contra o Crime* ainda estava no top 20, e tivemos alguns outros — *Home Improvement*, *The Drew Carey Show* — que se saíram bem. Mas o resto de nossa programação, com exceção do sucesso perene do *Monday Night Football*, era pouco inspirador.

Fomos salvos por um breve período em 1999, quando lançamos *Quem Quer Ser Um Milionário?*, que a princípio recusamos e reconsideramos quando o criador voltou sugerindo Regis Philbin como anfitrião. Acabou sendo um presente dos céus na época e, mais tarde, uma muleta. Quando foi ao ar pela primeira vez, o programa alcançou números impressionantes, não apenas para um *game show*, mas também para qualquer tipo de programa. Na primeira temporada, atraiu cerca de trinta milhões de telespectadores por noite, três noites por semana, números praticamente inconcebíveis na TV aberta naquela época. Foi o número um nas classificações da temporada 1999-2000, um salvador da rede, mas não conseguiu mascarar totalmente os nossos problemas mais profundos.

Houve outro ponto positivo naquele ano. Em meados de 1998, comecei a pensar seriamente em nossa cobertura da virada do milênio. Eu tinha certeza de que as pessoas no mundo inteiro ficariam fascinadas com esse momento e que toda a empresa, liderada pela ABC News, deveria voltar sua atenção e seus recursos para aquilo. Com dezoito meses de antecedência, convoquei uma reunião com os executivos seniores da News, Entertainment e Sports e lhes disse o que tinha em mente: uma cobertura completa, 24 horas por dia, à medida que fosse dando meia-noite pelo mundo e cada fuso horário entrasse no novo milênio. Lembro-me de ter dito, entusiasmado, que deveríamos ser "os donos do evento" e então olhar para Roone sentado em silêncio e sem expressão do outro lado da mesa. Ele claramente odiara a ideia. A reunião terminou — e eu o puxei para o lado.

"Você acha que estou louco?", perguntei.

"Como faremos uma mudança de calendário visualmente interessante durante 24 horas?", rebateu ele.

Eu poderia ter respondido de várias maneiras (era realmente um desafio interessante), mas algo em seu tom de voz e linguagem corporal me dizia que o problema não era exatamente o visual. Era o fato de ele estar sendo solicitado a executar uma grande ideia que não era dele e sim do cara que antigamente respondia "Quão alto?" quando Roone dizia "Pule".

Eu era chefe de Roone desde 1993, quando Tom e Dan me tornaram presidente da rede. Trabalhamos bem durante esses anos. Ele sentia orgulho por eu ter chegado ao topo da empresa, mas ainda me via como seu suplente — que eu dançaria conforme sua música e seria seu aliado na diretoria, protegendo-o da intromissão corporativa e permitindo que ele fizesse o trabalho do seu jeito. Eu era menos cegamente devotado a Roone do que ele queria acreditar, mas não havia mal nenhum no fato de ele achar isso nem motivo algum para que eu o dissuadisse dessa ideia. Ele se saía melhor quando seu ego não era ameaçado.

Mas eu também precisava que ele fizesse o que eu estava pedindo. Fazer as pessoas ficarem a seu lado e despertar seu engajamento entusiasmado é complicado. Às vezes, vale a pena conversar sobre as reservas dos outros e responder com paciência às preocupações que eles têm. Em outras, você simplesmente precisa comunicar que é o chefe exigir que aquilo seja feito. Não que uma abordagem seja "legal" e a outra não. Só que uma é mais direta e inegociável. Na verdade, tudo se resume ao que você acha que é certo no momento: seja quando a abordagem mais democrática for útil para obter um melhor resultado e alimentar o moral, seja quando tiver tanta certeza de sua opinião que está disposto a ser um autocrata, mesmo em face da contrariedade.

Nesse caso, eu não tinha dúvidas de que estava certo e não deixaria ninguém, nem mesmo o vaidoso Roone Arledge, me dissuadir. É claro que ele facilmente poderia sabotar o plano, minando-o por falta de esforço e entusiasmo e comunicando isso ao seu pessoal. Como muitas pessoas com quem trabalhei ou negociei ao longo dos anos, Roone não respondia bem caso sentisse que estava sendo pressionado. Então, recorri a uma espécie de "autocracia suave", mostrando respeito, mas também comunicando que aquilo aconteceria independentemente de sua vontade. "Roone," falei, "essa ideia é a sua cara. É grande e ousada. Pode ser impossível de executar, mas quando isso o deteve?"

Eu não estava muito certo se ele não gostara da ideia ou se, naquele momento, simplesmente achava que não tinha energia para uma produção grandiosa como aquela. Mas eu sabia que ele era incapaz de recusar um desafio, então estava usando o seu orgulho para fazê-lo concordar. Ele não falou nada, mas sorriu e assentiu, como se dissesse: *Está certo, entendi*.

No fim, criamos algo que será lembrado como um grande feito. A equipe de Roone demorou meses preparando tudo aquilo; ele se esforçou ao máximo, como fizera diversas vezes, e elevou o espetáculo a outro nível. Peter Jennings era o âncora de nossa cobertura do milênio na Times Square. Estávamos lá quando o relógio bateu meia-noite em Vanuatu, o primeiro fuso horário a dar as boas-vindas ao novo milênio. Nas 24 horas seguintes, transmitimos ao vivo da China, de Paris, do Rio de Janeiro, do Walt Disney World, da Times Square e, por fim, de Los Angeles antes de sairmos do ar. Sentado de smoking em um estúdio com vista para os milhares de foliões mais abaixo, Peter foi brilhante e guiou os telespectadores por aquela experiência compartilhada por todos no mundo todo, algo que jamais voltaria a ocorrer em nossas vidas. Nenhuma rede destinou tantos recursos quanto nós e ninguém chegou perto do tamanho da nossa audiência.

Visitei o estúdio algumas vezes ao longo do dia. Era evidente, desde o início da transmissão, que nossa cobertura seria um enorme sucesso e dava para sentir a emoção no estúdio à medida que o dia avançava. O momento mais gratificante para mim foi ver Roone comandando toda a produção, dando instruções para as equipes em campo, falando no ponto de Peter para introduzir uma história na cobertura, pedindo diferentes ângulos de câmera e antecipando transições. Foi como voltar a assistir ao grande maestro que vi pela primeira vez 25 anos antes na apresentação de Frank Sinatra no Madison Square Garden.

Após umas vinte horas de cobertura, visitei-o na sala de controle. Ele estava com um enorme sorriso no rosto e me deu um longo e caloroso aperto de mão. Estava orgulhoso de si mesmo. Estava orgulhoso de mim. Estava grato por eu ter lhe dado a chance de fazer aquilo. Na época, ele tinha quase setenta anos, e aquele foi o último grande evento que ele produziria na vida.

Dois anos depois, Roone faleceu após uma longa batalha contra o câncer. Na semana anterior à sua morte, eu estava em Nova York no feriado de Ação de Graças, e, naquela noite de sábado, assistia em casa ao jogo USC-Notre Dame na ABC. Meu telefone tocou às dez da noite e, ao atender, a telefonista da ABC disse: "Sr. Iger, há uma chamada de Roone Arledge para o senhor." No caso de uma emergência, se você tivesse o número, podia ligar para a central telefônica da ABC e uma telefonista rastrearia a pessoa com quem você precisava falar. Roone ainda tinha o número e algo urgente a dizer.

A telefonista nos conectou.

"Roone?"

"Bob, você está assistindo?"

"Ao jogo de futebol?"

"Sim, o jogo de futebol! Você percebeu que o áudio está todo desencontrado?"

Os narradores não falavam coisa com coisa, disse ele. Só diziam besteira. Eu sabia que a condição de Roone piorara recentemente e que ele fora hospitalizado. Sabia que ele devia estar alucinando, mas algum senso de dever antigo e sentimental entrou em ação. Roone estava dizendo que havia algo de errado, e eu tinha que tentar corrigir.

"Vou verificar, Roone", falei. "Ligo de volta."

Telefonei para a sala de controle e perguntei se havia alguma reclamação quanto ao áudio. "Não, Bob. Nada" foi a resposta que recebi do Centro de Controle principal da ABC em Nova York.

"Você pode ligar para o painel de controle e verificar se eles estão ouvindo alguma coisa?"

Alguns momentos depois, ouvi de volta:

"Não. Nada."

Liguei para Roone.

"Acabei de verificar com a sala de controle. Eles se certificaram de que não havia nada de errado." Antes que voltássemos a falar sobre aquilo que ele pensava ouvir, perguntei: "Como você está, Roone?"

Sua voz era um sussurro.

"Estou no Hospital Sloan Kettering", disse ele. "Como você acha que estou?"

Perguntei se ele estava recebendo visitas e, no dia seguinte, fui vê-lo. Quando entrei no quarto e o vi deitado na cama, soube no mesmo instante que ele não viveria por muito tempo. Roone assistia atentamente a uma competição de patinação artística na televisão. Eu me aproximei. Ele olhou para mim e depois para o patinador na tela.

"As coisas não são mais as mesmas", comentou. "Não acha?"

Não sei se ele estava pensando nos tempos em que podíamos ir a qualquer lugar e fazer qualquer coisa e não havia executivos reclamando do dinheiro que ele gastava. Ou nos dias em que ele era uma lenda e ninguém ousava questionar sua autoridade. Ou talvez fosse algo mais existencial do que isso. Os negócios mudaram diante dele. O mundo mudara. Não lhe restava muito tempo. Olhei para ele na cama e sabia que seria a última vez que o veria.

"Não, Roone", falei. "Não são mais as mesmas."

NOSSA SORTE NA ABC acabou após o ponto alto de nossa cobertura do milênio. *Quem Quer Ser Um Milionário?* ainda era popular em 2000/2001, mas nem tanto quanto na temporada anterior. Os retornos diminuíam a olhos vistos, mas não tínhamos bons programas em desenvolvimento. Em vez de fazermos grandes mudanças para revitalizar a Entertainment, nos apoiamos nesse único programa para nos sustentar. Nós o exibíamos cinco vezes por semana como uma forma de competir com a NBC, que prosperava com seu "Must

See TV" nas noites de quinta-feira, e a CBS, que se recuperara com *Survivor* e *CSI*.

Em poucos anos, deixamos de ser a rede de televisão mais assistida para nos tornarmos a última das "três grandes", com risco de rebaixamento, uma vez que a Fox continuava a crescer. Assumo parte da culpa por isso. Eu dirigia a ABC e apoiei a exibição de *Quem Quer Ser Um Milionário?* várias noites por semana. Era uma solução fácil para as questões da emissora, mas, quando o programa começou a afundar, nossos problemas mais profundos foram expostos.

No fim de 1999, a tensão de administrar a Disney por conta própria estava cobrando seu preço. Michael ficava cada vez mais isolado e inseguro, mais desconfiado e crítico em relação às pessoas ao seu redor. Ele sabia que precisava de alguém para ajudá-lo a carregar o fardo e se sentia pressionado pelo conselho para sinalizar que, após dezesseis anos no topo, ao menos deveria começar a pensar em sucessão. Não foi fácil para ele. Após o fiasco de Ovitz, Michael tinha medo de nomear outro segundo em comando. Ele reconhecia que não conseguiria manter as coisas como estavam, mas não queria lidar com as complicações de dividir responsabilidades, compartilhar tomadas de decisão e ter que envolver outra pessoa em suas diversas atividades.

A relutância de Michael em nomear seu braço direito teve consequências para toda a empresa. Ficou claro que ele precisava de ajuda, mas, como ele não preenchia a vaga, outros se mexeram para tentar ocupar o vazio. Sandy Litvack, nosso consultor-geral, foi promovido a vice-presidente do conselho e começou a se ver como um diretor de operações de fato. O Planejamento Estratégico, que agora era administrado por Peter Murphy (sem parentesco com Larry Murphy, seu antecessor), se envolvia mais em decisões do dia a dia do que em uma estratégia de longo prazo. Houve uma apropriação de autoridade e uma indefinição de limites e responsabilidades que surtiram efeitos destrutivos no moral da empresa.

Durante meses, Michael adotou uma postura ambígua comigo. Ele dependia de mim, e eu achava que era apenas questão de tempo até ele me nomear diretor de operações. Então ele me mantinha a distância, e eu voltava a me sentir inseguro em relação ao futuro. Em agosto de 1999, tirei as minhas primeiras férias de duas semanas e aluguei uma casa em Martha's Vineyard com Willow e nosso filho de quase dois anos, Max. Tom Murphy me ligou na minha primeira noite de férias. Ele jantara em Los Angeles no dia anterior com Michael e alguns outros membros do conselho da Disney e, em uma conversa sobre sua sucessão, Michael dissera que eu jamais o sucederia. Tom me contou que ficou "horrorizado", especialmente por ter me encorajado anos antes a ficar, durante as negociações da fusão. "Amigo", disse ele ao telefone, "odeio lhe dar más notícias, mas você precisa sair da Disney. Michael não acredita em você e disse ao conselho que você não pode sucedê-lo. Você precisa ir embora."

Fiquei arrasado. Nos últimos anos, eu lidara com a constante frustração e confusão de precisar me reportar a Michael Ovitz. Trabalhei arduamente para integrar a ABC à Disney, certificando-me de que nosso pessoal fosse valorizado e respeitado e ajudando a iniciar um processo de assimilação que não fora previsto pela Disney. Projetei e implementei toda uma estrutura mundial para a empresa, o que exigia ficar longe da minha família viagem após viagem, voando constantemente por mais de um ano. Durante todo esse tempo, sempre defendi e fui leal a Michael, e agora, 25 anos depois de meu primeiro chefe ter me dito a mesma coisa em 1975, alguém voltava a me dizer que eu "não tinha o que era necessário para ser promovido".

Eu disse para Tom que não me demitiria. Eu receberia um bônus no fim do ano do qual não abriria mão. Se Michael iria me demitir, eu precisava ouvir isso dele. Desliguei o telefone e me acalmei. Decidi não contar nada a Willow enquanto estivéssemos longe de casa. Naquele momento, ela era uma âncora de destaque na CNN, coapresentando *Moneyline*, um programa de notícias financeiras com uma hora de duração. Sua carreira estava em alta, mas o trabalho era intenso e, além das demandas profissionais, ela conseguia encontrar tempo e energia para ser uma mãe maravilhosa para Max. Ela precisava de uma folga, então guardei para mim o que estava sentindo até voltarmos a Nova York.

Esperei acontecer. Em setembro, eu estava na sede em Burbank quando Michael pediu para me ver. Eu tinha certeza de que era o fim e entrei no escritório dele me preparando para o golpe que estava por vir. Sentei-me à sua frente e esperei.

"Você acha que está pronto para se mudar para Los Angeles em definitivo e me ajudar a administrar a empresa?", perguntou.

Demorei um instante para absorver o que ele estava dizendo. Fiquei confuso, depois aliviado e, por fim, sem saber se aquilo era algo em que eu podia confiar.

"Michael", respondi afinal, "você tem alguma ideia de como tem sido inconstante comigo?" Ele estava pedindo que eu me mudasse com minha família para a Califórnia e que Willow desistisse de um ótimo trabalho menos de quatro semanas depois de ter dito para uma mesa cheia de gente que eu jamais seria seu sucessor. "Você precisa ser sincero comigo sobre esse assunto."

Sua reação foi mais sincera do que eu esperava. Ele disse não saber ao certo se eu gostaria de voltar para Los Angeles, de modo que isso era uma preocupação. O problema maior, porém, era que, se me nomeasse diretor de operações, ele estaria "competindo consigo mesmo", segundo ele. Supus que Michael quisesse dizer que o conselho teria alguém a quem recorrer caso quisessem substituí-lo, mas nunca tive certeza disso.

"Michael", falei, "não tenho intenção de roubar seu cargo ou fazer qualquer coisa para prejudicá-lo." Contei que adoraria ter a chance de administrar a empresa algum dia, mas não via isso acontecendo em um futuro próximo. "Nunca me passou pela cabeça que você fosse embora", falei. "E não acredito que a diretoria queira que você vá embora." Era verdade, eu não acreditava. Não estávamos navegando em águas muito tranquilas, mas naquele momento não havia uma crise de confiança em relação a Michael. Ele ainda era um dos CEOs mais respeitados do mundo.

A reunião terminou sem uma conclusão definitiva. Michael não me ofereceu um título. Não colocou nenhum plano formal em ação. Voltei para Nova York esperando mais notícias, mas ele só voltou a aparecer um mês depois. Estávamos assistindo à estreia da produção teatral de *O Rei Leão* em Londres, e Michael sugeriu que eu voltasse com ele para Los Angeles para conversarmos sobre o meu futuro. No entanto, eu tinha me programado para ir de Londres até a China e, por isso, concordamos que eu o encontraria em Los Angeles algumas semanas depois para acertarmos os detalhes.

No início de dezembro, Michael finalmente propôs que eu me tornasse presidente, diretor de operações e membro do conselho da Disney. Foi um inegável voto de confiança e uma surpresa para mim, dada a conversa que eu tivera com Tom alguns meses antes.

Logo negociei um contrato por conta própria com Sandy Litvack, que, além de seu papel de quase diretor de operações, ainda era nosso consultor-geral. Sandy não ficou nada feliz com minha ascensão. Um dia antes do anúncio, ele me ligou para alterar o contrato. Eu seria vice-presidente executivo em vez de presidente e diretor de operações, disse ele, e o lugar no conselho seria eliminado. Respondi dizendo que ou eu seria presidente, diretor de operações e membro do conselho ou nada feito. Ele me ligou de volta uma hora depois para confirmar os três cargos, que anunciamos no dia seguinte.

Profissionalmente, era uma oportunidade extraordinária. Não havia garantia de que algum dia eu me tornaria CEO, mas ao menos eu tinha a chance de provar meu valor. Pessoalmente, foi outra mudança difícil. Meus pais tinham quase oitenta anos e precisavam de mais ajuda do que nunca. Minhas filhas tinham 21 e 18 anos, e eu não queria morar longe delas outra vez. A CNN concordou em deixar Willow ser âncora de seu programa de Los Angeles, concentrando-se nas indústrias de tecnologia e entretenimento, mas era algo difícil de fazer funcionar. Embora Willow tenha sido incrivelmente incentivadora, como tem sido a cada passo, não deixei de me dar conta de que ali estava eu, uma década depois, pedindo que outra esposa sacrificasse a própria carreira a fim de se mudar para Los Angeles por causa do meu trabalho.

Eu também não teria como prever, nem em um milhão de anos, o que estava por vir — para a Disney, para Michael e para mim. Como costuma acontecer na vida, aquilo pelo que eu tanto me esforçara finalmente acontecera, e agora os tempos difíceis estavam prestes a começar.

CAPÍTULO 6

COISAS BOAS PODEM ACONTECER

DIGO COM FREQUÊNCIA que Michael "refundou" a empresa de Walt. Em 1984, quando ele assumiu o comando, os dias de glória da companhia eram uma memória distante. A Disney vinha tendo dificuldades desde que Walt morrera, em 1966. O Walt Disney Studios e a Animation estavam em péssima situação. A Disneylândia e o Walt Disney World ainda eram populares, mas também eram responsáveis por quase três quartos da receita da empresa. Nos últimos dois anos antes da chegada de Michael, o lucro líquido da Disney caíra 25%. Em 1983, o especulador Saul Steinberg tentou assumir o controle da Disney, a mais recente de uma série de tentativas de aquisição às quais a empresa mal sobreviveu.

No ano seguinte, Roy Disney, sobrinho de Walt, e Sid Bass, o maior acionista da empresa, trouxeram Michael como CEO e presidente do conselho e Frank Wells como presidente de modo a reverter a sorte da empresa e preservar sua independência. (Michael estava dirigindo a Paramount e Frank era o ex-chefe da Warner Bros.) Eles contrataram Jeffrey Katzenberg, que trabalhara com Michael na Paramount, para dirigir o Walt Disney Studios. Juntos, Jeffrey e Michael revitalizaram a Disney Animation, que restaurou a popularidade da marca e gerou um enorme crescimento de produtos de consumo. Também investiram mais atenção e recursos na Touchstone Films, da Disney, que produziu então vários *live-actions*, sucessos que não eram indicados para todos os públicos, como *Por favor, Matem Minha Mulher* e *Uma Linda Mulher*.

Contudo, o maior toque de genialidade de Michael talvez tenha sido reconhecer que a Disney possuía ativos tremendamente valiosos que ainda não haviam sido aproveitados. Um era a popularidade dos parques. Se aumentassem apenas um pouco os preços dos ingressos, a receita cresceria de forma significativa sem nenhum impacto perceptível no número de visitantes. A construção de novos hotéis no Walt Disney World era outra oportunidade inexplorada, e vários deles foram inaugurados durante a primeira década de Michael como CEO. Depois veio a expansão dos parques temáticos, com a inauguração do MGM-Hollywood Studios (agora chamado apenas de Hollywood Studios), na Flórida, e da Euro Disney (hoje Disneyland Paris), na periferia de Paris.

Ainda mais promissor era o tesouro de propriedade intelectual — todos aqueles ótimos filmes clássicos da Disney — apenas esperando para se tornarem rentáveis. Eles começaram a vender fitas de vídeo da biblioteca clássica da Disney para pais que viram aqueles filmes no cinema quando eram crianças e agora podiam exibi-los em casa para os filhos. Aquilo se tornou um negócio bilionário. Então veio a aquisição da Cap Cities/ABC em 1995, que deu à Disney uma grande rede de televisão, mas, ainda mais importante, trouxe a ESPN e seus quase cem milhões de assinantes na época. Tudo isso demonstrava que Michael era um pensador e um empresário extraordinariamente criativo, e ele transformou a Disney em uma gigante do entretenimento moderno.

Depois que ele me tornou seu braço direito, dividimos as nossas responsabilidades, cabendo a ele a supervisão primária do Walt Disney Studios, bem como dos parques e resorts, enquanto eu me concentraria nas redes de mídia, nos produtos de consumo e na Walt Disney International. Afora a Animation, na qual ele não me incluiu, Michael me deu acesso a grande parte de seus pensamentos e tomadas de decisão. Não é exagero dizer que ele me ensinou a *enxergar* de uma maneira que antes eu não era capaz. Eu não tinha experiência alguma com o processo criativo envolvido em construir e administrar um parque temático e nunca tinha parado para imaginar visualmente a experiência de um visitante. Michael percorria o mundo com os olhos de um cenógrafo e, embora não fosse um mentor natural, acompanhá-lo e vê-lo trabalhar era uma espécie de aprendizado em si.

Em meu tempo como braço direito de Michael, inauguramos o Animal Kingdom da Disney, na Flórida, a Hong Kong Disneyland e a California Adventure, em Anaheim. Caminhei quilômetros e mais quilômetros com ele antes da inauguração desses parques — e também pelos parques existentes — entendendo o que ele via e o que procurava melhorar constantemente. Ele andava por um caminho, olhava ao longe e identificava na mesma hora alterações, como a vegetação não estar exuberante como deveria, cercas obstruindo vistas importantes ou edifícios que pareciam deslocados ou fora de estilo.

Foram ótimos momentos de aprendizado para mim. Aprendi muito sobre como gerenciar os negócios e, o mais importante, qual deveria ser a essência criativa e de design de nossos parques.

Michael também me permitiu acompanhá-lo em suas muitas visitas à Walt Disney Imagineering, localizada em um amplo campus em Glendale, Califórnia, a poucos quilômetros de nosso estúdio em Burbank. A Imagineering já foi objeto de muitos livros e matérias, e a maneira mais simples de descrevê-la é dizer que ela é o coração criativo e técnico de tudo o que criamos que não seja um filme, um programa de TV ou um produto de consumo. Todos os nossos parques temáticos, resorts, atrações, cruzeiros e empreendimentos imobiliários, todas as apresentações ao vivo, espetáculos de luzes e desfiles, cada detalhe, desde o design da fantasia de um membro do elenco à arquitetura de nossos castelos, emanam da Imagineering. É impossível exagerar o brilhantismo técnico e criativo desse pessoal. Eles são artistas, engenheiros, arquitetos e tecnólogos; ocupam um espaço e cumprem um papel sem paralelo em qualquer outro lugar do mundo.

Até hoje, às vezes me impressiono com sua capacidade de imaginar algo fantástico e torná-lo realidade, frequentemente em uma escala enorme. Quando eu visitava a Imagineering com Michael, eu o observava criticar grandes e pequenos projetos, revisar tudo, desde o storyboard detalhando a experiência de uma de nossas atrações até o design de um camarote de um navio de cruzeiro em construção. Ele ouvia apresentações sobre os próximos desfiles ou revisava o design do saguão de um novo hotel. O que me impressionou, e se provou inestimável em meu próprio aprendizado, foi a sua capacidade de enxergar, ao mesmo tempo, a conjuntura geral e os mínimos detalhes, levando em conta como uma coisa afetava a outra.

Nos anos seguintes, à medida que o seu preciosismo se intensificava, Michael passou a ser frequentemente acusado de ser um perfeccionista opressor e um microgerente. De sua parte, ele comentava: "A microgestão é subestimada." Tendo a concordar com ele, mas só até certo ponto. Graças aos anos que trabalhei para Roone Arledge, não estava convencido de que o sucesso ou o fracasso de algo se resumisse tantas vezes aos detalhes. Michael via coisas que escapavam aos olhos de outras pessoas e depois exigia que fossem melhoradas. Essa foi a fonte do enorme sucesso dele e da empresa, e eu tinha imenso respeito por sua tendência a exaurir os detalhes. Aquilo mostrava quanto ele se importava, o que fez diferença. Ele entendia que "grande" costuma ser um conjunto de coisas muito pequenas e me ajudou a entender isso ainda mais profundamente.

Michael tinha orgulho de seu microgerenciamento, mas, ao expressar seu orgulho e chamar a atenção das pessoas para os detalhes nos quais se concentrava, ele podia parecer mesquinho e limitado. Certa vez, em uma entrevista no saguão de um hotel, eu o vi dizer a um repórter: "Está vendo aquelas lâmpadas ali? Eu mesmo as escolhi." Não cai muito bem para um CEO fazer isso. (Devo confessar que já me peguei — ou fui pego — fazendo a mesma coisa algumas vezes. De uma maneira que só ela pode fazer, Zenia Mucha costuma me dizer: "Bob, você sabe que foi você quem fez isso, mas o mundo não precisa saber, então cale a boca!")

No início de 2001, todas as empresas de mídia e entretenimento sentiam o chão oscilar sob seus pés, mas ninguém tinha certeza do caminho a seguir. A tecnologia mudava com muita rapidez e seus efeitos inovadores se tornavam mais óbvios, provocando ansiedade. Em março daquele ano, a Apple lançou a campanha "Rip. Mix. Burn.", informando ao mundo que, depois que você comprava uma música, ela era sua e você poderia copiá-la e usá-la como quisesse. Muitas pessoas, incluindo Michael, viram aquilo como uma ameaça mortal para a indústria fonográfica que logo se voltaria para as indústrias da televisão e do cinema. Michael sempre foi um defensor convicto dos direitos autorais, muitas vezes mencionando a questão da pirataria, e o anúncio da Apple realmente o incomodou — tanto que ele atacou a empresa publicamente, declarando perante o Comitê de Comércio do Senado que a Apple estava desrespeitando de maneira flagrante a lei de direitos autorais e incentivando a pirataria. Aquilo não caiu bem para Steve Jobs.

Foi um momento interessante e marcou o que vi como o começo do fim da mídia tradicional como a conhecíamos. O que muito me interessou foi o fato de que, enquanto tentavam descobrir seu lugar nesse mundo em mudança, quase todas as empresas de mídia tradicionais estavam agindo com medo em vez de coragem, tentando construir a todo custo um baluarte para proteger modelos antigos que possivelmente não sobreviveriam à mudança radical que estava em curso.

Não havia ninguém que encarnasse essa mudança mais do que Steve Jobs, que, além de comandar a Apple, era CEO da Pixar, nosso parceiro criativo mais importante e bem-sucedido. Em meados dos anos 1990, a Disney fechara um contrato com a Pixar para coproduzir, comercializar e distribuir cinco de seus filmes. *Toy Story* fora lançado em 1995 sob um contrato anterior. Foi o primeiro longa-metragem de animação digital — um salto criativo e tecnológico gigantesco — e arrecadou quase 400 milhões de dólares em todo o mundo. *Toy Story* foi seguido por mais dois sucessos: *Vida de Inseto*, em 1998, e *Monstros S.A.*, em 2001. Juntos, esses três arrecadaram mais de 1 bilhão de dólares em todo o mundo e consagraram a Pixar, em um momento em que a Disney Animation começava a vacilar, como o futuro da animação.

Apesar do sucesso artístico e financeiro dos filmes da Pixar, a tensão se acumulou entre as duas empresas (principalmente entre Michael e Steve). Quando o contrato original foi celebrado, a Pixar ainda era uma start-up, e a Disney tinha toda a influência. A Pixar cedeu muito no contrato, incluindo a propriedade de todos os direitos de continuação de seus filmes.

À medida que seu sucesso e sua estatura aumentavam, a dinâmica desigual entre as duas empresas começou a atormentar Steve, que odiava quando alguém tentava pressioná-lo. Michael estava mais focado nas especificidades do contrato negociado e parecia não se dar conta ou ser indiferente em relação aos sentimentos de Steve. A situação piorou quando *Toy Story 2* estava em produção. O filme deveria ser lançado diretamente em vídeo, ignorando as salas de cinema, mas, quando as iterações iniciais do filme exigiram mais recursos de produção, as duas empresas concluíram que deveriam lançá-lo na telona. O filme arrecadou quase 500 milhões de dólares em todo o mundo e, em seguida, suscitou uma controvérsia contratual. A Pixar argumentava que aquele deveria ser incluído no compromisso de cinco filmes com a Disney, e Michael contestava, uma vez que se tratava de uma continuação. Isso se tornou outro ponto de discórdia entre Michael e Steve.

A cada lançamento, a reputação e a influência da Pixar cresciam, assim como a tensão com a Disney. Na mente de Steve, ele e a Pixar mereciam mais respeito da outra empresa, e ele queria que o contrato refletisse essa mudança de influência. Por estarem ofuscando a Disney tanto criativa quanto comercialmente, ele também achava que a companhia deveria ter recorrido a eles em busca de assistência criativa. Em vez disso, ele sentia que Michael sempre tratara a Pixar como um parceiro menor no relacionamento, um estúdio de aluguel, o que Steve considerava uma imensa descortesia.

Michael sentia-se igualmente desrespeitado. Ele e outros membros da Disney acreditavam ser muito mais do que parceiros silenciosos na criação dos filmes e que Steve nunca dera à Disney o crédito merecido. Em meu tempo como diretor de operações, não me envolvi no relacionamento entre as empresas, mas estava claro que a Pixar ganhava destaque enquanto a Disney perdia, e essas duas personalidades fortes estavam fadadas a lutar entre si pela supremacia.

Essa foi a configuração durante grande parte de 2001: nossa indústria mudando a uma velocidade inebriante; a tensão entre Michael e Steve ameaçando o futuro de uma parceria vital; uma série de fracassos de bilheteria, levando a uma descrença pública na Disney Animation; queda de audiência na ABC; e um conselho diretor que começava a perceber tudo isso e a questionar a liderança de Michael.

Então chegou o 11 de Setembro, que mudaria o mundo e nos desafiaria de formas que jamais imagináramos. Naquela manhã, despertei ao raiar do dia e estava me exercitando em casa quando olhei para a TV e vi a notícia de que um avião acabara de atingir uma das Torres Gêmeas. Parei o treino, fui para outra sala e liguei a TV a tempo de ver a colisão da segunda aeronave. Telefonei na mesma hora para o presidente da ABC News, David Westin, para descobrir o que ele sabia e como planejávamos cobrir os acontecimentos que se desenrolavam diante de nossos olhos. David tinha pouca informação, mas, assim como todas as grandes organizações jornalísticas, estávamos enviando centenas de pessoas em várias direções — ao Pentágono, à Casa Branca, ao sul de Manhattan — para tentar entender o que estava acontecendo.

Corri para o escritório e liguei para Michael no caminho. Ele ainda não tinha visto as notícias, mas, ao ligar a TV, compartilhamos a preocupação de que a Disney também fosse um dos alvos. Decidimos fechar imediatamente o Walt Disney World em Orlando, esvaziar o parque e não abrir a Disneylândia de jeito nenhum. Passei o resto do dia coordenando a nossa resposta em várias frentes: ficando horas ao telefone com a ABC News, certificando-me de que todo o nosso pessoal estava a salvo, criando estratégias de segurança em nossos parques para os próximos dias e, de modo geral, tentando ajudar as pessoas a manter a calma naquele que foi o momento mais perturbador de nossas vidas.

Entre os muitos efeitos colaterais dos ataques, houve uma desaceleração mundial do turismo que se estendeu por muito tempo depois do 11 de Setembro. O impacto nos negócios da Disney foi devastador. A queda no mercado de ações como um todo foi bem nítida, e a Disney perdeu quase um quarto de seu valor poucos dias depois dos ataques. Então, nosso maior acionista, a família Bass, foi forçado a vender uma quantidade enorme de ações da Disney — 135 milhões de ações, no valor de 2 bilhões de dólares — para pagar uma cobertura adicional, o que precipitou outra queda acentuada no valor de nossas ações. Durante algum tempo, empresas do mundo inteiro lutariam para se recuperar, mas os nossos problemas se acumulavam, e isso marcou o início de uma longa controvérsia e disputa pela Disney, e por Michael.

SOB MUITOS ASPECTOS, ele lidou com o problema de modo estoico e admirável, mas era impossível não ser tomado pelo pessimismo e pela paranoia à medida que o estresse se intensificava. De vez em quando, eu atendia ao telefone, e era Michael do outro lado, dizendo estar saindo do banho, em um avião ou em uma conversa durante o almoço e que tinha certeza de que algo que estávamos fazendo acabaria mal, que alguém nos superaria, que algum negócio daria errado. Ele literalmente me dizia "O céu está desabando", e, com o tempo, uma sensação de desgraça e melancolia começou a permear a empresa.

Michael tinha muitos motivos válidos para estar pessimista, mas, como líder, você não pode transmitir esse pessimismo para as pessoas ao seu redor. Isso arruína o moral. Consome energia e inspiração. As decisões são tomadas a partir de uma postura protetora, defensiva.

Até certo ponto, o pessimismo natural de Michael costumava funcionar para ele. Em parte, ele era motivado pelo medo da calamidade, e isso muitas vezes alimentou seu perfeccionismo e seu sucesso, embora não seja uma ferramenta muito útil para motivar as pessoas. Às vezes, suas preocupações eram justificadas, e era certo abordá-las, mas ele muitas vezes era tomado por uma espécie de preocupação espontânea. Esse não era o único estado de Michael. Ele também tinha uma exuberância natural que geralmente era contagiosa. Em seus últimos anos, porém, à medida que o estresse vinha aumentando de maneira constante, o pessimismo se tornou mais regra do que exceção e o levou a se resguardar e a se tornar cada vez mais enclausurado.

Ninguém teria lidado perfeitamente com o estresse que Michael estava sofrendo, mas o otimismo em um líder, sobretudo em tempos de crise, é vital. O pessimismo leva à paranoia, que leva à atitude defensiva, que leva à aversão ao risco.

O otimismo aciona uma máquina diferente. Especialmente em momentos difíceis, as pessoas que você lidera precisam sentir confiança na sua capacidade de se concentrar no que importa, e não agir a partir de uma posição defensiva e de autopreservação. Não se trata de dizer que as coisas estão bem quando não estão ou de transmitir alguma fé inata de que "tudo vai dar certo". Trata-se de acreditar que você e as pessoas ao seu redor podem se orientar em direção ao melhor resultado e não transmitir a sensação de que tudo estará perdido se as coisas não saírem como você planejou. O tom definido pelo líder tem um efeito enorme nas pessoas ao redor. Ninguém quer seguir um pessimista.

NOS ANOS POSTERIORES ao 11 de Setembro, dois membros importantes do conselho, Roy E. Disney e Stanley Gold, advogado de Roy, começaram a expressar abertamente sua incredulidade na capacidade de Michael administrar a empresa. Roy tinha uma longa e complicada história com Michael. Ele fora o grande responsável por trazê-lo como CEO e presidente do conselho, e, assim como todos os acionistas, se beneficiou muito sob sua liderança. Entre 1984 e 1994, os lucros anuais da Disney quadruplicaram e o valor de suas ações aumentou 1.300%.

Michael se esforçou durante esse tempo para ser solícito com Roy e lhe mostrar deferência e respeito. Não foi fácil. Às vezes, podia ser muito difícil lidar com Roy. Ele se via como o guardião do legado da Disney. Viveu, respirou e sangrou Disney, agindo como se qualquer quebra da tradição fosse uma violação de algum pacto sagrado que ele fizera com o próprio Walt (que aparentemente nunca demonstrou muito respeito pelo sobrinho). Roy tinha uma tendência a reverenciar o passado em vez de respeitá-lo — como resultado, tinha dificuldade para tolerar qualquer tipo de mudança. Ele odiara a aquisição da Capital Cities/ABC feita por Michael porque aquilo significava introduzir na corrente sanguínea da empresa marcas que não pertenciam à Disney. Em menor proporção, mas talvez de modo mais ilustrativo, ele ficou furioso em um Natal em que decidimos vender bonecos brancos do Mickey nas lojas da Disney. Roy enviou e-mails enfurecidos para Michael e para mim, dizendo: "O Mickey só pode ser das seguintes cores: preto, branco, vermelho e amarelo. E só!" Ele queria que o "Mickey albino", como o chamou, fosse retirado das prateleiras, o que não fizemos, causando um grande transtorno.

Ele também tinha problemas com a bebida. Enquanto Roy era vivo, nunca discutimos isso na Disney, mas, anos depois, um de seus filhos conversou abertamente comigo sobre os problemas que seus pais tinham com o alcoolismo. Roy e a esposa, Patti, às vezes ficavam enfurecidos depois de alguns drinques, o que muitas vezes resultava em e-mails cruéis no fim da noite (recebi vários), voltados para os erros que ele acreditava estarmos cometendo como guardiões do legado da Disney.

À medida que aumentavam os desafios que precisávamos enfrentar, Roy tornou-se mais aberto em suas críticas a Michael, acabando por se voltar totalmente contra ele. Em 2002, Roy e Stanley enviaram uma carta ao conselho exigindo que Michael respondesse às suas preocupações, que eram inúmeras: a audiência anêmica da ABC; a animosidade com Steve Jobs e a Pixar; as divergências em relação à estratégia de parques temáticos; e questões relacionadas com aquilo que eles acreditavam ser o problemático microgerenciamento de Michael.

A carta deles era tão específica em suas queixas que não tivemos escolha senão levá-la a sério. Isso resultou em uma apresentação administrativa completa ao conselho, abordando cada questão e como seriam remediadas.

Não pareceu funcionar. Roy e Stanley passaram a maior parte de um ano tentando convencer o conselho a derrubá-lo, e, no último trimestre de 2003, Michael finalmente perdeu a paciência. Sua estratégia era recorrer às diretrizes de gestão da empresa no que dizia respeito ao mandato dos membros do conselho, que estipulavam que estes deveriam se aposentar aos 72 anos. A regra nunca fora aplicada, mas Roy desafiava Michael de formas tão extremas que o CEO decidiu invocar a cláusula. Contudo, em vez de dizer isso ao próprio Roy, Michael fez o presidente do comitê de nomeação do conselho informar ao sobrinho de Walt que ele não poderia se reeleger e que seria aposentado na próxima assembleia de acionistas, em março de 2004.

Nossa próxima reunião do conselho seria realizada em Nova York, na terça-feira após o Dia de Ação de Graças. Na tarde de domingo, Willow e eu estávamos a caminho de um museu e planejávamos sair para jantar naquela noite quando o assistente de Michael me convocou para uma reunião de emergência no apartamento de Michael no Pierre Hotel, na East 61st Street. Quando cheguei, Michael tinha em mãos uma carta de Roy e Stanley, que fora colocada debaixo da sua porta.

Ele me entregou e eu comecei a ler. Na carta, Roy afirmava que ele e Stanley renunciariam ao conselho. Na sequência, fazia uma crítica cruel de três páginas à administração de Michael. Os primeiros dez anos foram um sucesso, reconheceu, mas os últimos foram definidos por sete erros distintos, que Roy expôs ponto a ponto:

1) incapacidade de tirar a ABC Prime Time do abismo de audiência; 2) "a constante microgestão de todos ao seu redor que resultou na perda de moral em toda a empresa"; 3) falta de investimentos adequados em parques temáticos — construindo

"de forma barata" —, o que diminuiu a frequência de visitantes nos parques; 4) "a percepção de todos os nossos acionistas (...) de que a empresa é voraz, sem alma e está sempre privilegiando ganhar 'dinheiro rápido' em vez de valores de longo prazo, o que está levando a uma perda de confiança do público"; 5) uma evasão de mentes criativas da empresa devido à má administração e ao baixo moral; 6) incapacidade de criar bons relacionamentos com os parceiros da Disney, principalmente com a Pixar; e 7) "sua consistente recusa em estabelecer um plano de sucessão claro".

Roy concluiu escrevendo: "Michael, acredito sinceramente que é você quem deve ir embora, não eu. Portanto, mais uma vez, peço a sua renúncia e aposentadoria."

Algumas queixas de Roy eram válidas, mas muitas estavam fora de contexto. Não importava. Todos sabíamos que agora enfrentaríamos um caminho muito difícil e começamos a criar estratégias para o inevitável pesadelo de relações públicas.

A carta foi apenas o começo. Roy e Stanley logo lançaram o que chamaram de campanha "Salve a Disney". Nos três meses seguintes, que antecederam a assembleia anual dos acionistas na Filadélfia, em março de 2004, eles não perderam a oportunidade de criticar Michael publicamente. Trabalharam para fazer com que outros membros do conselho se voltassem contra ele. Criaram um site "Salve a Disney" e pressionaram agressivamente os acionistas a votar "omitir" na reunião seguinte e retirá-lo do conselho. (Se você possui ações da empresa, recebe uma procuração e, a cada ano, pode votar tanto a favor de membros individuais do conselho como "omitir" seu voto de apoio, o que equivale a um voto nulo.)

Enquanto isso acontecia, a animosidade de longa data entre Michael e Steve Jobs finalmente transbordou. A Disney tentava estender seu contrato de parceria de cinco filmes com a Pixar, mas Steve pôs na mesa um novo contrato impossível de aceitar. A Pixar controlaria a produção e manteria todos os direitos de continuação, enquanto a Disney seria reduzida a uma parceira de distribuição. Michael recusou; Steve não cedeu em nenhuma contraproposta. Em meio às prolongadas negociações, um memorando interno que Michael escreveu ao conselho antes do lançamento de *Procurando Nemo* vazou para a imprensa. No memorando, ele dizia que não estava impressionado com os primeiros cortes e que a Pixar sofreria um "choque de realidade" no que ele acreditava ser sua imerecida arrogância. Se *Nemo* não se saísse bem, sugeriu, isso não seria necessariamente ruim, já que a Disney teria mais influência nas negociações.

Não havia nada a que Steve fosse mais avesso do que alguém tentando pressioná-lo. Se você tentasse fazer isso, ele enlouquecia. Michael também era avesso a qualquer coisa que considerasse intimidação contra ele ou contra a empresa, e a combinação dos dois tornou quase impossível um processo de negociação que já era desafiador. Em algum momento, Steve se referiu à série de "insucessos embaraçosos" da Disney Animation e, em janeiro de 2004, fez um anúncio direto e para quem quisesse ouvir de que nunca mais voltaria a lidar com a Disney. "Depois de dez meses tentando fechar um acordo, vamos seguir em frente", disse ele. "É uma pena que a Disney não participe dos futuros sucessos da Pixar." Michael respondeu dizendo que aquilo não importava, que a Disney poderia fazer todas as continuações que quisesse dos filmes da Pixar lançados por eles e não havia nada que eles pudessem fazer a respeito. Então Roy e Stanley se envolveram e emitiram um comunicado dizendo: "Há mais de um ano advertimos o conselho da Disney que acreditávamos que Michael Eisner estava gerenciando mal a parceria com a Pixar e expressamos a nossa preocupação de que o relacionamento estivesse em risco." Alimentava-se ainda mais o argumento de que Michael perdera o controle da empresa.

Na verdade, Michael estava certo ao rejeitar os termos de Steve. Seria irresponsável na esfera fiscal aceitar o acordo que Steve propusera. O custo para a Disney seria muito alto e os benefícios, muito pequenos. Mas a percepção pública, ampliada por toda a cobertura jornalística das negociações interrompidas e pelo conflito com Steve Jobs, era a de que Michael estragara tudo, e isso foi um golpe para ele.

Duas semanas depois, convocamos uma conferência de investidores em Orlando. O plano era tranquilizar os analistas do setor sobre o futuro da empresa e fazer frente aos prejuízos recentes. Nossos relatórios de ganhos no primeiro trimestre seriam divulgados naquele dia, e os números eram bons. *Procurando Nemo* e *Piratas do Caribe*, lançados em maio e junho do ano anterior, eram enormes sucessos e, em geral, nossa receita aumentara 19%. Era o primeiro céu azul que víamos fazia algum tempo e nos sentíamos ansiosos para mostrar que tínhamos voltado aos trilhos.

Mas não foi assim que as coisas aconteceram. Em uma manhã fria e nublada na Flórida, saí do meu quarto de hotel por volta das sete da manhã e estava a caminho da conferência quando recebi uma ligação de Zenia Mucha, nossa chefe de comunicações. Zenia costuma ser enfática ao expressar seus pontos de vista; nesse caso, enfática seria um eufemismo. "A Comcast se tornou hostil!", gritou ao telefone. "Vá para a suíte de Michael agora!"

A Comcast era a maior fornecedora de TV a cabo do país, mas Brian Roberts, o CEO, sabia que adquirir a Disney seria algo transformador para eles, permitindo que aliassem o conteúdo da Disney à sua vasta rede de distribuição a cabo, o que seria uma poderosa combinação. (Eles estavam especialmente interessados na ESPN, que na época era o canal mais caro da TV a cabo.)

Alguns dias antes, Brian ligara para Michael e fizera uma oferta de compra da Disney. Michael disse que não se envolveria em negociações, mas que, se ele quisesse fazer uma oferta oficial, o conselho seria obrigado a considerá-la. "Mas não estamos à venda", dissera Michael. A rejeição resultou em uma oferta pública hostil e não solicitada ao conselho da Disney e seus acionistas para adquirir a empresa por 64 bilhões de dólares a serem pagos em ações da Comcast. (Para cada ação da Disney que possuíssem, os acionistas receberiam 0,78 ação da Comcast.)

Quando entrei na suíte de Michael, a primeira coisa que ouvi foram as vozes de Brian Roberts e Steve Burke, presidente da Comcast, dando uma entrevista ao vivo na CNBC. Eu conhecia bem Steve. Ele trabalhara para mim durante dois anos, de 1996 a 1998, e estivera na Disney dez anos antes disso, mais recentemente na Disneyland Paris. Quando Michael o substituiu e o trouxe de volta a Nova York, Steve veio trabalhar para mim na ABC. Ele é o filho mais velho de meu antigo chefe Dan Burke, a quem eu respeitava e amava profundamente, e, embora não tivesse o entusiasmo natural do pai, Steve era inteligente, engraçado e aprendia rápido. Eu o ensinei muito a respeito de televisão e rádio, e ele me ensinou muito sobre como navegar nos meandros da Disney.

Em 1998, eu precisava muito de alguém para assumir o meu lugar na ABC a fim de poder me dedicar a outros aspectos de meu trabalho e disse a Steve que planejava promovê-lo a presidente da rede. Ele respondeu que não queria se mudar para Los Angeles (na época, Michael tinha planos de mudar toda a ABC para Los Angeles) e, pouco depois, nos informou que estava deixando a Disney e indo para a Comcast. Eu investira tanto nele e ficáramos tão próximos naqueles dois anos que senti como se tivesse sido apunhalado pelas costas. Agora, ali estava ele na televisão, torcendo a faca ainda mais. Quando perguntado sobre o que ele faria para consertar a rede, Steve respondeu: "Chamaria pessoas melhores para administrá-la."

Quando cheguei, Zenia e Alan Braverman, nosso consultor jurídico, e Peter Murphy, chefe do Planejamento Estratégico, já estavam na suíte de Michael, olhando para a televisão. Todos fomos pegos completamente de surpresa pela oferta pública de aquisição e na mesma hora nos esforçamos para formular uma resposta. Precisávamos fazer uma declaração, mas primeiro tínhamos que saber a posição do conselho. Ao mesmo tempo, nos perguntávamos: o que dava tanta certeza a Brian de que a Disney estava à venda? Logo ficou claro que alguém, dentro do conselho ou próximo a ele, devia ter dito a Brian que Michael estava vulnerável e que a Disney estava tão mal que, se ele fizesse uma oferta, o conselho logo toparia. Isso daria ao conselho uma maneira menos conflituosa de se livrar de Michael. (Anos depois, Brian me confirmou que um intermediário, alegando representar um membro do conselho, o incentivara a fazer a oferta.)

Enquanto lutávamos para nos recompor, fomos atingidos por outro golpe que nos pegou de surpresa. A Institutional Shareholder Services (ISS) é a maior empresa de consultoria do mundo, especializada em fornecer serviços de representação e aconselhamento para investidores — principalmente fundos de médio porte — sobre como devem avaliar a gestão corporativa e dar os seus votos por procuração. Geralmente, a ISS influencia mais de um terço das ações com direito a voto em uma eleição por procuração, e naquela manhã eles emitiram uma recomendação pública em apoio à campanha de Roy e Stanley para que votassem contra Michael. Os votos por procuração só seriam anunciados em março, mas já sabíamos que deveríamos esperar muitos votos de não confiança.

Ao sairmos da suíte de Michael para comparecer à reunião com os investidores, enfrentávamos duas grandes crises. Lembro-me de ter pensado que era como se estivéssemos em uma guerra convencional contra Roy, Stanley e Steve e, de repente, uma terceira parte tivesse dado início a um ataque nuclear. Fizemos o possível dentro das circunstâncias para nos defendermos perante os investidores, mas sérias preocupações com o futuro da empresa foram levantadas aos quatro ventos. Mantivemos a cabeça erguida, mencionamos nossos resultados recentes, expusemos nossos planos futuros e fornecemos a melhor argumentação possível dadas as circunstâncias. Mas foi uma reunião difícil, e não havia como contornar aquilo: as coisas só ficariam mais complicadas.

NAS SEMANAS que se seguiram, a oferta de aquisição da Comcast desmoronou. Brian Roberts supôs que o conselho da Disney agarraria a oferta inicial e, como isso não aconteceu, deu margem ao surgimento de diversos outros fatores. Primeiro, o anúncio do nosso aumento dos lucros resultou em um aumento no valor de nossas ações, tornando-nos imediatamente mais caros. Segundo, os acionistas da Comcast reagiram de forma negativa ao anúncio. Eles não apoiavam a decisão de Brian, e o valor das ações da Comcast afundou com rapidez, diminuindo ainda mais a oferta e alterando todo o cálculo. Por fim, influenciando tudo isso, havia uma oposição pública generalizada contra o acordo que estava sendo expresso pela mídia: o fato de que a "Disney" ainda tinha ressonância emocional como uma marca americana e a ideia de que fosse engolida por uma gigantesca fornecedora de TV a cabo era uma heresia para os consumidores. Finalmente, a Comcast retirou sua oferta.

Mas os problemas de Michael continuaram. No mês seguinte, três mil acionistas da Disney se reuniram na Filadélfia para nossa reunião anual. Na noite anterior, Roy, Stanley e o contingente da "Salve a Disney" realizaram uma grande manifestação pública em um hotel no centro da cidade. Houve uma ampla cobertura da mídia sobre o evento, durante a qual Roy e Stanley criticaram Michael veementemente e pediram uma mudança de liderança. A certa altura, Zenia veio a mim e disse: "Você tem que ir lá e conversar com a imprensa. Precisamos divulgar o nosso lado da história." Não havia possibilidade de Michael fazer isso — teria sido muito intenso e conflituoso —, por isso tinha que ser eu.

Zenia logo notificou alguns membros da imprensa de que eu falaria com eles, e ambos entramos no saguão do centro de convenções, onde no dia seguinte ocorreria a nossa reunião. Setenta e cinco estátuas gigantes do Mickey, de diferentes formatos, foram transportadas de Orlando até a reunião. Fiquei entre duas delas e fui questionado por cerca de uma hora. Eu não tinha anotações prévias e não me lembro de perguntas específicas, embora tenha certeza de que eram sobre a reunião com os acionistas e como planejávamos responder às críticas de Roy e Stanley. Lembro-me de que aquilo foi debilitante. Defendi a empresa, apoiei Michael e expressei meu ceticismo sincero sobre as motivações e ações de Roy e Stanley. Foi a primeira vez em minha carreira que precisei suportar tanto escrutínio da imprensa e, embora não houvesse maneira de reverter a maré, lembro-me desse momento e sinto orgulho por ter sido capaz de ter ido até lá e mantido a minha posição.

NO DIA SEGUINTE, às cinco da manhã, os acionistas começaram a se perfilar do lado de fora do centro de convenções. Horas depois, quando as portas se abriram, milhares de pessoas entraram e muitas foram conduzidas a uma grande sala superlotada para assistir à assembleia em circuito fechado de televisão. Michael e eu fizemos comentários introdutórios e depois cada um de nossos líderes de unidade fez uma apresentação sobre a situação e os planos futuros de seus negócios.

Havíamos concordado em permitir que Roy e Stanley fizessem declarações de quinze minutos, mas não no palco. Quando ultrapassaram o limite de tempo, deixamos que terminassem por cortesia. Suas declarações foram cáusticas e recebidas com aplausos por muita gente na sala. Quando terminaram, respondemos perguntas durante uma hora. Michael sabia que seria um ataque total, mas se comportou admiravelmente bem. Ele reconheceu muitas dificuldades e afirmou que nosso desempenho e o valor de nossas ações estavam subindo. Falou sobre sua paixão pela empresa, mas era evidente que o dia não terminaria bem para ele.

Quando os votos por procuração foram finalmente computados, 43% dos acionistas omitiram o apoio a Michael. Foi uma expressão de desconfiança tão arrasadora que anunciamos o resultado em números brutos e não em porcentagem, esperando que não parecesse tão ruim. Ainda assim, houve um audível ofegar na sala quando o anúncio foi feito.

O conselho se reuniu em uma sessão executiva logo após a assembleia com os acionistas. Eles sabiam que tinham de fazer algo em resposta e decidiram tirar Michael do cargo de presidente do conselho, mas o mantiveram como CEO. George Mitchell, do Maine, ex-líder da maioria no Senado, era conselheiro e foi eleito por unanimidade como substituto de Michael na presidência do conselho. Michael fez algum esforço para convencê-los do contrário, mas estava resignado com a inevitabilidade daquilo.

Houve uma última indignidade naquele dia. As notícias eram tão importantes que o nosso próprio noticiário, o *Nightline*, queria dedicar o programa daquela noite ao movimento "Salve a Disney" e aos resultados da votação. Decidimos coletivamente que era do melhor interesse de Michael e da empresa dançar conforme a música e participar do programa para responder às perguntas de Ted Koppel, âncora do *Nightline*, sobre o que aquilo significava para Michael e para o futuro da Disney. Foi incrivelmente doloroso precisar se submeter ao questionamento de sua própria equipe de notícias, mas ele enfrentou com coragem a situação.

A reunião de março com os acionistas e a perda do título de presidente do conselho marcaram o início do fim de Michael, e a ficha começava a cair. No começo de setembro de 2004, ele enviou uma carta ao conselho anunciando que deixaria o cargo quando seu contrato expirasse, em 2006. Duas semanas depois, o conselho se reuniu e aceitou a oferta de Michael. George Mitchell me procurou depois para dizer que emitiriam um comunicado para a imprensa anunciando que Michael não renovaria seu contrato, e o processo de procura começaria imediatamente, com a intenção de encontrar um sucessor até junho de 2005. Assim que encontrassem alguém, informou-me George, eles acelerariam a transição — em outras palavras, pretendiam substituir Michael no último trimestre de 2005, um ano antes de o contrato expirar.

Perguntei o que planejavam dizer sobre a procura.

"Que procuraremos candidatos externos e internos", disse George.

"Quais candidatos internos existem além de mim?"

"Nenhum", disse ele. "Você é o único."

"Então você precisa informar isso por escrito", falei. "Sou o diretor de operações e hoje vocês incapacitaram Michael. Terei que intervir e exercer muito mais autoridade."

Eu sabia que não havia garantias de que eu seria o sucessor de Michael, mas as pessoas na empresa precisavam ao menos saber que isso era uma possibilidade.

Eu me senti muito dependente naquele momento. Se o restante da empresa não acreditasse que eu era um sério candidato, eu não teria autoridade de verdade e ficaria tão incapacitado quanto Michael. Muitas vezes, as pessoas que se preocupam demais com a percepção pública de seu poder o fazem porque são inseguras. Naquele caso, eu precisava que o conselho me concedesse algum grau de poder para ser capaz de ajudar a administrar a empresa naquele período turbulento e ter alguma chance de ser o próximo CEO.

"O que você está me pedindo?", perguntou George.

"Estou pedindo que você emita um comunicado para a imprensa dizendo que sou o único candidato interno."

George entendeu exatamente do que eu precisava e por quê, e sempre lhe serei grato por isso. Aquilo significava que eu seria capaz de administrar a empresa de uma posição... não exatamente forte, mas também não exatamente fraca. Mesmo que eles me declarassem formalmente como candidato, acho que ninguém no conselho, talvez nem mesmo George, pensava que eu conseguiria o cargo, e muitos deles achavam que eu não devia conseguir.

Nos meses seguintes haveria muita discussão sobre como os problemas da Disney só poderiam ser resolvidos por um "agente de mudança" externo. É uma frase sem sentido, um clichê corporativo, mas o sentimento era claro. Exacerbando a situação, havia a sensação no conselho de que sua reputação fora maculada e, embora para eles fosse muito menos doloroso do que tudo o que Michael sofrera, todos estavam exaustos daquele drama e agora precisavam dar provas de que as coisas seriam diferentes. Entregar as chaves da casa para o sujeito que foi o braço direito de Michael durante os cinco anos mais difíceis da história da empresa não sinalizava exatamente uma grande mudança.

CAPÍTULO 7

DIZ RESPEITO AO FUTURO

O DESAFIO PARA MIM ERA: como convencer o conselho da Disney de que eu era a mudança que eles buscavam sem criticar Michael no processo? Houve algumas decisões das quais eu discordava e achava que a empresa precisava de mudanças devido a todo aquele tumulto, mas eu respeitava Michael e fiquei grato pelas oportunidades que ele me dera. Eu também era diretor de operações da empresa havia cinco anos, e teria sido deslavadamente hipócrita colocar toda a culpa em outra pessoa. E, sobretudo, não teria sido correto me promover à custa de Michael. Prometi a mim mesmo não fazer isso.

Passei alguns dias após o anúncio tentando descobrir uma maneira de sair daquela situação delicada: como falar sobre o passado sem me envolver muito em decisões que não eram minhas ou tender demais para o outro lado e me juntar ao linchamento de Michael. A solução para essa situação veio de um lugar inesperado. Mais ou menos uma semana depois do anúncio do conselho, recebi um telefonema de um conceituado consultor político e gerente de marca chamado Scott Miller. Anos antes, Scott fizera consultorias muito valiosas para a ABC, então, quando ele me ligou para dizer que estava em Los Angeles e perguntou se poderia me fazer uma visita, fiquei ansioso para recebê-lo.

Ele foi ao meu escritório alguns dias depois e deixou cair um maço de dez páginas na minha frente.

"Isso é para você", disse ele. "É de graça." Perguntei o que era. "Este é o manual da nossa campanha", respondeu.

"Campanha?"

"Você está prestes a embarcar em uma campanha política", disse ele. "Você entende isso, não?"

De alguma forma abstrata, sim, eu entendia, mas não pensava nos termos literais a que Scott se referia. Eu precisava de uma estratégia para obter votos, disse ele, o que significava descobrir quem no conselho poderia ser persuadido e concentrar minha mensagem nessas pessoas. Ele me fez uma série de perguntas:

"Quais membros do conselho estão definitivamente do seu lado?"

"Não tenho certeza se algum deles está."

"Certo, quem nunca lhe daria uma oportunidade?"

Três ou quatro nomes e rostos imediatamente me vieram à mente.

"Agora, quem são os eleitores indecisos?"

Havia um punhado a quem eu achava que poderia convencer a ficar do meu lado.

"É nesses que você deve se concentrar primeiro", explicou Scott.

Ele também entendeu o conflito que eu enfrentava ao falar sobre Michael e o passado e já antecipara aquilo. "Você não vai ganhar isso agindo como um encarregado", disse ele. "Você não pode vencer jogando na defensiva. Isso diz respeito ao futuro. Não ao passado."

Pode parecer óbvio, mas aquilo me veio como uma revelação. Eu não precisava consertar o passado. Não tinha que defender as decisões de Michael. Não era necessário criticá-lo em benefício próprio. Tudo dizia respeito ao futuro. Toda vez que surgisse uma pergunta sobre o que havia de errado na Disney nos últimos anos, que erros Michael cometera e por que eles deveriam pensar que eu era diferente, poderia dar uma resposta simples e sincera: "Não posso fazer nada quanto ao passado. Podemos conversar sobre as lições aprendidas e garantir que as aplicaremos daqui para a frente. Mas não passaremos nada a limpo. Vocês querem saber para onde levarei esta empresa, não por onde ela andou. Este é o meu plano."

"Você precisa pensar, planejar e agir como um insurgente", declarou Scott, "e deve elaborar seu plano com um pensamento claro em mente: 'Esta é uma batalha pela alma da marca.' Fale sobre a marca, como aumentar seu valor, como protegê-la." Então, acrescentou: "Você vai precisar de algumas prioridades estratégicas." Eu pensara muito naquilo e comecei a elencar uma lista na mesma hora. Já tinha enumerado cinco ou seis itens quando ele balançou a cabeça e disse: "Pare de falar. Se tiver muitos itens, deixam de ser prioridades." Prioridades são as poucas coisas nas quais você investirá muito tempo e muito capital. Se forem muitas, você não apenas enfraquece o seu significado, como ninguém vai se lembrar de todas elas. "Você parecerá dispersivo", observou ele. "Devemos estabelecer apenas três. Não posso lhe dizer quais devem ser. Não precisamos descobrir isso hoje. E não precisa me dizer quais são se não quiser. Mas vamos estabelecer apenas três."

Ele estava certo. Em minha ânsia de demonstrar que eu tinha uma estratégia para resolver todos os problemas da Disney e abordar todas as questões que enfrentávamos, não priorizei nenhuma delas. Não havia sinalização sobre o que era mais importante nem visão abrangente de fácil compreensão. Minha visão geral carecia de inspiração e clareza.

A cultura de uma empresa é moldada por muitas coisas, mas esta é uma das mais importantes: você precisa comunicar as suas prioridades de forma clara e constante. Pela minha experiência, é o que separa os grandes gerentes dos demais. Se os líderes não articularem claramente as prioridades, as pessoas ao redor não saberão quais são as próprias prioridades. Tempo, energia e capital serão desperdiçados. As pessoas de sua empresa sofrerão uma ansiedade desnecessária porque não vão saber no que se concentrar. A ineficiência se instala, a frustração aumenta, o moral afunda.

Você pode fazer muito pelo moral das pessoas ao seu redor (e, consequentemente, pelas pessoas ao redor delas) apenas eliminando as especulações do dia a dia. Um CEO deve fornecer à empresa e à sua equipe sênior um roteiro. Muitos trabalhos são complexos e demandam enormes quantidades de concentração e energia, mas esse tipo de mensagem é bem simples: é aqui que queremos chegar. É assim que chegaremos lá. Uma vez que essas coisas são definidas de maneira simples, muitas decisões se tornam mais fáceis de tomar e reduz-se a ansiedade geral de toda uma organização.

Após a reunião com Scott, rapidamente cheguei a três prioridades estratégicas claras que orientam a empresa desde que fui nomeado CEO:

1) Precisávamos dedicar a maior parte de nosso tempo e capital à criação de um conteúdo de marca de alta qualidade. Em uma época em que cada vez mais "conteúdo" era criado e distribuído, precisávamos apostar no fato de que a qualidade importaria cada vez mais. Não bastava criar muito conteúdo; nem mesmo criar muito conteúdo *bom*. Com uma explosão de opções, os consumidores precisavam de uma capacidade de decidir como gastar seu tempo e seu dinheiro. Grandes marcas se tornariam ferramentas ainda mais poderosas para orientar o comportamento do consumidor.

2) Precisávamos adotar plenamente a tecnologia, primeiro usando-a para permitir a criação de produtos de maior qualidade e, em seguida, para alcançarmos mais consumidores de formas mais modernas e relevantes. Desde os primeiros anos da Disney, sob o comando de Walt, a tecnologia sempre fora vista como uma poderosa ferramenta para contar histórias; agora era hora de aumentar nosso compromisso de fazer o mesmo. Também ficava claro que, embora ainda fôssemos — e continuaríamos a ser — principalmente criadores de conteúdo, chegaria o dia em que a distribuição moderna seria um meio essencial de manter a relevância da marca. A menos que os consumidores pudessem consumir nosso conteúdo de maneiras mais fáceis, mais móveis e mais digitais, nossa relevância seria posta em xeque. Em suma, precisávamos ver a tecnologia mais como uma oportunidade do que como uma ameaça, e tínhamos que fazer isso com comprometimento, entusiasmo e senso de urgência.

3) Precisávamos nos tornar uma empresa verdadeiramente mundial. Fomos amplos em nosso alcance, realizando negócios em diversos mercados ao redor do mundo, mas tínhamos que penetrar melhor em certos mercados, principalmente nos países mais populosos do mundo, como a China e a Índia. Se nosso objetivo principal era criar um excelente conteúdo de marca, o próximo passo seria levar esse conteúdo para um público mundial, plantando com firmeza nossas raízes nesses mercados e criando uma base sólida para crescermos significativamente em escala. Continuar criando as mesmas coisas para os mesmos clientes fiéis era estagnação.

Essa era minha visão. Dizia respeito ao futuro, não ao passado — e o futuro dizia respeito à organização de toda a missão da empresa, a todos os nossos negócios e a todos os nossos 130 mil funcionários na época, ao redor dessas três prioridades. Agora, eu só precisava convencer dez membros do conselho, a maioria dos quais levava pouca ou nenhuma fé em mim, de que esse era o caminho certo para a empresa e que eu era a pessoa certa para o trabalho.

MINHA PRIMEIRA entrevista individual com o conselho ocorreu em um domingo à noite em nossa sala de reuniões em Burbank. Eles me interrogaram por duas horas e, embora não tenham sido abertamente combativos, também não foram calorosos e amistosos. Eles estavam sob pressão havia muito tempo, e mais ainda naquele momento. A determinação em deixar óbvio como levavam aquele processo a sério era evidente em seu comportamento pragmático. Ficou claro que o fato de eu fazer parte do conselho havia cinco anos não facilitaria as coisas.

Acontece que, meses antes, eu me comprometera a participar de um triatlo em Malibu naquele mesmo dia e não queria deixar minha equipe na mão. Então, acordei às quatro da manhã, dirigi até Malibu no escuro, percorri o trecho de 29 quilômetros da corrida de bicicleta, em seguida voltei para casa depressa, tomei banho, troquei de roupa e fui até Burbank para minha reunião com o conselho. No último minuto, para evitar que minha energia acabasse durante a entrevista, devorei uma barra de proteína pouco antes de entrar pela porta. Nas duas horas seguintes, meu estômago roncou alto e fiquei preocupado com o fato de o conselho pensar que meu sistema gastrointestinal estava lhes dando um sinal de que eu não aguentaria a pressão.

A boa notícia era que aquela era a minha primeira oportunidade de apresentar o meu plano. Expus os três princípios básicos e, em seguida, fiz diversas perguntas sobre o baixo moral na empresa. "Ainda há uma tremenda paixão pela marca", falei. "Mas meu objetivo é fazer com que a Disney seja a empresa mais admirada do mundo, por nossos consumidores, acionistas e funcionários. Esses últimos são fundamentais. Nunca seremos admirados nem conquistaremos o público a menos que primeiro sejamos admirados por nosso próprio pessoal. E a maneira de fazer com que as pessoas que trabalham para nós admirem a empresa e acreditem no futuro é criando produtos dos quais se orgulhem. É simples assim."

Também mencionei outra questão mais prática em relação ao moral. Ao longo dos anos, nos tornamos uma empresa na qual quase todas as decisões não criativas eram tomadas pelo grupo central de supervisão, a divisão de Planejamento Estratégico, que mencionei antes. O Planejamento Estratégico era composto por cerca de 65 analistas com MBAs nas melhores faculdades de administração do país. Eles ocupavam o quarto andar de nossa sede e, à medida que a empresa se expandia, Michael dependia cada vez mais deles para analisar todas as nossas decisões e ditar as estratégias de nossos muitos negócios.

Em diversos aspectos, aquilo fazia sentido. Eles eram muito bons no que faziam, mas isso criava dois problemas. Um deles era algo que já mencionei: a tomada de decisão centralizada tinha um efeito desmoralizador entre os líderes seniores de nossos negócios, os quais sentiam que o poder de administrar as suas divisões era de fato do Planejamento Estratégico. A outra era que os seus processos de tomada de decisão excessivamente analíticos podiam ser meticulosos e lentos demais. "O mundo está se movendo muito mais rápido do que há alguns anos", falei para o conselho. "E a velocidade com que as coisas estão acontecendo só vai aumentar. Nossa tomada de decisão deve ser mais direta e rápida, e preciso explorar maneiras de fazer isso."

Presumi que, caso os líderes de nossas divisões se sentissem mais envolvidos na tomada de decisões, isso teria um efeito positivo e em cascata no moral da empresa. Naquela época, eu não fazia ideia de quão dramático e imediato seria esse efeito.

O processo de seis meses que se seguiu à entrevista inicial com o conselho me testou mais do que qualquer outra coisa em minha carreira. Nunca fui tão desafiado intelectualmente — ao menos em termos de inteligência profissional —, nunca pensei com tanta intensidade sobre como nossa empresa funcionava e o que precisava ser corrigido, nunca processei tanta informação em tão pouco tempo. Eu estava fazendo tudo isso além das exigências diárias de ajudar a administrar a empresa (Michael estava lá, mas, compreensivelmente, sua atenção muitas vezes estava em outro lugar), e aqueles dias longos e estressantes começaram a me desgastar.

No fundo, a tensão não foi devido à carga de trabalho. Sempre me orgulhei de minha capacidade e de minha vontade de me esforçar mais do que qualquer outra pessoa. Para mim, o teste mais difícil foi administrar o escrutínio público e as opiniões, expressas abertamente, de que eu não deveria ser o próximo CEO. A sucessão da Disney era um assunto importante da economia, e as notícias a esse respeito — O que o conselho tinha em mente? Quem estava no páreo? A empresa poderia ser consertada? — eram implacáveis. O consenso entre analistas de negócios e comentaristas refletia amplamente as opiniões daqueles membros do conselho que se opunham a mim: a Disney precisava de sangue novo, uma perspectiva nova. Escolher Iger representaria uma gigantesca repetição de Michael Eisner.

Mas não era só a imprensa. No início do processo, encontrei-me com Jeffrey Katzenberg para tomarmos café da manhã perto dos estúdios da Disney em Burbank. "Você precisa pedir demissão", sugeriu Jeffrey. "Você não vai conseguir esse cargo. Sua reputação está maculada." Eu sabia que me diferenciar de Michael seria difícil, mas até aquele momento não imaginava que o mundo exterior me visse como alguém com a reputação manchada. Jeffrey sentiu necessidade de me dissuadir daquela ideia. Não havia como me separar da bagunça dos últimos anos, disse ele. "Você deveria fazer algum trabalho *pro bono* para reabilitar sua imagem."

Reabilitar minha imagem? Prestei atenção ao que ele dizia e tentei manter a calma, mas fiquei atordoado e aborrecido com a certeza que Jeffrey tinha de que eu estava acabado. Ainda assim, parte de mim se perguntava se ele não teria razão. Talvez eu não tivesse entendido por completo o que todos os outros ao meu redor conseguiam ver com nitidez: que não havia como eu conseguir aquele cargo. Ou talvez isso tudo fosse apenas a Kremlinologia de Hollywood e a maior tarefa diante de mim fosse continuar fazendo o melhor trabalho possível e ignorando todas as distrações que eu não podia controlar.

É muito fácil se envolver em boatos, se preocupar com a opinião de alguém a seu respeito, com o que alguém pode dizer ou escrever sobre você. É fácil assumir uma postura defensiva e mesquinha e desejar partir para o ataque ao sentir que está sendo injustiçado. Eu não achava que *merecia* aquele cargo; não achava que tinha direito a ele, mas acreditava que era a pessoa certa para assumi-lo. Uma das provas disso era eu permanecer firme diante de tantas dúvidas expressas publicamente. Ainda me lembro de uma manchete do *Orlando Sentinel*, que dizia "Herdeiro de Eisner indefinido". Muitos outros expressaram sentimentos semelhantes e, durante algum tempo, pareceu que todo dia alguém escrevia ou falava que seria uma irresponsabilidade da parte do conselho me nomear CEO. Stanley Gold foi citado em outra publicação dizendo que eu era "um cavalheiro e um executivo dedicado, mas que a maior parte do conselho da Disney tinha perguntas em aberto sobre se [eu] deveria ser o sucessor de Michael". Aquilo tinha um tom sinistro. Outro membro do conselho, Gary Wilson, não apenas achava que eu não deveria ocupar o cargo, como estava certo de que poderia promover a si mesmo me provocando e tentando me humilhar durante as reuniões. Eu precisava me lembrar constantemente de que Gary Wilson não era problema meu. Por mais que aquele processo fosse um teste das minhas ideias, era também um teste do meu temperamento, e eu não podia deixar que a negatividade manifesta de pessoas que pouco me conheciam afetasse a maneira como eu me sentia em relação a mim mesmo.

Ao fim do processo, eu seria entrevistado quinze vezes: a primeira entrevista com todos os membros do conselho; depois entrevistas individuais com cada um deles; em seguida, entrevistas de acompanhamento com todos os membros do conselho que as solicitassem; então, uma das experiências mais insultuosas de minha carreira, uma entrevista com um *headhunter* chamado Gerry Roche, que dirigia uma famosa empresa de pesquisa chamada Heidrick and Struggles.

Gerry fora contratado pelo conselho para me "avaliar" em relação aos candidatos externos e ajudar o conselho a considerar candidatos que eles não conheciam. Ao saber disso, reclamei com George Mitchell que aquilo era ofensivo e que eu já respondera a tudo que poderia ser perguntado. "Apenas faça", disse George. "O conselho quer verificar cada detalhe."

Então, peguei um avião rumo a Nova York para um almoço no escritório de Gerry. Sentamos em uma sala de reuniões com apenas água na mesa. Gerry possuía um exemplar do livro recém-publicado *DisneyWar*, de James Stewart, que investigava — e, em vários casos, relatava incorretamente — os anos de Michael como CEO e os meus como diretor de operações. O livro tinha post-its em várias páginas para marcar as passagens com as quais ele pretendia me desafiar. Gerry folheou o livro e me fez uma série de perguntas que pouco ou nada tinham a ver comigo. Com trinta minutos de entrevista, um assistente entrou na sala com um único saco de lanche, para Gerry, e disse que o jato particular que o levaria a um casamento na Flórida partiria em breve, e que ele tinha de ir ou perderia o voo. Com isso, Gerry se levantou e saiu. Não comi e saí da entrevista enfurecido com a perda de tempo e a falta de respeito.

Houve apenas uma vez que o estresse e a frustração realmente me atingiram. Era janeiro de 2005, vários meses desde o início do processo, e levei meu filho de seis anos, Max, a um jogo dos Los Angeles Clippers no Staples Center. No meio do jogo, minha pele começou a ficar úmida. Senti um aperto no peito e falta de ar. Meus pais sofreram ataques cardíacos aos cinquenta anos. Eu tinha 54 e conhecia os sintomas. Na verdade, sempre vivi com medo de ter um infarto. Parte de mim tinha certeza de que era isso e outra estava certa de que não poderia ser. Eu me alimentava bem, me exercitava sete dias por semana, fazia exames com regularidade. Não podia estar sofrendo um ataque cardíaco, podia? Pensei em chamar a emergência durante o jogo, mas não queria assustar Max.

Em vez disso, disse a ele que estava enjoado e voltamos para casa. Naquela tarde, caiu uma tempestade em Los Angeles e eu mal conseguia enxergar a estrada. Dentro do peito, parecia que um punho apertava meu coração. Eu sabia que era loucura estar ao volante com meu filho sentado no banco de trás e temia ter cometido um erro terrível. No momento, porém, eu só conseguia pensar que precisava chegar em casa. Estacionei em nossa garagem, Max saiu do carro e liguei imediatamente para meu clínico-geral, Dennis Evangelatos. Então, telefonei para um amigo que veio me buscar e me levou até a casa de Dennis. Meu médico me conhecia bem e estava ciente do estresse que eu vinha sofrendo. Ele verificou meus sinais vitais, depois me olhou nos olhos e disse: "Você está tendo um clássico ataque de ansiedade, Bob. Precisa descansar um pouco."

Foi um alívio, mas também uma preocupação. Eu sempre pensara em mim como alguém impermeável ao estresse, alguém capaz de manter a concentração e a calma em situações tensas. A tensão daquele processo cobrava um preço mais alto do que eu admitia para mim, para minha família e meus amigos, e um preço mais alto do que o devido. Saí da casa de Dennis, voltei para a minha e demorei um pouco até conseguir colocar tudo em perspectiva. Era um grande cargo e um grande título, mas não era a minha vida. Minha vida era com Willow e os meus meninos, com minhas meninas em Nova York, com meus pais, minha irmã e meus amigos. Toda essa tensão era basicamente devido a um cargo, e prometi a mim mesmo tentar manter isso em mente.

A única vez que perdi a paciência diante do conselho foi em minha última entrevista com eles. Após meses de entrevistas e apresentações, eles convocaram mais uma reunião, dessa vez em um domingo à noite em uma sala de reuniões de um hotel em Pasadena. Ao chegar, soube que tinham passado a tarde na casa de um dos membros do conselho entrevistando Meg Whitman, CEO do eBay, que era a outra principal concorrente naquele momento. (Os outros quatro haviam desistido ou sido eliminados.) Àquela altura, eu já passara por todo o processo. Não podia acreditar que havia algo que eles não soubessem, alguma pergunta que ainda não tivesse sido respondida diversas vezes. Eu queria que aquilo terminasse. A empresa, que vinha enfrentando um futuro incerto havia seis meses — mais tempo ainda se fossem acrescentados os meses de incerteza quanto ao futuro de Michael —, era quem mais precisava que aquilo terminasse. Alguns membros do conselho não entendiam isso, e minha paciência chegara ao limite.

Ao fim daquela última entrevista, Gary Wilson, membro do conselho que me instigara a menosprezar Michael durante todo o processo, me perguntou mais uma vez:

"Diga-nos por que devemos acreditar que você é diferente. O que acha que Michael fez de errado? O que você faria de diferente?"

Isso atingiu um nervo e eu o contestei diante do resto do conselho.

"Você já fez essas mesmas perguntas em três ocasiões anteriores", falei, esforçando-me para não gritar. "Acho isso ofensivo e não vou responder."

Todos na sala ficaram em silêncio e a entrevista chegou a um fim abrupto. Levantei-me e saí sem olhar nenhum deles nos olhos. Não apertei a mão de ninguém. Não agradeci pelo seu tempo. Eu havia sido reprovado em meu teste autoimposto de resistir com paciência e respeito a qualquer coisa que eles jogassem contra mim. Naquela noite, George Mitchell e outro membro do conselho, Aylwin Lewis, ligaram para a minha casa. "Provavelmente você não causou nenhum dano irreparável a si mesmo", disse George, "mas também não fez nenhum bem." Aylwin foi mais severo: "Não era hora de deixar todo mundo ver você perder a paciência, Bob."

Eu não estava feliz por ter feito aquilo, mas era humano. De qualquer modo, não podia voltar atrás àquela altura e senti que minha raiva era justificada. Ao fim de minha conversa com George, falei: "Por favor, apenas tomem uma decisão. Está na hora. A empresa está sofrendo por causa de tudo isso."

Hoje, quando penso nesse momento, eu o vejo como uma difícil lição sobre a importância da tenacidade e da perseverança, mas também sobre a necessidade de evitar se sentir ansioso e com raiva em relação a coisas que você não pode controlar. É de extrema importância evitar que os golpes contra o seu ego, por mais reais que sejam, ocupem muito espaço em sua mente e consumam muita energia. É fácil ser otimista quando todos dizem que você é ótimo. É bem mais difícil e muito mais necessário quando seu senso sobre si mesmo está sendo desafiado, e de maneira tão pública.

O processo de sucessão foi a primeira vez em minha carreira em que precisei enfrentar diretamente esse nível de ansiedade. Era impossível filtrar por completo os comentários a meu respeito ou não me magoar com conversas públicas sobre como eu era inadequado para o cargo. Contudo, com forte autodisciplina e o amor da minha família, aprendi que precisava reconhecer aquilo pelo que de fato era — que não tinha influência sobre quem quer que eu fosse — e colocar as coisas em seu devido lugar. Eu podia controlar o que fazia e como me comportava. Tudo o mais estava além do meu controle. Não mantive essa atitude o tempo todo, mas, enquanto consegui mantê-la, fui capaz de impedir que a ansiedade prevalecesse.

EM UM SÁBADO de março de 2005, o conselho se reuniu para tomar a decisão. A maioria dos membros compareceu à reunião. Michael e George Mitchell estavam juntos em uma sala de reuniões da ABC, em Nova York.

Acordei naquela manhã achando que talvez tivesse convencido um número suficiente de membros "indecisos" do conselho a me darem o cargo, mas, quando pensei em todo o drama e escrutínio que cercou o processo, parecia possível que eles seguissem por outro caminho, que alguns céticos defenderiam vigorosamente uma mudança de narrativa e nomeariam alguém de fora.

Passei o dia com meus dois meninos, tentando me distrair. Max e eu jogamos bola, fomos almoçar e passamos uma hora em seu parque favorito no bairro. Eu disse a Willow que, caso chegassem más notícias, pegaria o carro e faria a viagem pelo país todo, o que havia muito sonhava fazer. Uma viagem solitária pelos Estados Unidos pareceria o paraíso para mim.

Assim que a reunião terminou, George Mitchell e Michael ligaram para a minha casa. Willow estava comigo no escritório que compartilhamos. O cargo de CEO era meu, disseram; seria anunciado no dia seguinte. Fiquei feliz por Michael ter participado da ligação. Eu sabia que devia estar sendo doloroso para ele. Michael se dedicara àquele trabalho e não estava pronto para abandoná-lo, mas, se tivesse que ser sucedido por alguém, acredito que estivesse feliz por essa pessoa ser eu.

Fiquei grato a George pela maneira como ele me tratou durante todo o processo. Não fosse por ele, acho que não teria recebido a aprovação do restante do conselho.

Fiquei agradecido principalmente a Willow. Eu não poderia ter feito aquilo sem a sua fé, sua sabedoria e seu apoio. Ela torcia por mim o tempo todo, é claro, mas vivia me dizendo que aquilo não era a coisa mais importante da minha vida, da nossa vida. Eu sabia que ela estava certa, mas levar suas palavras a sério também deu trabalho, e ela me ajudou nisso. Quando a ligação terminou, Willow e eu nos sentamos em silêncio por um instante, tentando saborear tudo aquilo. Eu tinha uma lista mental das pessoas para quem queria ligar na mesma hora e lutava contra o desejo de começar a fazer isso. Em vez disso, tentei ficar imóvel e respirar um pouco para assimilar tanto a alegria quanto o alívio.

Finalmente, liguei para meus pais em Long Island. Eles ficaram orgulhosos, embora um tanto incrédulos, ao saberem que seu filho administraria a empresa fundada por Walt Disney. Então liguei para minhas filhas em Nova York e meus antigos chefes da Capital Cities, Dan Burke e Tom Murphy. Em seguida, liguei para Steve Jobs. Era uma ligação estranha, mas me pareceu importante entrar em contato com ele caso algum dia ainda pudesse haver a possibilidade de salvarmos o relacionamento com a Pixar.

Naquela época, eu mal conhecia Steve, mas queria que ele soubesse que eu seria anunciado como o próximo CEO da empresa no dia seguinte. A resposta dele basicamente foi: "Certo, bem, bom para você." Eu disse que adoraria encontrá-lo para tentar convencê-lo de que poderíamos trabalhar juntos, que as coisas poderiam ser diferentes. Ele respondeu como o Steve de sempre:

"Há quanto tempo você trabalha para Michael?"

"Dez anos."

"Hum", disse ele. "Bem, não vejo como as coisas poderão ser diferentes, mas, claro, quando a poeira baixar, entre em contato."

PARTE 2

LIDERANDO

CAPÍTULO 8

O PODER DO RESPEITO

HOUVE UM PERÍODO de espera de seis meses entre a minha nomeação e a saída de Michael da Disney. Eu tinha muito em que me concentrar para administrar o dia a dia da empresa, mas estava ansioso para descansar e passar algum tempo organizando os pensamentos após o longo processo de sucessão. Imaginei que o relógio de meus "primeiros cem dias" começaria a rodar quando Michael fosse embora, e até lá eu poderia passar despercebido e seguir com meus planos de maneira paciente e metódica.

Eu não poderia estar mais enganado. Logo após o anúncio, todos — a imprensa, a comunidade de investimentos, o resto da indústria, os funcionários da Disney — faziam a mesma pergunta: qual é a sua estratégia para consertar a empresa e com que rapidez você é capaz de implementá-la? Devido à sua história, e por Michael tê-la transformado de maneira tão dramática, a Disney sempre fora uma das empresas mais visadas do mundo. As disputas públicas que enfrentamos nos últimos anos só aumentaram as intrigas sobre quem eu era e o que faria. Havia muitos céticos que ainda me viam como um CEO temporário, um remendo de curto prazo até que o conselho pudesse encontrar uma estrela que viesse de fora. A curiosidade era grande e as expectativas eram baixas, e logo percebi que precisava definir a nossa direção e realizar algumas coisas importantes antes de meu mandato começar oficialmente.

Na primeira semana de meu período de CEO em espera, chamei meus conselheiros mais próximos — Tom Staggs, que agora era diretor financeiro; Alan Braverman, nosso consultor-geral; e Zenia Mucha, nossa chefe de comunicações — ao meu escritório e enumerei uma lista das coisas mais cruciais a serem realizadas nos seis meses seguintes. "Primeiro, precisamos tentar fazer as pazes com Roy", falei. Em certa medida, Roy Disney se sentiu vingado pelo fato de Michael ter sido forçado a sair, mas ainda estava furioso com o conselho por não terem agido antes e criticou a decisão deles de me darem o cargo, em especial depois de eu ter me manifestado publicamente em defesa de Michael. Àquela altura, eu não acreditava que havia muito que Roy pudesse fazer para me prejudicar, mas achava importante para a imagem da empresa não manter uma batalha constante com um membro da família Disney.

"Segundo, temos que tentar resgatar o relacionamento com a Pixar e o Steve Jobs." Do ponto de vista financeiro e de relações públicas, o fim da parceria com a Pixar foi um golpe duro para a Disney. Steve era uma das pessoas mais respeitadas do mundo naquele momento — em tecnologia, negócios e cultura —, então a rejeição e as críticas ofensivas que ele dirigia à Disney ganhavam tanta repercussão que qualquer reparo nessa relação seria visto como uma primeira vitória muito importante. Além disso, agora era a Pixar quem ditava os padrões da animação e, embora eu ainda não tivesse uma ideia completa de como a Disney Animation estava quebrada, sabia que qualquer parceria renovada seria benéfica para os negócios. Também estava ciente de que havia poucas chances de alguém tão teimoso quanto Steve estar aberto a alguma coisa. Mas eu precisava tentar.

Por fim, eu tinha que dar início ao processo de mudar a maneira como tomávamos as decisões, o que significava reestruturar o Planejamento Estratégico, mudar seu tamanho, sua influência e sua missão. Se as duas primeiras prioridades basicamente diziam respeito a como o público nos percebia, essa tratava de transformar a percepção interna da empresa. Levaria tempo, e sem dúvida haveria raiva e resistência por parte do setor, mas precisávamos começar a reconfigurar o sistema e devolver a responsabilidade estratégica às divisões quanto antes. Eu esperava que, se pudéssemos reduzir o controle que o Planejamento Estratégico tinha sobre todos os nossos segmentos, começaríamos aos poucos a restaurar o moral da empresa.

Em primeiro lugar, porém, vinha a reaproximação com Roy Disney. No entanto, antes mesmo que eu pudesse chegar a ele, as esperanças de paz desmoronaram. Alguns dias depois do anúncio de minha promoção, Roy e Stanley Gold processaram o conselho pelo que chamaram de "processo de sucessão fraudulenta". Era uma acusação absurda — alegavam que houvera armação e que já estava combinado que o cargo seria meu —, mas mesmo assim seria um grande transtorno. Eu nem tinha começado a trabalhar e já enfrentava minha primeira crise: uma feia ação pública quanto à minha legitimidade como CEO.

Decidi ligar para Stanley por conta própria, não por intermédio de um advogado, para ver se ele estaria disposto a conversar. Até ele e Roy renunciarem no último trimestre de 2003, Stanley e eu tínhamos servido juntos no conselho. Nesses poucos anos, ficou óbvio para mim que ele não me respeitava, mas pensei que ao menos estaria disposto a me ouvir. Ele era menos emocional e mais prático do que Roy, e eu suspeitava que seria capaz de fazê-lo ver que uma longa batalha judicial com a Disney não era do interesse de ninguém. Ele concordou em conversar e nos encontramos no country club do qual ele era sócio, não muito longe dos estúdios da Disney.

Comecei descrevendo a Stanley o desafio que acabara de enfrentar: as muitas entrevistas, a empresa de avaliação externa, os inúmeros candidatos que o conselho considerara, os seis meses de incessante escrutínio público. "Foi um processo completo", falei. "Eles demoraram muito tempo para tomar uma decisão." Eu queria que Stanley entendesse claramente que o processo movido por ele não tinha mérito e provavelmente não teria sucesso.

Ele insistiu em todos os argumentos antigos, repetindo mais uma vez a litania de críticas dele e de Roy contra Michael e a maneira como a empresa fora administrada nos últimos anos. Em vez de contestá-lo, terminei de ouvi-lo e reiterei que tudo aquilo era passado e que o processo do conselho era legítimo. Conforme a conversa avançava, Stanley tornou-se menos crítico. Ele sugeriu que grande parte dessa animosidade se devia ao fato de Roy ter ficado magoado, embora tenha renunciado preventivamente em protesto, por Michael ter invocado sua idade obrigatória de aposentadoria para tirá-lo do conselho, o que foi desrespeitoso. O relacionamento de Roy com o lugar que ele considerava sua casa fora rompido, observou Stanley. Roy culpava o conselho por não tê-lo ouvido quando ele lançou a campanha para derrubar Michael. Eles acabaram se livrando dele, mas Roy achava que tinha pagado um preço injusto por tudo aquilo.

No fim de nossa conversa, Stanley disse: "Se você conseguir alguma maneira de trazer Roy de volta, desistiremos da ação." Eu não esperava que ele dissesse isso em voz alta, mas saí da reunião e imediatamente liguei para George Mitchell. Ele também estava ansioso para encerrar aquele capítulo e me implorou para descobrir uma maneira de resolver a situação. Voltei a ligar para Stanley e disse que precisava falar diretamente com Roy. Eu não tinha esperanças, mas estava certo de que o único caminho a seguir era passar tudo a limpo cara a cara.

Roy e eu nos encontramos no mesmo country club. Foi uma conversa franca e não muito agradável. Eu disse a ele que estava bem ciente de seu desprezo por mim, mas pedi que aceitasse a realidade de que eu fora indicado como CEO e que o processo não fora fraudulento. "Roy", falei, "se eu falhar, a fila de pessoas exigindo minha cabeça incluirá muito mais gente do que apenas você e Stanley."

Ele deixou claro que continuaria em guerra com a empresa com prazer caso achasse que não estávamos indo na direção certa, mas também demonstrou um lado vulnerável que eu nunca tinha visto. Ser alienado da empresa fora doloroso para ele, e a constante disputa parecia tê-lo desgastado. Roy envelhecera consideravelmente nos dois anos seguintes após sua saída do conselho e me pareceu carente e frágil de uma maneira que ele não era no passado. Fiquei me perguntando se tudo isso não fazia parte de alguma luta psíquica maior. Na verdade, não era apenas Michael que tinha problemas com Roy; afora Stanley, poucas pessoas na Disney lhe dedicavam o respeito que ele sentia merecer, inclusive seu tio Walt, havia muito falecido. Eu nunca tivera uma verdadeira ligação com Roy, mas agora detectava vulnerabilidade nele. Não havia nada a ganhar fazendo-o se sentir menor ou insultado. Ele era apenas alguém buscando respeito, e conseguir isso nunca fora muito fácil. Era extremamente pessoal, envolvia muito orgulho e ego, e se tratava de uma batalha que ele vinha travando havia décadas.

Quando vi Roy por essa perspectiva, comecei a pensar que talvez houvesse uma maneira de apaziguá-lo e acabar com essa briga. Contudo, o que quer que eu fizesse, queria impedir que ele se aproximasse demais de mim ou da empresa, com medo de que ele inevitavelmente tentasse iniciar uma rebelião interna. Também não podia concordar com nada que fosse visto como desrespeitoso a Michael ou que parecesse uma validação das críticas de Roy contra ele, de modo que era necessário um equilíbrio delicado. Liguei para Michael, expliquei a minha situação e pedi seu conselho. Ele não ficou feliz em saber que eu estava oferecendo um acordo de paz para Roy, mas reconheceu que fazer as pazes com ele era importante. "Confio em você para fazer a coisa certa", disse ele. "Mas não o deixe se envolver demais."

Voltei a entrar em contato com Stanley e propus o seguinte: eu daria a Roy um papel emérito no conselho e o convidaria para estreias de filmes, inaugurações de parques temáticos e eventos especiais da empresa. (Contudo, ele não participaria das reuniões do conselho.) Também lhe pagaria uma pequena remuneração de consultoria e lhe daria um escritório na empresa para que ele pudesse ir e vir e chamar a Disney de lar outra vez. Em troca, não haveria ação judicial, nenhuma declaração pública de vitória e nenhuma crítica pública. Fiquei surpreso quando Stanley disse que deveríamos elaborar um contrato a ser assinado em 24 horas.

Assim, uma crise que ameaçava surgir em meus primeiros dias como CEO foi resolvida. Algumas partes veriam o fato de fazermos as pazes com Roy e Stanley como uma espécie de capitulação, mas eu sabia qual era a verdade, e aquilo era muito mais valioso do que qualquer percepção.

O drama com Roy reforçou algo que tende a não receber suficiente atenção quando as pessoas falam sobre serem bem-sucedidas nos negócios: não deixe seu ego interferir na tomada da melhor decisão possível. Fiquei ofendido quando Roy e Stanley processaram o conselho por terem me escolhido como CEO e sem dúvida poderia ter lutado contra eles e vencido, mas tudo isso teria um enorme custo para a empresa e seria uma distração gigantesca daquilo que realmente importava. Meu trabalho era colocar a Disney em um novo rumo, e o primeiro passo seria neutralizar aquela briga desnecessária. A maneira mais fácil e produtiva de fazer isso era reconhecer que, em última análise, Roy precisava se sentir respeitado. Isso tinha muito valor para ele e custou muito pouco para mim e para a empresa.

Um pouco de respeito faz milagres, e sua ausência costuma sair muito cara. Nos anos seguintes, ao fazermos as principais aquisições que redefiniram e revitalizaram a companhia, essa ideia simples e aparentemente banal foi tão importante quanto todo o processamento de dados do mundo: se você abordar e envolver as pessoas com respeito e empatia, aquilo que parece impossível pode se tornar real.

DEPOIS QUE O ACORDO de paz com Roy foi selado, minha próxima tarefa seria descobrir se havia alguma chance de recuperar o relacionamento da Disney com Steve Jobs e a Pixar. Dois meses depois de ligar para Steve e dizer que eu fora nomeado CEO, voltei a entrar em contato. Meu objetivo final era de algum modo consertar as coisas com a Pixar, mas não podia pedir isso logo de início. A animosidade de Steve em relação à Disney já estava profundamente enraizada. O conflito entre ele e Michael fora um confronto entre duas pessoas de personalidade forte cujas empresas seguiam em direções diferentes. Quando Michael criticou a indústria de tecnologia por esta não respeitar o conteúdo o suficiente, Steve se sentiu insultado. Quando Steve sugeriu que a Disney estava criativamente falida, Michael se sentiu insultado. Michael fora um executivo criativo a vida inteira. Steve acreditava que estava certo, já que dirigia a Pixar, o estúdio de animação em ascensão. Quando a Disney Animation começou a decair ainda mais, Steve se tornou mais arrogante com Michael, porque achava que precisávamos ainda mais dele, e Michael odiava estar em desvantagem em relação a Steve.

Eu nada tive a ver com isso, mas não importava. Pedir que Steve simplesmente mudasse de ideia depois de ter encerrado a parceria e trucidado a Disney diante do público seria algo muito simples para ele. Não podia ser assim tão fácil.

Contudo, eu tinha uma ideia não relacionada à Pixar que considerei interessante para ele. Contei-lhe que gostava muito de música e que tinha todas as minhas armazenadas em meu iPod, que usava sempre. Eu vinha pensando sobre o futuro da televisão e me ocorreu que era apenas questão de tempo até termos acesso a programas de televisão e filmes em nossos computadores. Eu não sabia quão rápido a tecnologia móvel evoluiria (o iPhone ainda levaria dois anos para surgir), então o que eu imaginava era uma plataforma do iTunes para a televisão. "Imagine ter acesso a toda a história da televisão no seu computador", falei. Se você quisesse assistir ao episódio da semana anterior de *Lost*, ou algo da primeira temporada de *I Love Lucy*, estaria ali. "Imagine poder assistir a *Além da Imaginação* sempre que quiser!" Aquilo estava a caminho, eu tinha certeza, e queria que a Disney estivesse na crista da onda. Eu achava que a melhor maneira de fazer isso seria convencendo Steve da inevitabilidade dessa ideia, a "iTV", como a descrevi.

Steve ficou em silêncio por um tempo antes de dizer: "Voltaremos a falar sobre isso no futuro. Estou trabalhando em algo que quero lhe mostrar."

Algumas semanas depois, ele voou para Burbank e veio até o meu escritório. A ideia que Steve fazia de uma conversa casual era olhar pela janela, fazer um breve comentário sobre o clima e começar logo a falar sobre os negócios em questão, exatamente o que ele fez naquela manhã. "Você não pode contar a ninguém sobre isso", falou. "Mas o que você está falando a respeito de programas de televisão... é exatamente o que estamos imaginando." Devagar, ele retirou um dispositivo do bolso. À primeira vista, parecia o iPod que eu usava.

"Este é o nosso novo iPod de vídeo", explicou. Tinha uma tela do tamanho de dois selos postais, mas ele falava como se aquilo fosse uma sala de cinema IMAX. "Isso permitirá que as pessoas não apenas ouçam música, como também assistam a vídeos em nossos iPods", disse ele. "Se lançarmos este produto no mercado, você colocaria seus programas de televisão nele?"

Concordei na hora.

Toda demonstração de produto de Steve era poderosa, mas essa foi uma demonstração pessoal. Dava para sentir seu entusiasmo enquanto eu examinava o dispositivo, e eu tinha uma profunda sensação de estar segurando o futuro nas mãos. Poderia haver complicações para colocarmos nossos programas em sua plataforma, mas no momento eu sabia por instinto que aquela era a decisão certa.

Steve reagia bem à ousadia, e eu queria sinalizar que poderia haver uma maneira diferente de ele fazer negócios com a Disney dali em diante. Entre as suas muitas frustrações, havia a sensação de que era muito difícil fazer qualquer coisa conosco. Todo contrato precisava ser avaliado e analisado nos mínimos detalhes, e não era assim que ele trabalhava. Eu queria fazê-lo entender que eu também não trabalhava assim, que tinha poder de tomar a iniciativa e que estava ansioso para descobrirmos esse futuro juntos, e rápido. Achei que, se ele respeitasse minha intuição e minha disposição de assumir aquele risco, então talvez, apenas talvez, a porta da Pixar pudesse voltar a se abrir.

Então voltei a dizer a ele que, sim, estávamos dentro.

"Tudo bem", respondeu ele. "Volto a procurar você quando houver mais a discutir."

Naquele outubro, cinco meses após nossa primeira conversa (e duas semanas depois de eu oficialmente me tornar CEO), Steve e eu subimos juntos ao palco no lançamento da Apple e anunciamos que cinco programas da Disney — incluindo três dos mais populares da televisão, *Desperate Hou-*

sewives, *Lost* e *Grey's Anatomy* — agora estariam disponíveis para download no iTunes e para consumo no novo iPod com o player de vídeo.

Essencialmente, intermediei o acordo, com a assistência de Anne Sweeney, que dirigia a ABC. A facilidade e a velocidade com que conseguimos deixá-lo pronto, combinado com o fato de que aquilo demonstrava admiração pela Apple e por seus produtos, surpreenderam Steve. Ele me disse que nunca conheceu alguém no ramo de entretenimento que estivesse disposto a tentar algo que pudesse desestruturar o modelo de negócios da própria empresa.

Quando entrei no palco naquele dia para anunciar nossa parceria com a Apple, a plateia a princípio ficou confusa, pensando: *Por que o novo cara da Disney está ali com Steve? Só pode ser por um motivo.* Eu não tinha roteiro, mas a primeira coisa que falei foi: "Sei o que vocês estão pensando, mas não estou aqui para isso!" Houve risos e lamentos. Ninguém mais do que eu desejava fazer aquele anúncio.

EM MARÇO DE 2005, alguns dias depois de assumir o cargo, surgiu em minha agenda uma reunião sobre o preço dos ingressos no parque temático que em breve abriríamos em Hong Kong. A solicitação viera do escritório de Peter Murphy, chefe do Planejamento Estratégico. Liguei para a pessoa que administrava a divisão de Parques e Resorts na época e perguntei quem convocara a reunião.

"Foi Peter", disse ele.

"Peter está convocando uma reunião sobre o preço dos ingressos em Hong Kong?"

"Sim."

Liguei para Peter e perguntei por quê.

"Precisamos nos certificar de que estejam fazendo a coisa certa", respondeu.

"Se eles não sabem calcular o preço dos ingressos, não merecem os seus empregos", falei. "Mas, se acreditamos que merecem, então eles devem ser responsáveis por isso."

Cancelei a reunião e, embora não tenha sido um momento extremamente dramático, foi o começo do fim do Planejamento Estratégico tal qual o conhecíamos.

Peter tem uma mente brilhante e uma ética de trabalho quase inigualável, e, como mencionei, Michael passou a depender quase que exclusivamente dele à medida que a empresa crescia. Peter consolidou e protegeu seu poder crescente. Sua habilidade e seu intelecto muitas vezes o levavam a desdenhar de outros líderes seniores e, como resultado, ele era temido e detestado por muitos deles. Era uma dinâmica tensa e cada vez mais disfuncional.

Pelo que eu sabia, nem sempre tinha sido assim. Em meados dos anos 1980, quando Michael e Frank Wells começaram a administrar a empresa, eles criaram o Planejamento Estratégico para ajudá-los a identificar e analisar uma série de novas oportunidades de negócios. Após a morte de Frank, em 1994, e a aquisição da Cap Cities/ABC, em 1995, Michael precisou de ajuda para gerenciar a empresa recém-expandida. Na ausência de um braço direito, ele se apoiou muito na divisão de Planejamento Estratégico para ajudá-lo a tomar decisões e dirigir os diversos negócios da Disney. Eu reconhecia o valor de suas contribuições, mas também percebia que estavam ficando grandes e poderosos demais a cada ano e que, quanto mais influência exerciam, menos empoderadas ficavam as pessoas que dirigiam nossos setores individuais. Quando Michael me nomeou diretor de operações, havia cerca de 65 pessoas na área, que tomavam quase todas as decisões cruciais de negócios da empresa inteira.

Todos os nossos líderes empresariais seniores sabiam que as decisões estratégicas das divisões que administravam — Parques e Resorts, produtos de consumo, Walt Disney Studios e assim por diante — não eram realmente deles. O poder estava concentrado naquela única entidade em Burbank, e Peter e seu pessoal eram vistos mais como uma força policial interna do que como parceiros de nossas divisões.

Em muitos aspectos, Peter era um futurista. Ele achava que nossos líderes empresariais eram gerentes da velha guarda cujas ideias, na melhor das hipóteses, eram variações do mesmo tema. Ele não estava errado quanto a isso. Naquele momento, havia muitas pessoas na empresa que não tinham as habilidades analíticas e a atitude agressiva exemplificadas por Peter e sua equipe. Mas não se pode sair por aí deixando claro o seu desdém pelas pessoas. Você acaba forçando-as à submissão ou frustrando-as à complacência. De qualquer modo, você as priva do orgulho que sentem por seu trabalho. Com o tempo, quase todos abdicaram de suas responsabilidades em função de Peter e do Planejamento Estratégico, e Michael se sentia reconfortado pelo rigor analítico que eles representavam.

No entanto, em minha opinião, eles eram escrupulosos demais, passando todas as decisões por sua peneira excessivamente analítica. Tudo o que ganhávamos por ter esse grupo de pessoas talentosas analisando contratos para garantir que nos fossem favoráveis, muitas vezes perdíamos com o tempo que levávamos para agir. Isso não quer dizer que pesquisa e ponderação não sejam importantes. É preciso fazer o dever de casa, estar preparado. Você certamente não pode fazer uma grande aquisição sem criar os modelos necessários para ajudá-lo a decidir se determinado acordo é o certo, mas também precisa reconhecer que nunca há 100% de certeza. Não importa a quantidade de informação que você tiver, em última análise aquilo ainda é um risco, e a decisão de correr ou não esse risco se resume à própria intuição.

Peter não via nenhum problema em um sistema no qual ele e os analistas que trabalhavam para ele tomavam tantas decisões na empresa. Enquanto isso, as companhias à nossa volta se adaptavam a um mundo que mudava a uma velocidade estonteante. Precisávamos mudar, precisávamos ser mais ágeis e precisávamos fazer isso logo.

Mais ou menos uma semana depois dessa discussão sobre o preço dos ingressos em Hong Kong, chamei Peter até meu escritório e lhe disse que planejava reformular o Planejamento Estratégico. Falei que queria reduzir drasticamente o tamanho do grupo e começar a agilizar nossas tomadas de decisão, conferindo mais responsabilidade aos líderes de cada divisão. Ambos sabíamos que minha visão para o grupo não seria uma boa opção para ele, e, por isso, não fazia sentido ele continuar na empresa.

Logo após essa conversa, emiti um comunicado à imprensa dizendo que Peter estava de saída e o Planejamento Estratégico seria reformulado, e logo comecei a desmantelar o grupo. Reduzi o setor de 65 para quinze pessoas. Tom Staggs, meu diretor financeiro, teve a ideia de trazer Kevin Mayer, que já estivera no grupo e fora embora alguns anos antes, de volta à empresa a fim de administrar a equipe recém-enxuta e reaproveitada. Kevin se reportaria a Tom e ele e seu grupo se concentrariam em aquisições em potencial, com uma clara atribuição: a de que quaisquer aquisições estariam a serviço de nossas três prioridades centrais.

A reformulação do Planejamento Estratégico acabou sendo a realização mais significativa desse período de seis meses antes de eu assumir a empresa. Eu sabia que isso teria um efeito prático imediato, mas o anúncio de que eles não teriam mais tanta influência sobre todos os aspectos de nossos negócios teve um efeito poderoso e instantâneo no moral. Era como se todas as janelas se abrissem e de repente entrasse ar fresco. Como me disse na época um de nossos executivos seniores: "Se houvesse sinos de igreja nas torres de toda a Disney, eles estariam tocando agora."

CAPÍTULO 9

DISNEY-PIXAR E UM NOVO CAMINHO PARA O FUTURO

OS MESES QUE PASSEI conversando com Steve sobre colocar nossos programas de televisão em seu novo iPod começaram — lenta e timidamente — a se abrir em discussões sobre um possível novo contrato Disney-Pixar. Steve cedera, mas não muito. Ele estava disposto a conversar, mas sua versão de qualquer novo acordo ainda era muito unilateral em favor da Pixar.

Discutimos algumas vezes como seria esse contrato, mas não chegamos a lugar nenhum. Pedi a Tom Staggs que participasse das discussões e visse se conseguia algum progresso. Também trouxemos um intermediário da Goldman Sachs, Gene Sykes, em quem confiávamos e que conhecia bem Steve.

Lançamos algumas ideias diferentes para Steve por intermédio de Gene, mas o CEO da Apple continuou impassível. Não havia nada de complicado em sua resistência. Steve amava a Pixar e não se importava com a Disney, de modo que qualquer contrato que ele achasse digno de considerar teria enormes vantagens para eles e nos custaria muito caro.

Uma proposta era a de que cedêssemos à Pixar os valiosos direitos de continuação dos filmes que lançamos juntos, como *Toy Story*, *Monstros S.A.* e *Os Incríveis*, em troca de uma participação de 10% em sua empresa. Teríamos lugares no conselho, o direito de distribuir todos os novos filmes da Pixar e faríamos um grande comunicado à imprensa dizendo que a Disney e a Pixar continuariam parceiras. Mas o valor financeiro pesava muito em favor da Pixar. Eles poderiam fazer filmes e continuações originais com a marca Pixar, cujos direitos possuiriam para sempre, e nosso papel seria essencialmente o de servir como distribuidores passivos. Houve algumas outras propostas semelhantes, as quais recusei. Após cada rodada de negociações, Tom e eu nos olhávamos e nos perguntávamos se era loucura não fecharmos algum contrato com Steve, mas logo concluíamos que qualquer contrato que realizássemos precisaria ter valor de longo prazo, e apenas um anúncio não nos garantiria isso.

A realidade era que Steve tinha toda a vantagem do mundo. Na época, a Pixar se tornara a porta-estandarte da animação cinematográfica sofisticada e inventiva, e ele não parecia preocupado por se afastar de nós. Nossa única moeda de troca era que tínhamos o direito de continuação dos filmes anteriores sem a participação da Pixar, e de fato começáramos a desenvolver alguns deles dois anos antes, sob a administração de Michael, quando as negociações fracassaram. Steve sabia que lutaríamos para fazer algo realmente grande, embora, considerando o estado em que a Disney Animation estava, ele quase tenha nos desafiado a tentar.

• • •

EM 30 DE SETEMBRO DE 2005, Michael viveu seu último dia como CEO da empresa que dirigira por 21 anos. Foi um dia triste e estranho. Ele saía sem manter nenhuma ligação com a Disney: nenhum lugar no conselho, nenhum papel emérito ou de consultor. Foi tão abrupto quanto poderia ser. Ele foi gentil comigo, mas dava para sentir a tensão entre nós. Por mais difíceis que tivessem sido aqueles últimos anos, Michael não queria ir embora, e me vi sem palavras.

Reuni-me com Zenia Mucha, Tom Staggs e Alan Braverman e disse a eles que achava "melhor deixá-lo em paz", por isso mantivemos uma distância respeitosa e lhe demos a privacidade para ir embora como desejasse. A esposa de Michael, Jane, e um de seus filhos vieram almoçar, e, mais tarde, ele se foi pela última vez. Não consigo imaginar o que sentiu. Ele entrara duas décadas antes, salvara a empresa e agora ia embora sabendo que sua era terminara e o lugar que ele transformara na maior empresa de entretenimento do mundo seguiria em frente sem ele. Deve ter sido um desses momentos em que é difícil saber quem você é sem o vínculo, o título e a função que o definiam havia tanto tempo. Senti profundamente, mas sabia que havia pouco que eu pudesse fazer para tornar as coisas mais fáceis para ele.

Três dias depois, na segunda-feira, 3 de outubro, me tornei oficialmente o sexto CEO da Walt Disney Company. Pela primeira vez em minha carreira, eu responderia apenas a um conselho de diretores e, após o longo processo de sucessão e o período de espera de seis meses, estava prestes a presidir a minha primeira reunião do conselho. Antes da maioria das reuniões desse tipo, peço a todos os chefes respectivos uma atualização de seus setores, para que eu possa informar o conselho sobre o seu desempenho, assuntos importantes, desafios e oportunidades. Em minha primeira reunião, porém, havia apenas um item na lista.

Antes da reunião, pedi ao nosso chefe de estúdio, Dick Cook, e ao seu braço direito, Alan Bergman, que montassem uma apresentação sobre os últimos dez anos da Disney Animation: os filmes que lançamos, o que cada um rendeu nas bilheterias e assim por diante. Ambos ficaram preocupados.

"Vai ser feio", disse Dick.

"Os números são horríveis", acrescentou Alan. "Talvez não seja a melhor maneira de começar."

Eu disse à equipe do estúdio para não se preocupar com quão desanimadora ou incendiária fosse a apresentação. Depois, pedi a Tom Staggs e Kevin Mayer que fizessem uma pesquisa sobre como nosso público mais importante, mães com filhos menores de doze anos, viam a Disney Animation em comparação com nossos concorrentes. Kevin disse que também não teria boas notícias. "Tudo bem", respondi. "Só quero uma avaliação sincera de em que pé estamos."

Tudo isso era em prol de uma ideia radical que eu não compartilhara com ninguém exceto Tom. Uma semana antes, eu dissera para ele:

"O que você acha de comprarmos a Pixar?"

A princípio, ele pensou que eu estava brincando. Quando disse que estava falando sério, ele respondeu:

"Steve nunca a venderia para nós. E, mesmo que ele vendesse, não seria a um preço que pudéssemos bancar ou que o conselho apoiaria."

Provavelmente ele estava certo, mas eu queria apresentar o caso ao conselho de qualquer forma e, para isso, precisava de uma apresentação franca e detalhada sobre o estado atual da Disney Animation. Tom estava hesitante, em parte porque queria me proteger e em parte porque, como diretor financeiro, tinha uma responsabilidade perante o conselho e nossos acionistas, o que significava nem sempre concordar com o que o CEO tinha em mente.

· · ·

MINHA PRIMEIRA REUNIÃO do conselho como CEO foi à noite. Eu e os outros dez membros do conselho nos sentamos ao redor da longa mesa de conferências em nossa sala de reuniões. Dava para sentir a expectativa no ar. Para mim, foi uma das reuniões mais importantes de minha vida. Para eles, a primeira vez em mais de duas décadas em que ouviam um novo CEO.

O conselho passara por muita coisa na última década: a dolorosa decisão de pôr fim ao mandato de Michael, a briga em curso com Roy e Stanley, a tentativa hostil de aquisição pela Comcast, a ação dos acionistas pelo contrato de indenização de mais de 100 milhões de dólares de Michael Ovitz, uma disputa judicial com Jeffrey Katzenberg pelas condições de sua saída em 1994. A lista prosseguia. Eles foram submetidos a muitas críticas e, assim como eu, colocados no microscópio à medida que a sucessão e a transição se desenrolavam. Era um ambiente bastante carregado, porque em breve eles seriam julgados por sua decisão de me colocarem no cargo e sabiam que ainda havia muitos céticos. Alguns deles (dois ou três, embora eu nunca tenha certeza de quem) foram completamente contrários à minha nomeação até o fim. Então, entrei naquela sala sabendo que, apesar de a votação ter sido unânime, havia pessoas sentadas à mesa que não esperavam — ou não queriam — que eu ficasse ali por muito tempo.

George Mitchell deu início à reunião com um rápido e sincero comentário sobre o significado daquele momento. Ele me congratulou por ter "aguentado o processo", como disse, e depois me passou a palavra. Eu estava tão cheio de energia e inquietude e com tanto desejo de chegar logo ao cerne da questão que pulei as gentilezas e falei imediatamente: "Como todos sabem, a Disney Animation está uma verdadeira bagunça."

Eles já tinham ouvido aquilo antes, mas eu sabia que a realidade era muito pior do que qualquer um deles imaginava. Antes de apresentar os informes financeiros e a pesquisa sobre a marca que preparamos, lembrei-me de um momento poucas semanas antes, na inauguração da Hong Kong Disneyland. Foi o último grande evento que Michael presidira como CEO, e vários de nós viajamos até Hong Kong para as cerimônias de inauguração, que ocorreram em uma tarde ofuscante de 35ºC. Tom Staggs, Dick Cook e eu estávamos juntos quando o desfile de inauguração desceu a Main Street. Carros alegóricos passavam um após outro à nossa frente. Alguns transportavam personagens dos lendários filmes de Walt: *Branca de Neve*, *Cinderela*, *Peter Pan* e assim por diante. Outros traziam personagens dos grandes sucessos da primeira década de Michael: *A Pequena Sereia*, *A Bela e a Fera*, *Aladdin* e *O Rei Leão*. E havia carros alegóricos com personagens dos filmes da Pixar: *Toy Story*, *Monstros S.A.* e *Procurando Nemo*.

Voltei-me para Tom e Dick e perguntei: "Vocês notaram algo nesse desfile?" Nada chamara a atenção deles. "Quase não existem personagens da Disney dos últimos dez anos", falei.

Poderíamos passar meses analisando o que dera errado, mas estava bem ali, à nossa frente. Os filmes não eram bons, o que significava que os personagens não eram populares ou memoráveis, e isso tinha significativas implicações para nossos negócios e nossa marca. A Disney fora fundada sob uma base de criatividade, narrativa inventiva e grande animação, e muito pouco de nossos filmes recentes correspondia ao nosso passado histórico.

Terminei de descrever essa cena ao conselho e, então, desliguei as luzes. A sala ficou em silêncio quando projetamos em uma tela a lista de filmes lançados pela Disney Animation na última década: *O Corcunda de Notre Dame*, *Hércules*, *Mulan*, *Tarzan*, *Fantasia 2000*, *Dinossauro*, *A Nova Onda do Imperador*, *Atlantis: O Reino Perdido*, *Lilo & Stitch*, *Planeta do Tesouro*, *Irmão Urso* e *Nem que a Vaca Tussa*. Alguns tiveram modestos sucessos comerciais; vários foram catástrofes. Nenhum deles foi recebido com alguma exuberância crítica. Durante esse período, a

Disney Animation perdera quase 400 milhões de dólares. Gastamos mais de 1 bilhão de dólares fazendo aqueles filmes e os comercializamos de forma massiva; ainda assim tínhamos pouco a mostrar pelo investimento.

No mesmo período, a Pixar produzira um sucesso após outro, tanto do ponto de vista criativo quanto do comercial. Tecnologicamente, eles estavam fazendo coisas com animação digital que nós — a Disney! — mal experimentáramos. Mais profundamente, eles se conectavam de maneiras poderosas com pais e filhos. Depois de pintar esse quadro financeiro sombrio, pedi que Tom apresentasse os resultados de nossa pesquisa sobre a marca. Entre as mães com filhos menores de 12 anos, a Pixar eclipsava a Disney como uma marca que elas consideravam "boa para a família". Em uma comparação direta, a Pixar era muito mais amada — não chegávamos nem perto. Notei alguns membros do conselho murmurarem uns para os outros e senti alguma hostilidade começando a aparecer.

O conselho tinha noção de que a Animation estava em dificuldades e certamente sabia que a Pixar se encontrava no topo, mas a realidade nunca lhes fora apresentada de maneira tão nítida. Eles não faziam ideia de que os números eram tão ruins e nunca pensaram em pesquisar a marca. Quando terminei, alguns deles atacaram. Gary Wilson, que fora meu oponente mais fervoroso durante a procura, disse:

"Você foi diretor de operações durante cinco desses anos. Também não é responsável por isso?"

Não havia nada a ganhar ficando na defensiva.

"Em primeiro lugar, a Disney e Michael merecem muito crédito por terem estabelecido um relacionamento com a Pixar", falei. "Nem sempre foi fácil, mas grandes coisas saíram dali."

Falei que, após a aquisição da ABC, o gerenciamento da empresa se tornou mais desafiador, e a Animation recebeu menos atenção do que deveria. Esse problema fora exacerbado pela rotatividade de executivos seniores em nosso estúdio, nenhum dos quais fizera um trabalho particularmente bom administrando a divisão. Então, reiterei o que dissera diversas vezes durante o processo de sucessão: "Isso não pode dizer respeito ao passado. Não há nada que possamos fazer quanto às más decisões criativas tomadas e aos filmes decepcionantes lançados. Mas há muito que podemos fazer para mudar o futuro, e precisamos começar agora."

Destaquei para o conselho que "a situação da Disney Animation reflete a situação da empresa". Em muitos aspectos, a Disney Animation era *a* marca. Foi o combustível que alimentou muitos de nossos outros setores, incluindo produtos de consumo, televisão e parques temáticos. Nos últimos dez anos, a marca sofrera demais. Antes da aquisição da Pixar, da Marvel e da Lucasfilm, a empresa era muito menor, de modo que a pressão para que a Animation tivesse um bom desempenho era muito maior, não apenas em nome da marca, mas com o intuito de aprimorar quase todas as nossas divisões. "Sinto uma enorme pressão para que isso seja resolvido", falei. Eu sabia que os acionistas e analistas não me concederiam um período de carência, e a primeira coisa que julgariam seria minha capacidade de transformar a Disney Animation. "Há uma enorme expectativa para que eu resolva esse problema."

Descrevi o que via como três possíveis caminhos a seguir. O primeiro seria ficar com a administração atual e ver se eles conseguiriam transformar a situação. Rapidamente expressei minhas dúvidas quanto a essa ideia, considerando o que eles tinham realizado até então. O segundo era identificar novos talentos para administrar a divisão, mas, nos seis meses desde que eu fora nomeado, eu vasculhara o mundo da animação e do cinema à procura de alguém que pudesse dar conta do trabalho no nível que precisávamos, e não encontrei ninguém.

"Ou então poderíamos comprar a Pixar", falei.

A resposta à ideia foi tão explosiva que, caso eu estivesse empunhando um malhete, eu o teria usado para pôr ordem no tribunal.

"Não sei se estão à venda", prossegui. "Se estiverem, tenho certeza de que serão muito caros." Como empresa pública, o valor de mercado da Pixar estava acima dos 6 bilhões de dólares, e Steve Jobs possuía metade das ações da empresa. "Também é altamente improvável que Steve queira vendê-la."

Tudo isso pareceu trazer alívio para alguns membros, mas levou outros a uma longa discussão sobre se havia alguma circunstância que justificasse gastarmos bilhões de dólares para comprá-los.

"A compra da Pixar nos permitiria trazer John Lasseter e Ed Catmull", que, ao lado de Steve Jobs, eram os líderes visionários da Pixar, "para a Disney. Eles poderiam continuar a administrar a Pixar enquanto revitalizariam a Disney Animation."

"Por que simplesmente não os contratamos?", perguntou alguém.

"Por um lado, John Lasseter está sob contrato com a Pixar", falei. "Mas também estão comprometidos com Steve e com o que construíram por lá. Sua lealdade à Pixar, ao seu pessoal e à sua missão é enorme. Seria ingênuo pensar que poderíamos contratá-los."

Outro membro sugeriu que bastava levar um caminhão cheio de dinheiro até a casa deles. "Essas pessoas não podem ser compradas assim", falei. "Elas são diferentes."

Imediatamente após a reunião, procurei Tom e Dick para ter uma impressão de como a apresentação tinha sido. "Não achávamos que você sairia dali com seu cargo intacto", disse Tom. Ele parecia estar brincando, mas no fundo eu sabia que não estava.

Quando cheguei em casa naquela noite, Willow me perguntou como tinha sido a reunião. Eu não dissera nem a ela o que estava planejando.

"Falei para eles que acho que devíamos comprar a Pixar."

Ela também olhou para mim como se eu fosse louco e depois se juntou ao refrão:

"Steve nunca venderá para você." Mas então ela me lembrou de algo que me dissera pouco depois de eu ter conseguido o cargo: "O mandato médio de um CEO da Fortune 500 é inferior a quatro anos."

Na época, isso era uma piada entre nós, para garantir que eu estabeleceria expectativas realistas. Agora, porém, ela dizia aquilo em um tom que implicava que eu tinha pouco a perder agindo com rapidez. "Seja ousado" era a essência de seu conselho.

Quanto ao conselho diretor, alguns se opuseram veementemente à ideia e deixaram isso bem claro, mas outros ficaram intrigados para me darem o que descrevi como "luz amarela": vá em frente, explore a ideia, mas proceda com cautela. Coletivamente, concluíram que era algo tão improvável de acontecer que eles bem poderiam deixar que nos divertíssemos explorando aquilo.

Na manhã seguinte, pedi a Tom que começasse a fazer uma análise completa das finanças, embora eu também tenha dito que não havia pressa. Eu planejava abordar a ideia com Steve mais tarde naquele dia e imaginei que havia uma boa chance de tudo aquilo se tornar irrelevante em questão de horas. Passei a manhã reunindo coragem para fazer a ligação, e, finalmente, a fiz no início da tarde. Eu não o encontrei, o que foi um alívio, mas, por volta das seis e meia, enquanto eu voltava de carro para casa, ele retornou a ligação.

Isso aconteceu mais ou menos uma semana e meia antes do nosso anúncio sobre o vídeo do iPod, de modo que passamos alguns minutos conversando sobre isso antes de eu dizer:

"Ei, tive outra ideia maluca. Posso ir vê-lo daqui a um ou dois dias para discutirmos o assunto?"

Eu ainda não havia me dado conta por completo de quanto Steve gostava de ideias radicais.

"Fale agora", disse ele.

Ainda ao telefone, estacionei em minha garagem. Era uma tarde quente de outubro. Desliguei o motor, e a combinação de calor e nervosismo me fez começar a suar. Lembrei-me do conselho de Willow: seja ousado. Era provável que Steve dissesse não na mesma hora. Ele também poderia se ofender se considerasse a ideia arrogante. Como eu ousava pensar que a Pixar era algo que a Disney pudesse simplesmente comprar? Contudo, mesmo que ele me dissesse onde eu devia enfiar o meu dinheiro, a ligação terminaria e eu ficaria exatamente onde já estava. Não tinha nada a perder.

"Estive pensando em nossos respectivos futuros. O que você acha da ideia de a Disney comprar a Pixar?"

Esperei que ele desligasse na minha cara ou explodisse em gargalhadas. O silêncio antes de sua resposta pareceu interminável.

Em vez disso, ele disse:

"Sabe, não é a ideia mais maluca do mundo."

Eu estava tão preparado para a rejeição que agora, mesmo sabendo racionalmente que havia mais de um milhão de obstáculos entre esse momento e a ideia vir a frutificar, senti um surto de adrenalina ao saber que aquilo era mesmo possível.

"Tudo bem", respondi. "Ótimo. Quando podemos conversar mais a respeito?"

ÀS VEZES, AS PESSOAS EVITAM grandes mudanças porque avaliam as probabilidades e argumentam contra tentar qualquer coisa antes mesmo de darem o primeiro passo. Algo que sempre senti por instinto — e que foi muito reforçado trabalhando para pessoas como Roone e Michael — é que os arremessos de longa distância em geral não vão tão longe quanto parecem. Roone e Michael acreditavam no próprio poder e na capacidade de suas organizações de fazer as coisas acontecerem — que, com energia, consideração e comprometimento suficientes, até as ideias mais ousadas podiam ser executadas. Tentei adotar essa mentalidade em minhas conversas posteriores com Steve.

Algumas semanas após aquela ligação em minha garagem, ele e eu nos encontramos na sala de reuniões da Apple em Cupertino, Califórnia. Era uma sala comprida, com uma mesa quase tão longa no meio. Uma das paredes era de vidro, com vista para a entrada do campus da Apple, e a outra exibia um quadro branco, provavelmente com seis metros de comprimento. Steve contou que adorava exercícios de quadro branco, onde toda uma visão — todos os pensamentos, projetos e cálculos — pudessem ser desenhados, ao capricho de quem empunhava a caneta de feltro.

Como era de esperar, Steve era o portador da caneta, e senti que ele estava bastante acostumado a assumir aquele papel. Ele pegou o marcador e escreveu prós de um lado e contras do outro. "Você começa", disse ele. "Tem algum pró?"

Eu estava muito nervoso para começar, de modo que cedi o primeiro saque para ele.

"Tudo bem", disse Steve. "Bem, eu tenho alguns contras." Ele escreveu o primeiro com entusiasmo: "A cultura da Disney destruirá a Pixar!" Não dava para culpá-lo por isso. Sua experiência com a Disney até então não lhe fornecera nenhuma evidência em contrário. Ele continuou escrevendo os seus contras em frases completas: "Consertar a Disney Animation levará muito tempo e queimará John e Ed no processo." "Há muita má vontade e o processo de cura levará anos." "Wall Street vai odiar." "Seu conselho jamais permitirá que você faça isso." "A Pixar rejeitará a Disney como proprietária assim como um corpo rejeita um órgão doado." Havia muitos mais, mas um dos contras tinha todas as letras maiúsculas: "A DISTRAÇÃO MATARÁ A CRIATIVIDADE DA PIXAR." Supus que ele quisesse dizer que todo o processo de um acordo e a assimilação seriam um choque forte demais para o sistema que eles haviam criado. (Alguns anos depois, Steve propôs fechar a Disney Animation por completo e fazer filmes de animação apenas na Pixar. Até mesmo John Lasseter e Ed Catmull odiaram a ideia, e eu a rejeitei.)

Parecia-me inútil acrescentar algo à sua lista. Então, passamos aos prós. Fui o primeiro e disse:

"A Disney será salva pela Pixar e todos viveremos felizes para sempre."

Steve sorriu, mas não anotou.

"O que você quer dizer com isso?"

"Mudar a Disney Animation mudará completamente a percepção que as pessoas têm da Disney e mudará a nossa sorte. Além disso, John e Ed terão uma tela muito maior para pintar."

Duas horas depois, os prós eram escassos e os contras, abundantes, mesmo que alguns deles, em minha opinião, fossem bastante triviais. Eu me senti desanimado, mas já deveria esperar por isso.

"Bem", falei. "Foi uma bela ideia. Mas não vejo como realizá-la."

"Alguns prós consistentes são mais poderosos do que dezenas de contras", argumentou Steve. "Então, o que devemos fazer a seguir?"

Outra lição: Steve era ótimo em avaliar todos os lados de uma questão e não permitir que os aspectos negativos ofuscassem os positivos, principalmente para as coisas que ele queria realizar. Essa era uma qualidade poderosa.

Steve morreu seis anos depois. Entrei para o conselho da Apple pouco após a sua morte. Toda vez que eu ia até lá para uma reunião e olhava aquele gigantesco quadro branco, via Steve, intenso, enérgico, engajado e muito mais aberto à possibilidade de fazer aquela ideia (e, suspeitava, muitas outras) funcionar.

"Preciso visitar a Pixar", falei. Eu nunca estivera lá e, ao fim de nosso contrato, as coisas estavam tão ruins, havia tão pouca colaboração, que nem sequer sabíamos no que eles estavam trabalhando. Havia um último filme que distribuiríamos, *Carros*, mas ninguém na Disney o vira. Ouvimos dizer que eles estavam trabalhando em um filme sobre ratos na cozinha de um restaurante parisiense, e as pessoas na Disney zombavam da ideia. A comunicação cessou por completo enquanto as empresas se preparavam para a separação definitiva.

Contudo, se eu pretendia comprá-los, precisava saber muito mais sobre como eles trabalhavam. Era necessário um encontro com pessoas-chave, conhecer seus projetos e ter uma noção da cultura da empresa. Como *era* lá? O que eles faziam diferente de nós que os levava a criar coisas brilhantes de maneira tão consistente?

Steve concordou imediatamente com a visita. Ele explicou para John e Ed que havíamos conversado e que, embora não tivesse se comprometido com nada — e que não se comprometeria com nada sem a anuência dos dois —, ele achava que valia a pena me mostrar o lugar. Na semana seguinte, apareci sozinho no campus da Pixar em Emeryville. O assistente de John me cumprimentou no saguão e me levou até o átrio cavernoso que Steve ajudara a projetar. Áreas de alimentação se estendiam ao longo dos dois lados do recinto e no outro extremo ficava a entrada principal de cinema deles. Havia pessoas circulando e conversando em pequenos grupos de uma maneira que me lembrou mais um diretório estudantil de uma universidade do que uma produtora de filmes. O lugar vibrava com energia criativa. Todos pareciam felizes por estarem ali.

Se eu tivesse que citar os dez melhores dias que já tive no trabalho, a primeira visita ao campus da Pixar ficaria no topo da lista. John e Ed me receberam calorosamente e explicaram que eu passaria a primeira metade do dia reunindo-me com todos os diretores, e eles me mostrariam elementos dos filmes em que estavam trabalhando — copiões de cenas, storyboards, arte conceitual, partituras originais e listas de elenco. Depois, eu conheceria o seu novo "canal de tecnologia" para ter uma noção de como o lado técnico e o criativo trabalhavam juntos.

John foi o primeiro. Ele me mostrou uma edição quase concluída de *Carros*, e fiquei ali sentado no cinema, hipnotizado pela qualidade da animação e pelo quanto a tecnologia avançara desde o último lançamento deles. Por exemplo, lembro-me de ter ficado impressionado com o reflexo da luz na pintura metálica dos carros de corrida. Eram imagens que eu nunca tinha visto em animação gerada por computador. Então, Brad Bird me mostrou seu trabalho em andamento, o desprezado "filme dos ratos", *Ratatouille*. Pareceu-me um filme com um dos temas mais sofisticados e com a narrativa mais original que a Pixar já fizera. Andrew Stanton, recém-saído de *Procurando Nemo*, apresentou uma parte de *Wall-E*, uma distopia sobre um robô solitário que se apaixona por outro robô, com uma estimulante mensagem sobre os perigos sociais e ambientais do consumismo desenfreado. Na sequência, Pete Docter fez sua apresentação sobre *Up*, uma história de amor que lida com a dor e a mortalidade e acontece no cenário visualmente deslumbrante da América do Sul. (Pete dirigiria *Divertida Mente* depois de *Up*.) E Gary Rydstrom mostrou uma história sobre a extinção de espécies, uma aventura envolvendo duas salamandras de patas azuis. Mais tarde, a Pixar abandonou esse projeto, mas adorei o nível de imaginação e inteligência da apresentação de Gary. Brenda Chapman me mostrou *Valente*. Lee Unkrich, que dirigiria *Toy Story 3* e *Viva: A Vida é uma Festa*, exibiu um filme sobre animais de estimação em um prédio de apartamentos no Upper West Side de Manhattan. (*Ratatouille*, *Wall-E*, *Up*, *Toy Story 3*, *Valente*, *Divertida Mente* e *Viva: A Vida é uma Festa* ganhariam o Oscar de Melhor Filme de Animação.)

Passei algumas horas com Ed Catmull e os engenheiros da área de tecnologia, que me descreveram com detalhes a plataforma tecnológica que servia a todos os empreendimentos criativos. Vi em primeira mão o que John descrevera quando me recebeu no prédio naquela manhã. Ele disse que os animadores e diretores constantemente desafiavam os engenheiros a fornecer as ferramentas com as quais eles pudessem realizar seus sonhos criativos — para fazer Paris *parecer* Paris, por exemplo. E Ed e sua equipe de engenharia estavam sempre construindo as próprias ferramentas, que então apresentavam aos artistas para inspirá-los a pensar de maneiras que não haviam pensado antes. "Veja como podemos fazer neve, água ou névoa!" Ed me mostrou as ferramentas de animação mais sofisticadas já inventadas, engenhosidades tecnológicas que capacitavam a criatividade em sua forma mais elevada. Esse yin e yang eram a alma da Pixar. Tudo fluía dali.

No fim do dia, já no meu carro no estacionamento da Pixar, comecei a fazer anotações. Então, liguei para Tom Staggs e disse que precisava vê-lo assim que chegasse a Los Angeles. Não fazia ideia se o conselho aceitaria aquilo e eu sabia que Steve podia mudar de ideia por puro capricho. Mas fiquei sem fôlego ao descrever para Tom o nível de talento e ambição criativa, o compromisso com a qualidade, a criatividade para contar histórias, a tecnologia, a estrutura de liderança e o ambiente de colaboração entusiasmada — até mesmo o prédio, sua arquitetura. Era uma cultura que qualquer pessoa em um ramo criativo, ou em qualquer outro, aspiraria. Era tão além de onde estávamos e além de qualquer coisa que pudéssemos conseguir por conta própria que senti que precisávamos fazer todo o possível para que aquilo virasse realidade.

Quando voltei ao meu escritório em Burbank, reuni-me sem demora com minha equipe. Seria um eufemismo dizer que eles não compartilharam de meu entusiasmo. Fui o único a ver em primeira mão a essência da Pixar, e, para eles, aquela ideia ainda era totalmente impraticável. Havia muitos riscos, disseram. O custo seria muito alto. Eles temiam que mal eu assumisse como CEO e já estivesse arriscando meu futuro — para não mencionar o futuro da empresa — ao perseguir aquilo.

Viria a ser um tema recorrente em quase todas as discussões que tive sobre a Pixar. Foi-me dito repetidas vezes que era muito arriscado e imprudente. Muitas pessoas achavam que seria impossível lidar com Steve e que ele tentaria controlar a empresa. Também me falaram que um novo CEO não deveria tentar fazer grandes aquisições. Eu estava "louco", como expressou um de nossos banqueiros de investimentos, porque os números nunca seriam favoráveis e aquela era uma "venda" impossível para Wall Street.

O banqueiro tinha alguma razão. É verdade que, no papel, o contrato não fazia sentido. Mas eu estava certo de que aquele nível de genialidade valia mais do que qualquer um de nós entendia ou poderia calcular na época. Em um livro como este, talvez não seja muito responsável dizer que os líderes devem simplesmente seguir em frente e confiar em sua intuição, porque isso pode ser interpretado como uma preponderância da impulsividade sobre a ponderação, que se deve apostar em vez de analisar com minúcia. Assim como em tudo o mais, a chave é a percepção, absorver tudo e ponderar todos os fatores — as próprias motivações, a opinião das pessoas em quem você confia, o que lhe dizem as análises e os estudos criteriosos e, em seguida, o que a análise não é capaz de lhe contar. Você considera cuidadosamente todos esses fatores, entendendo que não há duas circunstâncias iguais, e então, se você estiver no comando, no fim das contas o que vale é a intuição. Isso é certo ou errado? Nada é garantido, mas você precisa, no mínimo, estar disposto a correr grandes riscos. De outro modo, não poderá alcançar grandes vitórias.

Minha intuição sobre a Pixar era poderosa. Eu acreditava que aquela aquisição poderia nos transformar; poderia restaurar a Disney Animation; poderia adicionar Steve Jobs — sem dúvida a voz mais forte possível em se tratando de tecnologia — ao conselho da Disney; aquilo poderia acrescentar à nossa cultura uma cultura de excelência e ambição que repercutiria de maneira muito necessária por toda a empresa. Em última instância, o conselho poderia dizer não, mas eu não podia deixar aquilo de lado por medo. Falei para minha equipe que respeitava as opiniões de todos e sabia que estavam cuidando de mim, algo pelo qual eu era grato, mas que achava que deveríamos fazer aquilo. No mínimo, eu tinha que esgotar todas as formas possíveis de fazer aquilo acontecer antes de desistir.

Liguei para Steve no dia seguinte à minha visita a Emeryville. Mas antes disse a mim mesmo que precisava tentar conter o entusiasmo. Eu precisava elogiar, porque o orgulho de Steve pela Pixar era enorme, mas aquilo poderia ser o início de uma verdadeira negociação, e eu não queria que ele sentisse que eu estava tão desesperado a ponto de ele poder exigir a Lua em troca. No momento em que liguei para Steve, qualquer tentativa de dissimulação foi por água abaixo. Não consegui fingir que sentia outra coisa a não ser puro entusiasmo. Descrevi o dia para ele do começo ao fim e esperava que minha honestidade acabasse me servindo melhor do que qualquer fingimento "astuto". Poderia parecer uma fraqueza — se você demonstrar que deseja muito alguma coisa, será obrigado a pagar por isso —, mas, naquele caso, o entusiasmo sincero funcionou. Acabei dizendo, como se ainda não estivesse claro, que realmente queria tentar fazer aquilo acontecer.

Steve me disse que só consideraria o negócio seriamente se John e Ed estivessem a bordo. Depois que conversamos, ele entrou em contato com os dois para dizer que estava aberto a uma negociação e prometeu que jamais fecharia um negócio sem a bênção deles. Planejamos que eu me encontraria com os dois outra vez para poder explicar com mais detalhes o que tinha em mente e esclarecer qualquer dúvida que tivessem.

Então, eles concluiriam se estavam interessados em prosseguir com a negociação.

Alguns dias depois, voei até a área da baía de São Francisco para jantar com John e a esposa, Nancy, em sua casa em Sonoma. Tivemos uma conversa longa e agradável e a química foi imediata. Dei a eles uma visão geral de minha carreira, meus tempos no *Wide World of Sports*, a experiência de ser comprado pela Capital Cities, os anos em que fui o responsável pelo horário nobre da ABC e, por fim, a aquisição da Disney e o longo caminho para me tornar CEO. John falou sobre o tempo em que trabalhara na Disney Animation, havia mais de duas décadas, antes de Michael. (Ele fora dispensado quando os poderosos de então acharam que não havia futuro na animação computadorizada!)

"Sei como é ser adquirido por outra empresa", falei para ele. "Mesmo nas melhores circunstâncias, o processo de fusão é delicado. Você não pode simplesmente forçar a assimilação. E, com uma empresa como a Pixar, você definitivamente não pode fazer isso." Eu disse que, mesmo sem ser intencional, em geral o comprador destrói a cultura da empresa que está comprando, e isso destrói o seu valor.

Muitas empresas adquirem outras sem muita sensibilidade em relação ao que realmente estão comprando. Acham que estão adquirindo ativos físicos, ou ativos de fabricação, ou propriedade intelectual (em algumas indústrias, isso é mais verdade do que em outras). Na maioria dos casos, o que estão adquirindo de verdade são pessoas. Em um negócio criativo, é aí que realmente reside o valor.

Eu me esforcei para garantir a John que a única maneira de haver sentido na compra da Pixar pela Disney seria protegendo o que quer que tenha tornado a cultura da primeira tão única. A entrada da Pixar em nossa empresa seria uma enorme transfusão de liderança e talento, e precisávamos fazer aquilo direito. "A Pixar precisa ser a Pixar", falei. "Se não protegermos a cultura que vocês criaram, destruiremos o que a torna valiosa."

John disse que estava feliz por ouvir aquilo, e então expus para ele o meu grande plano:

"Quero que você e Ed também fiquem no comando da Disney Animation."

John me disse então que, tantos anos depois, ainda se ressentia por ter sido demitido da Disney, mas seu respeito pela herança da Disney Animation era poderoso. Assim como não consegui esconder de Steve meu entusiasmo, John também não conseguiu esconder o dele com a ideia de dirigir a Disney Animation.

"Bem, isso seria um sonho", afirmou.

Alguns dias depois, Ed Catmull veio se encontrar comigo em Burbank. (Jantamos em uma churrascaria perto dos estúdios da Disney, embora nenhum de nós comesse carne.) Como fiz com John, esforcei-me para explicar a Ed qual era minha filosofia sobre aquisições: que a cultura que eles construíram era fundamental para a magia que eram capazes de criar e que eu não tinha interesse em forçá-los a serem diferente do que já eram. Também falei sobre a outra oportunidade à mesa: que eu queria que John e ele revitalizassem a Disney Animation.

Se John é todo emoção e extroversão, Ed é seu negativo fotográfico. É um doutor em ciência da computação discreto, atencioso e introvertido, que inventou grande parte da tecnologia que viabilizou a animação digital da Pixar. Estávamos muito atrás da Pixar em termos de tecnologia, mas havia outros recursos tecnológicos em outras partes da Disney que Ed tinha interesse em pôr as mãos. À sua maneira discreta, ele disse: "Seria emocionante descobrir o que podemos fazer por aqui."

Steve me ligou no dia seguinte para dizer que John e Ed haviam lhe dado o aval para negociar comigo e, pouco depois, tive a minha segunda reunião com o conselho da Disney, dessa vez em Nova York. Contei a eles sobre a visita à Pixar e os encontros com John e Ed e que Steve estava disposto a negociar. Tom Staggs, que ainda tinha seus receios, fez uma apresentação sobre o potencial econômico de uma aquisição, incluindo a questão da emissão de mais ações e a potencial diluição das ações da Disney. Seu palpite era que a reação da comunidade de investimentos seria, na melhor das hipóteses, bem negativa. O conselho ouviu com atenção e, apesar de continuarem bastante céticos ao fim da reunião, nos deram permissão para negociar com Steve e voltar com algo mais específico a ser considerado.

Tom e eu voamos direto de nossa reunião com o conselho até San Jose e nos encontramos com Steve na sede da Apple no dia seguinte. A caminho de lá, eu sabia que não queria que o processo fosse prolongado. Steve era inerentemente incapaz de um longo e complicado ir e vir (as negociações longas e amargas com Michael ainda estavam frescas em sua memória). Ele já era avesso à maneira como a Disney fazia acordos, e eu temia que, se ficássemos atolados em algum ponto, ele azedaria a coisa toda e se afastaria.

Assim que nos sentamos, falei: "Serei sincero com você. Isso é algo que sinto que precisamos fazer." Steve concordou, mas, ao contrário do passado, não lançou mão de sua vantagem para exigir uma cifra totalmente impossível. Onde quer que aterrissássemos seria muito bom para eles, mas Steve sabia que também precisava ficar no reino do possível para nós, e acho que ele apreciou a minha franqueza.

Ao longo do mês seguinte, Tom e Steve analisaram a estrutura financeira possível minuciosamente e chegaram a um preço: 7,4 bilhões de dólares. (Era um negócio envolvendo apenas ações, 2,3 ações da Disney para cada ação da Pixar, o que remontou a 6,4 bilhões porque a Pixar tinha 1 bilhão em dinheiro.) Mesmo que Steve não tivesse sido tão ganancioso, ainda era um valor muito alto, e seria difícil vender a ideia para o nosso conselho e para os investidores.

Também negociamos o que chamamos de "pacto social": uma lista de duas páginas de questões e itens culturalmente significativos que prometemos preservar. Eles queriam sentir que ainda eram a Pixar, e tudo relacionado a proteger esse sentimento era importante. Os endereços de e-mail permaneceriam com a Pixar; as placas em seus prédios ainda teriam a marca Pixar. Eles poderiam manter os rituais de boas-vindas aos novos funcionários e suas tradicionais cervejadas mensais. Uma negociação muito mais delicada se deu a respeito da marca em filmes, mercadorias e atrações de parques temáticos. Nossa pesquisa mostrou que a Pixar eclipsava a Disney como marca — um fato que eles bem sabiam —, mas senti que, com o tempo, a marca mais forte para os filmes da Pixar — em especial porque John e Ed passariam a administrar a Disney Animation — seria Disney-Pixar. Por fim, foi isso o que decidimos. A famosa animação "Luxo Junior" da Pixar ainda abriria cada um de seus filmes, mas seria precedida pela animação do castelo da Disney.

O DESAFIO QUE EU TINHA pela frente seria convencer o nosso conselho. Percebi que minha melhor chance era o conselho se reunir e ouvir Steve, John e Ed diretamente. Ninguém poderia vender aquilo melhor do que os três. Então, em um fim de semana de janeiro de 2006, todos nos reunimos em uma sala de reuniões da Goldman Sachs em Los Angeles. Vários membros do conselho ainda se opunham ao negócio, mas, no momento em que Steve, John e Ed começaram a falar, todos na sala ficaram fascinados. Os três não tinham trazido anotações, apresentações de slides ou recursos visuais. Eles apenas conversaram: sobre a filosofia da Pixar e como eles trabalhavam, sobre o que já estávamos sonhando em fazer juntos e sobre quem eram como pessoas.

John falou com paixão sobre seu amor de uma vida inteira pela Disney e de seu desejo de devolver à Disney Animation sua antiga glória. Ed fez uma dissertação fascinante, cerebral, sobre os caminhos que a tecnologia trilhava e o que seria possível para a Disney e para a Pixar. Quanto a Steve, é difícil imaginar um melhor vendedor para algo tão ambicioso. Ele falou sobre a necessidade de grandes empresas correrem grandes riscos. Falou sobre onde a Disney estivera e o que seria preciso para fazermos uma mudança de curso radical. Falou a meu respeito e sobre o vínculo que já formáramos — com o acordo do iTunes, mas também nas discussões em andamento sobre a preservação da cultura da Pixar — e seu desejo de que trabalhássemos juntos para tornar aquela ideia maluca um sucesso. Pela primeira vez, observando-o falar, me senti otimista de que aquilo realmente poderia acontecer.

O conselho deveria se reunir para uma votação final em 24 de janeiro, mas a notícia de um possível acordo vazou antes. De repente, comecei a receber ligações de pessoas me pedindo que não fizesse aquilo. Entre elas estava Michael Eisner. "Bob, você não pode fazer isso", disse ele. "É a coisa mais idiota do mundo." Era a mesma lista de preocupações de sempre: muito caro, muito arriscado. Trazer Steve para a empresa seria um desastre. "Você pode consertar a Disney Animation", garantiu Michael. "Você não precisa deles para isso. Eles estão a um fracasso de se tornarem um agente medíocre." Ele chegou a ligar para Warren Buffett, achando que, se acreditasse que aquele era um investimento idiota, Buffett seria capaz de influenciar as pessoas que ele conhecia no conselho da Disney. Nosso acionista não se interessou, e então Michael ligou para Tom Murphy, para ver se ele diria alguma coisa, e por fim procurou George Mitchell e pediu a ele que se dirigisse diretamente ao conselho.

George me ligou e contou sobre o pedido.

"George", respondi, "você não vai deixá-lo fazer isso, vai? A essa altura?"

Michael estava fora da empresa havia quatro meses. Sua conexão com a Disney terminara em seu último dia de trabalho. Eu sabia que aquilo era difícil para Michael, mas fiquei ofendido por sua intromissão. Era algo que ele jamais teria tolerado quando era CEO.

"Não custa nada", disse George. "Apenas deixe acontecer. Demonstraremos respeito, nós o ouviremos, então você apresentará sua ideia."

Aquilo era George por excelência. Depois de anos no Senado, incluindo um mandato como líder da maioria, e depois de ajudar a mediar a paz na Irlanda do Norte, tornara-se um estadista consumado. Ele realmente achava que Michael merecia respeito, mas também sabia que o ex-CEO poderia ser um elemento nocivo, influenciando o conselho externamente, e era melhor deixá-lo entrar e conversar, dando-me a chance de logo em seguida contestá-lo na mesma sala. Foi a única coisa que George fez como presidente do conselho que me irritou, mas não havia nada que eu pudesse fazer além de confiar em sua intuição.

No dia marcado para a votação do conselho, Michael se apresentou e expôs seus argumentos. Foram os mesmos que expusera antes para mim: o valor era muito alto, Steve era uma pessoa difícil e imperiosa e exigiria o controle, a Disney Animation podia ser restaurada de outras formas. Ele olhou para mim e disse:

"Bob pode restaurar a Disney Animation."

"Michael, *você* não conseguiu e agora está me dizendo que eu consigo?"

Antes da reunião, George entrou no meu escritório e disse:

"Olha, acho que você vai conseguir. Mas o negócio ainda não está fechado. Você precisa ir até lá e abrir seu coração. Você precisa fazer o equivalente a bater com os punhos na mesa. Demonstre sua paixão. Exija o apoio deles."

"Achei que já tivesse feito tudo isso", falei.

"Vai precisar fazer mais uma vez."

Entrei na sala de reuniões com uma missão. Cheguei a me demorar um instante antes de entrar para dar mais uma olhada no discurso "O homem na arena", de Theodore Roosevelt, que há muito tem sido uma inspiração para mim: "Não é o crítico que importa. Não é aquele que aponta como o forte tropeça ou onde aquele que faz poderia ter feito melhor. O crédito pertence ao homem que está realmente na arena, cuja face está manchada de poeira, suor e sangue." Meu rosto não estava exatamente manchado de poeira, suor e sangue, e a sala de reuniões da Disney não era a mais difícil das arenas. Mas tive que entrar lá e lutar por algo que sabia ser um risco. Se eles aprovassem e aquilo funcionasse, eu seria um herói. Se eles aprovassem e não desse certo, eu não ficaria muito tempo no cargo.

Falei com todo o entusiasmo que consegui reunir: "O futuro da empresa está aqui, agora. Está em suas mãos." Repeti algo que já dissera em outubro, em minha primeira reunião do conselho como CEO. "A situação da Disney Animation reflete a situação da empresa. Isso era verdadeiro em 1937 com *Branca de Neve e os Sete Anões*, em 1994 com *O Rei Leão*, e não é menos verdadeiro agora. Quando a animação cresce, a Disney cresce. Precisamos fazer isso. Nosso caminho para o futuro começa aqui, esta noite."

Quando terminei, George iniciou o processo de votação, convidando cada membro em ordem alfabética a votar em voz alta, oferecendo-lhes a oportunidade de falar se quisessem. A sala ficou muito silenciosa. Lembro-me de ter feito contato visual com Tom Staggs e Alan Braverman. Eles estavam confiantes de que ganharíamos a votação, mas naquele momento eu não tinha tanta certeza. Depois de tudo pelo que o conselho passara nos últimos anos, parecia possível que prevalecesse a aversão ao risco. Os quatro primeiros membros votaram sim, e o quinto também, mas acrescentou que fazia aquilo apenas em apoio a mim. Dos cinco restantes, dois votaram contra, elevando a contagem final para nove a favor e dois contra. O acordo foi aprovado.

Houve uma breve discussão sobre se deveria ser feita outra votação para uma aprovação por unanimidade, mas George logo dispensou a ideia, argumentando que o processo precisava ser transparente. Alguém se preocupou com a percepção pública de uma votação que não fosse unânime, mas eu disse que não me importava com aquilo. Tudo o que alguém precisava saber era que o conselho da Disney aprovara o acordo. A votação não precisava vir a público, e, se alguém perguntasse se fora unânime, devíamos responder a verdade. (Anos depois, Michael admitiu que estava errado sobre a Pixar, o que foi gentil da parte dele.)

NO DIA DO ANÚNCIO, Alan Braverman, Tom Staggs, Zenia Mucha e eu viajamos para a sede da Pixar em Emeryville. Steve, John e Ed estavam lá. O plano era fazer o anúncio logo depois que o mercado de ações fechasse, à uma da tarde, e, em seguida, realizar uma coletiva de imprensa e uma reunião aberta com os funcionários da Pixar.

Logo depois do meio-dia, Steve me encontrou e me puxou de lado. "Vamos dar uma volta", falou. Eu sabia que ele gostava de fazer longas caminhadas acompanhado de amigos ou colegas de trabalho, mas fiquei surpreso com o momento e desconfiado com o pedido. Virei-me para Tom para perguntar o que ele achava que Steve queria, e achamos que ele pretendia desistir ou iria querer algo mais.

Olhei para o relógio quando Steve e eu saímos do prédio. Eram 12h15. Caminhamos por algum tempo e depois nos sentamos em um banco em meio aos belos e bem cuidados jardins da Pixar. Steve pousou o braço nas minhas costas, o que foi um gesto gentil e inesperado. Então disse:

"Vou lhe contar uma coisa que apenas Laurene [esposa de Steve] e meus médicos sabem."

Ele me pediu total discrição e depois contou que seu câncer voltara. Ele fora diagnosticado com uma forma rara de câncer de pâncreas alguns anos antes e, após uma operação, declarou que estava completamente curado. Mas o câncer voltara.

"Steve, por que está me contando isso?", perguntei. "E por que está me contando isso agora?"

"Estou prestes a me tornar o seu maior acionista e membro de seu conselho", respondeu ele. "E acho que lhe devo o direito de desistir do negócio diante dessa informação."

Olhei de novo para o relógio. Eram 12h30, faltavam apenas trinta minutos para anunciarmos o acordo. Eu não tinha certeza de como responder e lutava para processar o que ele acabara de me dizer, o que incluía me perguntar se o que eu acabara de saber incidiria em alguma obrigação de divulgação. Eu precisava contar ao nosso conselho? Poderia consultar o nosso diretor jurídico? Ele queria total discrição, por isso seria impossível fazer qualquer coisa exceto aceitar sua proposta e desistir de um negócio que eu tanto queria e do qual precisávamos muito. Por fim, eu disse:

"Steve, em menos de meia hora anunciaremos um negócio de mais de 7 bilhões de dólares. O que eu diria ao nosso conselho? Que me arrependi?" Ele me disse para culpá-lo. Então perguntei: "Há algo mais que preciso saber sobre isso? Ajude-me a tomar essa decisão."

Ele me disse que o câncer estava agora no fígado e falou sobre as chances de derrotá-lo. Disse que faria o que fosse necessário para estar presente à formatura escolar de seu filho Reed. Quando ele me falou que faltavam quatro anos, fiquei arrasado. Era impossível ter aquelas duas conversas — sobre Steve estar enfrentando a morte iminente e o acordo que deveríamos fechar em minutos — ao mesmo tempo.

Decidi rejeitar sua proposta de cancelar o negócio. Mesmo que eu aceitasse, não seria capaz de explicar o motivo ao nosso conselho, que não apenas aprovara a aquisição, como também passara meses ouvindo os meus apelos para que aprovassem. Faltavam dez minutos para o anúncio. Eu não tinha ideia se estava fazendo a coisa certa, mas calculei rapidamente que Steve em si não tinha importância para o acordo, embora sem dúvida fosse importante para mim. Caminhamos em silêncio de volta ao átrio. Mais tarde naquele dia, conversei com Alan Braverman, em quem confiava como irmão, e contei o que Steve me dissera. Ele endossou a decisão que tomei, o que foi um grande alívio. Naquela noite, também confiei em Willow. Ela conhecia Steve havia anos, muito antes de eu conhecê-lo, e em vez de brindarmos o que fora um momento importante em meus primeiros dias como CEO, choramos juntos por causa da notícia. Não importava o que ele me dissera, não importava quão determinado estivesse em sua luta contra o câncer, temíamos o que o aguardava.

O acordo com a Pixar foi anunciado às 13h05. Depois de Steve e eu conversarmos com a imprensa, nós dois estávamos em uma plataforma no cavernoso átrio da Pixar, com John e Ed ao nosso lado, diante de quase mil funcionários da Pixar. Antes de eu falar, alguém me deu uma luminária Luxo de presente para comemorar o evento. De improviso, agradeci ao grupo e disse que a usaria para iluminar o nosso castelo. Tem iluminado desde então.

CAPÍTULO 10

A MARVEL E GRANDES RISCOS QUE FAZEM TODO O SENTIDO

A AQUISIÇÃO DA PIXAR atendeu à nossa urgente necessidade de revitalizar a Disney Animation, mas também foi o primeiro passo de nossa estratégia mais abrangente de crescimento: aumentar a quantidade de conteúdo de marca de alta qualidade que criávamos; avançar tecnologicamente, tanto em nossa capacidade de criar produtos mais atraentes quanto de entregá-los aos consumidores; e crescer em escala mundial.

Tom Staggs, Kevin Mayer e eu tínhamos uma lista de "metas de aquisição" que acreditávamos poder nos ajudar a cumprir essas prioridades, e decidimos nos concentrar na propriedade intelectual em primeiro lugar. Quem possuía uma ótima propriedade intelectual que poderia ter aplicações em toda a gama de nossos negócios? Duas empresas imediatamente nos vieram à mente: a Marvel Entertainment e a Lucasfilm. Não tínhamos ideia se alguma delas estaria à venda, mas, por vários motivos (entre os quais o fato de eu acreditar que seria muito difícil convencer George Lucas a vender a empresa que ele construíra do zero e abrir mão do controle do legado de *Star Wars*), colocamos a Marvel no topo da lista. Eu não estava mergulhado no folclore da Marvel, mas não era preciso ser um leitor de quadrinhos de uma vida inteira para saber que era um baú do tesouro de personagens e histórias envolventes que se encaixariam com facilidade em nossos segmentos de filmes, televisão, parques temáticos e produtos para o consumidor. Havia outras empresas em nossa lista, mas nenhuma tão valiosa quanto a Marvel e a Lucasfilm.

A abordagem não foi fácil. Por um lado, a Marvel já estava contratualmente vinculada a outros estúdios. Eles tinham um acordo de distribuição com a Paramount para vários filmes que ainda estavam por vir. Eles venderam os direitos de *Homem-Aranha* para a Columbia Pictures (que acabou se tornando a Sony). *O Incrível Hulk* era controlado pela Universal. Os *X-Men* e o *Quarteto Fantástico* pertenciam à Fox. Portanto, mesmo que pudéssemos adquirir tudo o que não estivesse amarrado com outros estúdios, não seria uma aquisição de propriedade intelectual tão pura quanto gostaríamos que fosse em um mundo ideal. Não teríamos todos os personagens sob o mesmo teto, o que potencialmente causaria alguma confusão de marca e algumas futuras complicações de licenciamento.

O maior obstáculo, no entanto, era o fato de a pessoa que dirigia a Marvel, Ike Perlmutter, ser um mistério para nós. Ike era um personagem lendariamente severo e recluso, ex-militar israelense, que nunca aparecera em público nem permitia ser fotografado. Ganhou uma fortuna comprando as dívidas de empresas em dificuldades e depois usando-as para controlá-las. E ele tinha uma reputação de ser extremamente sovina. (Reza a lenda que Ike tirava clipes de papel de latas de lixo.)

Além disso, sabíamos muito pouco sobre ele. Não tínhamos ideia de como ele reagiria às nossas propostas ou se daria alguma resposta quando chegássemos a ele.

A conexão de Ike com a Marvel Comics remonta a meados dos anos 1980, quando o então proprietário da Marvel, Ron Perelman, adquiriu parte da ToyBiz, uma empresa que Ike possuía com um parceiro chamado Avi Arad. Durante o boom dos quadrinhos no fim dos anos 1980 e início dos anos 1990, a Marvel foi extremamente lucrativa. Então o boom terminou e as perdas começaram a se acumular. Houve reestruturações financeiras, um pedido de falência e, por fim, uma longa disputa pelo poder entre Perelman, o investidor Carl Icahn — que se tornara presidente do conselho da Marvel —, Ike e Avi Arad. Em 1997, Ike e Arad tiraram o controle da empresa de Perelman e Icahn. No ano seguinte, fundiram totalmente a ToyBiz e a Marvel para formar a Marvel Enterprises, que acabou se tornando a Marvel Entertainment.

Em 2008, quando começamos a investigá-los a sério, a Marvel era uma empresa de capital aberto, com Ike como CEO e acionista majoritário. Passamos cerca de seis meses tentando marcar uma reunião com ele e não conseguimos nada. É de imaginar que não deva ser tão difícil para o CEO de uma empresa marcar uma reunião com outro, mas Ike não fazia nada que não desejasse e, por ser tão recluso, não havia canais diretos que levassem a ele.

Se ele nos concedesse algum tempo, seria porque alguém em quem confiava nos indicara. Nós tínhamos uma conexão. Um ex-executivo da Disney chamado David Maisel tinha ingressado na Marvel para ajudá-los a entrar no ramo de filmes. David e eu sempre nos déramos bem e de tempos em tempos ele me procurava para ver se havia algo que poderíamos fazer juntos. Ele me pressionou diversas vezes a considerar sermos distribuidores dos filmes em que a Marvel estava embarcando, mas eu não tinha interesse em ser apenas distribuidor. Eu disse a David que queria conversar com Ike e perguntei se ele tinha algum conselho. Ele falou que tentaria arranjar um encontro e que achava uma ótima ideia, mas não fez promessa alguma e me pediu paciência.

Enquanto isso, Kevin Mayer não parava de fantasiar sobre o que a Disney poderia fazer caso anexássemos a Marvel. Kevin é a pessoa mais intensa e focada com quem já trabalhei, e, quando volta sua mira para algo valioso, fica muito difícil para ele aceitar o meu conselho de "ser paciente". Por isso, Kevin insistia quase que diariamente para que eu encontrasse um modo de chegar a Ike, e eu lhe dizia que precisávamos esperar e ver o que David conseguia fazer.

Meses se passaram. David mandava sempre a mesma mensagem: nada ainda, continue esperando. E então, finalmente, em um dia de junho de 2009, ele me ligou e disse que Ike estava disposto a se reunir comigo. David nunca me explicou por que as coisas mudaram, mas suspeito que ele tenha dito a Ike que tínhamos algum interesse em adquirir a Marvel, e isso o intrigou.

Alguns dias depois de recebermos a notícia de David, fui me reunir com Ike nos escritórios da Marvel, no centro de Manhattan. Assim como com John e Ed na Pixar, eu queria que ele sentisse que eu estava ali por uma questão de respeito, então fui a Nova York especificamente para me encontrar com ele e apareci sozinho, não com uma equipe de executivos da Disney. Os escritórios da Marvel confirmaram a reputação de Ike. Eram espartanos. Seu próprio escritório era pequeno e sem adornos: uma pequena escrivaninha, algumas cadeiras, mesinhas e luminárias. Sem móveis caros ou vistas deslumbrantes, quase nada pendurado nas paredes. Não dava para imaginar que aquela sala pertencia ao CEO de uma empresa de entretenimento.

Ike estava visivelmente desconfiado, mas não foi frio ou inamistoso. Era magro e tinha um aperto de mão poderoso. Quando me sentei, ele me ofereceu um copo de água e uma banana. "Da Costco", disse ele. "Minha esposa e eu fazemos compras lá nos fins de semana." Eu não sabia o que David dissera a ele a meu respeito ou se introduzira o assunto que eu queria discutir, mas não dá para conhecer alguém e, logo depois das gentilezas, dizer que quer comprar sua empresa. Então, embora eu suspeitasse que Ike sabia que provavelmente havia apenas um motivo para eu estar em seu escritório, conversamos primeiro sobre nossas origens e os respectivos negócios. Ele perguntou de modo específico sobre a compra da Pixar e eu lhe contei que estávamos integrando a equipe à Disney de uma maneira que lhes permitissem manter sua cultura única. Foi nesse ponto que expliquei por que estava ali e sugeri a ideia de fazer algo semelhante com a Marvel.

Ike não agarrou a oportunidade de imediato, mas também não a rejeitou. Conversamos por mais meia hora e ele sugeriu que nos encontrássemos mais tarde naquela noite na Post House, uma churrascaria de que ele gostava, na East 63rd Street. Nossa conversa no jantar foi longa e abrangente. Aprendi sobre os vários negócios que Ike administrara e sobre a sua vida em Israel antes de vir para os Estados Unidos. Ele era tão austero e orgulhoso quanto me disseram, e não insisti muito na ideia de uma possível venda — apenas o suficiente para compartilhar minha visão de como a Marvel poderia fazer parte de um futuro brilhante na Disney. Ao fim da refeição, ele me disse: "Preciso pensar a respeito." Respondi que o procuraria no dia seguinte.

Quando liguei no dia seguinte, Ike me disse que ainda tinha dúvidas, mas que estava intrigado. Ele é um homem de negócios perspicaz e ganharia muito dinheiro com uma venda para a Disney, mas também assumira o controle da Marvel quando a empresa estava com problemas e invertera a situação. Acho que a ideia de algum outro CEO aparecer e comprar sua empresa não lhe caía muito bem, mesmo sabendo que ganharia uma fortuna com aquilo.

Ike e eu somos pessoas muito diferentes e tivemos nossas divergências ao longo dos anos desde a aquisição da Marvel, mas eu respeitava de verdade suas origens. Ele chegara aos Estados Unidos com quase nada e, graças à sua inteligência e tenacidade, tornou-se extremamente bem-sucedido. Eu queria que Ike entendesse que eu admirava quem ele era e o que fizera, e que ele e sua empresa estariam em boas mãos. No entanto, Ike nunca se encaixaria com facilidade em uma estrutura corporativa nem responderia bem ao que ele chamava de "malícia de Hollywood". Então, para que ficasse confortável com a venda para a Disney, ele precisaria sentir que estava lidando com alguém autêntico e direto, alguém que falava uma língua que ele entendia.

Felizmente para mim, Willow estava em Nova York a negócios naquela semana, de modo que convidei Ike e a esposa para jantarem conosco. Willow nem sempre frequenta jantares de negócios comigo, mas sua compreensão sobre o assunto, seu currículo e sua facilidade com as pessoas a tornam uma arma secreta. Nós nos encontramos mais uma vez na Post House — e ficamos à mesma mesa em que Ike e eu nos sentáramos algumas noites antes. A esposa de Ike, Laurie, é uma mulher inteligente e enérgica (e uma jogadora de bridge competitiva), e ela e Willow tornaram a conversa mais fácil e descontraída. Não falamos de negócios, era apenas uma oportunidade para darmos a eles uma noção de quem éramos e o que importava para nós, e também para que tivéssemos uma noção de quem eles eram. Ike não disse explicitamente, mas, no fim daquela noite, me senti confiante de que ele estava gostando da ideia.

AQUELA NÃO FOI a primeira vez que a Marvel apareceu no radar da Disney. Logo que comecei a trabalhar para Michael, participei de um almoço em que ele apresentou a ideia de adquiri-los. Alguns executivos à mesa se opuseram. A Marvel era muito ousada, disseram. Mancharia a marca Disney. Havia uma suposição na época — internamente e entre os membros do conselho — de que a Disney era uma marca única e monolítica e que todos os nossos setores existiam sob o teto da Disney. Eu sentia que Michael não pensava assim, mas ele levava para o lado pessoal qualquer reação negativa ou sugestão de que a marca não estava sendo bem administrada.

Entre outras coisas, a Disney manteve uma parceria bem-sucedida, embora muitas vezes tensa, com a Miramax, administrada por Bob e Harvey Weinstein, que fora adquirida por Michael em 1993. (A parceria foi dissolvida em 2005, quando Michael ainda era CEO, e, sete anos depois, vendemos a divisão inteira.) A Miramax lançou cerca de trezentos filmes ao longo desses anos. Muitos foram bem recebidos pela crítica e lucrativos, mas muitos outros deram prejuízo. Houve brigas intensas com os Weinstein sobre orçamentos e discussões sobre o conteúdo dos filmes, em particular o documentário de Michael Moore, *Fahrenheit 9/11*, que Michael Eisner não queria que fosse distribuído pela Disney. Era um problema atrás do outro e, embora houvesse ganhadores do Oscar, nunca foi fácil lidar com eles. Um exemplo ocorreu em 1999, quando a Miramax lançou a revista *Talk*, que deu um grande prejuízo. Eles se comprometeram com Tina Brown a lançar a revista, antes que Michael tivesse a chance de aprovar, e aquilo foi um desastre desde o início. Nunca tive nada a ver com o relacionamento com a Miramax, mas notei como aquilo afetou Michael, interna e publicamente. A briga com Harvey e Bob Weinstein era uma fonte constante de estresse, além de ele precisar lidar com a opinião do conselho de que a Miramax era irresponsável do ponto de vista fiscal. Nos últimos anos, à medida que a pressão aumentava, vi Michael ficar cada vez mais exausto e ressabiado. Então, quando recebeu críticas de alguns executivos sobre a ideia da Marvel, sua tendência foi não insistir no assunto. Afinal, não fazia muito tempo desde que ele fechara o negócio com a ABC, então não havia grande urgência em adquirir outra empresa.

Minha maior prioridade quando assumi o cargo de CEO foi ressuscitar a marca Disney ressuscitando a Disney Animation. Agora que contávamos com John e Ed, esse problema estava prestes a ser resolvido. Uma vez que a Disney Animation se firmasse, eu estaria aberto a outras aquisições, mesmo que não fossem obviamente "Disney". Na verdade, estava decidido a não jogar com prudência. Corremos um grande risco com a aquisição da Pixar, e teria sido fácil segurar nossas cartas por algum tempo em vez de forçar o crescimento. Contudo, três anos depois de a Pixar ter se tornado parte da Disney, o panorama mudava ainda mais dramaticamente em todo o ramo de entretenimento, e era importante continuar pensando com ambição, capitalizar o nosso impulso e expandir o nosso portfólio de narrativas de marca.

De qualquer forma, em se tratando da Marvel, eu tinha uma preocupação oposta à daqueles que tinham medo de adquirir uma empresa decididamente mais ousada do que a Disney: eu não estava preocupado com o que a Marvel faria com a Disney, mas com o modo como os leais fãs da Marvel reagiriam ao fato de estarem sendo associados a nós. Será que destruiríamos parte de seu valor ao adquirir a empresa? A equipe de Kevin Mayer pesquisou a respeito e, após várias conversas com ele, me senti seguro de que poderíamos gerenciar as marcas separadamente e com respeito, que ambas poderiam coexistir e nenhuma seria afetada de forma negativa pela outra.

Compreensivelmente, alguns dos principais criadores de Ike também demonstravam apreensão com a ideia de serem comprados. Convidei vários a virem a Burbank e me reuni com eles pessoalmente, descrevendo minhas experiências com as aquisições da Capital Cities e da Disney e assegurando-lhes que eu sabia como era ser engolido por outra empresa. Repeti a frase que dissera diversas vezes durante as negociações com Steve, John e Ed: "Não faz sentido comprarmos vocês pelo que vocês são e depois transformá-los em outra coisa."

∙ ∙ ∙

QUANDO IKE DEIXOU claro que estava disposto a entrar em uma negociação mais séria, Tom Staggs, Kevin Mayer e suas equipes iniciaram o exaustivo processo de avaliar o valor atual e potencial da Marvel, tanto como empresa independente quanto como parte da Disney, para chegar a uma oferta que fizesse sentido. Aquilo envolveu uma contabilidade completa de seus ativos, passivos e obstáculos contratuais, bem como de seu quadro de funcionários e das questões de sua assimilação por nossa empresa. Nossa equipe construiu um cenário plurianual de possíveis lançamentos de filmes com estimativas projetadas de bilheteria. Também incorporou ao modelo o que poderíamos fazer para expandir os negócios dentro da Disney — parques temáticos, publicações e produtos de consumo.

Desde o negócio com a Pixar, tendo Steve como membro do conselho e maior acionista, sempre que eu queria fazer algo grande, conversava com ele para ouvir suas opiniões e obter seu apoio antes de levar o assunto ao restante do conselho. A voz de Steve pesava em nossa sala de reuniões; todos respeitavam ele. Antes de prosseguirmos com as negociações, fui até Cupertino, almocei com Steve e expliquei o negócio com a Marvel. Ele alegou nunca ter lido uma história em quadrinhos na vida ("Eu as odeio mais do que odeio videogames", contou ele.) Eu trouxera a minha enciclopédia de personagens da Marvel para explicar aquele universo e mostrar a ele o que estaríamos comprando. Ele passou cerca de dez segundos olhando, então colocou de lado e perguntou: "Isso é importante para você? Você quer mesmo isso? É outra Pixar?"

Steve e eu nos tornamos bons amigos desde a compra da Pixar. De vez em quando, saíamos e conversávamos algumas vezes por semana. Passávamos férias em hotéis havaianos contíguos e nos encontrávamos e fazíamos longas caminhadas pela praia, conversando sobre nossas esposas e nossos filhos, sobre música, sobre a Apple e a Disney e sobre as coisas que ainda podíamos fazer juntos.

Nossa ligação era muito maior do que um relacionamento comercial. Gostávamos imensamente da companhia um do outro e sentíamos que podíamos nos dizer qualquer coisa, que nossa amizade era forte o bastante para nunca ser ameaçada pela franqueza. Ninguém espera desenvolver amizades tão íntimas tardiamente na vida, mas quando penso em meu tempo como CEO — nas coisas pelas quais fico mais grato e surpreso —, meu relacionamento com Steve é uma delas. Ele podia me criticar, e eu podia discordar, e nenhum de nós levava aquilo para o lado pessoal. Muitas pessoas me avisaram que a pior coisa que eu podia fazer era deixar Steve entrar na empresa, que ele intimidaria a mim e a todos os demais. Sempre respondi o mesmo: "Como o fato de ter Steve Jobs em nossa empresa pode não ser uma coisa boa? Mesmo que seja à minha custa? Quem não gostaria que Steve Jobs tivesse influência sobre a maneira como a sua empresa é administrada?" Eu não estava preocupado com o modo como ele agiria e tinha certeza de que, caso saísse da linha, poderia conversar com ele a respeito. Ele era rápido em julgar as pessoas e, quando criticava, muitas vezes era bastante severo. Dito isso, ele compareceu a todas as reuniões do conselho, das quais participou ativamente, fornecendo o tipo de crítica objetiva que você esperaria de qualquer outro membro. Ele raramente criava problemas para mim. Não nunca, mas raramente.

Certa vez, levei-o para conhecer um hotel em Orlando chamado Art of Animation. É um hotel enorme, com três mil quartos e preços mais acessíveis do que muitos de nossos hotéis. Eu me orgulhava do custo-benefício, e, logo após a inauguração, quando Steve veio para um retiro do conselho, eu o levei para conhecê-lo. Entramos no hotel, Steve olhou em volta e declarou:

"Isto é uma porcaria. Você não está enganando ninguém."

"Steve", falei, "isso é para pessoas que querem ir ao Walt Disney World com seus filhos e não podem gastar centenas de dólares por noite com um quarto. São 90 dólares e é um lugar decente, simpático, limpo e agradável."

"Não entendo", rosnou ele.

A maioria das pessoas teria apreciado a qualidade e o cuidado que tivemos para projetar aquilo, mas Steve não era a maioria. Ele olhava através dos próprios olhos.

"Não é para você", falei. "Sinto muito por tê-lo trazido aqui."

Fiquei um pouco aborrecido com o esnobismo dele, mas também sabia que Steve era desse jeito. Ele criava coisas da mais alta qualidade, não necessariamente acessíveis a todos, e nunca sacrificou a qualidade para obter acessibilidade. Nunca mais lhe mostrei algo parecido.

Quando *Homem de Ferro 2* estreou, Steve levou o filho para assistir e me ligou no dia seguinte.

"Levei Reed para ver *Homem de Ferro 2* ontem à noite", disse ele. "É péssimo."

"Bem, obrigado. Rendeu uns 75 milhões de dólares. Chegará a um número altíssimo neste fim de semana. Não desprezo suas críticas, Steve, mas é um sucesso, e você não é o público."

(Eu sabia que *Homem de Ferro 2* estava longe de ser um ganhador do Oscar, mas não podia simplesmente deixar Steve pensar que estava certo o tempo todo.)

Pouco tempo depois, na assembleia geral de acionistas da Disney, em 2010, Alan Braverman, nosso conselheiro-geral, dirigiu-se a mim e disse:

"Temos uma enorme votação contra quatro membros do conselho."

"Enorme como?"

"Mais de cem milhões de ações."

Fiquei perplexo. Normalmente, havia de 2% a 4% de votos negativos, no máximo. Cem milhões de ações estava muito além. Havia algo errado.

"Cem milhões de ações?", repeti.

A empresa estava indo muito bem até então, e nossos membros do conselho eram bem respeitados. Até onde eu sabia, não havia nenhuma crítica pública, nenhum alerta de que algo assim pudesse surgir. Não fazia sentido. Depois de um minuto, Alan disse:

"Acho que pode ter sido Steve."

Ele possuía todas aquelas ações e votara contra quatro de seus colegas. Isso foi um dia antes de divulgarmos o resultado da votação. Anunciar que quatro membros do conselho haviam recebido uma gigantesca votação negativa seria um pesadelo de relações públicas.

Liguei para Steve.

"Você votou contra quatro membros do conselho?"

"Votei."

"Primeiro, como você foi capaz de fazer isso sem falar comigo antes? Vai pegar muito mal. Não sei como vou explicar isso publicamente e não sei como vou explicar isso para eles. Vão acabar descobrindo que foi você. Além do mais, são quatro bons membros do conselho! Por que está votando contra eles?"

"Acho que são um desperdício de espaço", respondeu. "Não gosto deles."

Comecei a defendê-los e percebi na mesma hora que aquilo não funcionaria com Steve. Eu não o convenceria de que ele estava errado.

"O que você quer que eu faça?", perguntou ele afinal.

"Preciso que você mude seu voto."

"Posso mudar meu voto?"

"Pode."

"Tudo bem, vou mudar meu voto porque é importante para você. Mas vou logo avisando, vou votar contra eles no ano que vem de novo."

Acabou que ele nunca fez isso. Na assembleia de acionistas seguinte, Steve estava terrivelmente doente e concentrado em outras coisas. Com essas poucas exceções, Steve era um parceiro de negócios maravilhoso, generoso e um sábio conselheiro.

Quanto à pergunta sobre a Marvel, eu disse a ele que não tinha certeza se seria outra Pixar, mas que eles tinham grandes talentos na empresa e que o conteúdo era muito rico, e, caso conseguíssemos a propriedade intelectual, isso nos colocaria bem à frente de todos. Perguntei se ele estaria disposto a conversar com Ike em meu favor.

"Tudo bem", disse Steve. "Se você acha que é o certo, eu ligo para ele." Ele nunca teria investido naquela empresa, mas confiava em mim, e sua vontade de me ajudar era maior do que seu ódio por histórias em quadrinhos e filmes de super-heróis. No dia seguinte, ele ligou e conversou com Ike por algum tempo. Acho que Ike ficou impressionado e lisonjeado por ter recebido uma ligação de Steve Jobs. Steve disse para Ike que o negócio da Pixar excedera em muito as suas expectativas, porque eu cumprira com a minha palavra e respeitara a marca e as pessoas.

Mais tarde, depois de fecharmos o negócio, Ike me disse que ainda tinha suas dúvidas, mas que a ligação de Steve fizera uma grande diferença. "Ele disse que você era fiel à sua palavra", explicou Ike. Fiquei grato por Steve estar disposto a fazer aquilo como amigo, mais do que como o membro mais influente de nosso conselho.

Às vezes eu dizia:

"Preciso lhe fazer essa pergunta, você é nosso maior acionista."

E Steve sempre respondia:

"Você não pode pensar em mim dessa forma. Isso é um insulto. Sou apenas um bom amigo."

EM 31 DE AGOSTO DE 2009, alguns meses após minha primeira reunião com Ike, anunciamos a compra da Marvel por 4 bilhões de dólares. Não houve vazamentos antes da hora, nenhuma especulação na imprensa sobre uma possível aquisição. Acabamos de fazer o anúncio e, em seguida, nos preparamos para a reação: a Marvel vai perder a audácia! A Disney vai perder a inocência! Eles gastaram 4 bilhões de dólares e não têm o *Homem-Aranha*! Nossas ações caíram 3% no dia em que anunciamos o acordo.

Pouco depois do anúncio, o presidente Obama organizou um almoço com um grupo de líderes empresariais no Rose Garden. Compareceram Brian Roberts, da Comcast, Alan Mulally, da Ford, e alguns outros. Comemos e conversamos sobre nossos vários negócios, e o presidente mencionou que era um grande fã da Marvel. Depois, Brian e eu compartilhamos um carro da Casa Branca. "Onde você vê o valor da Marvel?", perguntou-me durante o trajeto. Eu disse que havia um estoque infinito de propriedade intelectual. "Não estão todos comprometidos?" Alguns deles, sim, respondi, mas há muitos mais. Então Brian me disse que conversara com Jeff Immelt, CEO da General Electric, que na época era dona da NBCUniversal. (Pouco tempo depois, a Comcast compraria a NBC.) Ao que parece, Jeff dissera a Brian que nosso acordo com a Marvel o confundira. "Por que alguém desejaria comprar uma biblioteca de personagens de histórias em quadrinhos por 4 bilhões de dólares?", dissera. "Isso me dá vontade de abandonar esse ramo."

Sorri e dei de ombros: "Acho que é o que veremos." Eu não estava preocupado com o que os outros CEOs diriam. Nós tínhamos feito o dever de casa. Sabíamos que o tempo provaria que as marcas poderiam coexistir facilmente e sabíamos que havia uma profundidade no universo Marvel da qual a maioria das pessoas não se dava conta. Durante nossa pesquisa, montamos um dossiê que continha uma lista de cerca de sete mil personagens. Mesmo que não conseguíssemos o *Homem-Aranha* ou os direitos controlados por outros estúdios, ainda teríamos mais do que o suficiente para explorar. O conteúdo estava lá, o talento estava lá. (De fato, Kevin Feige, o talentoso líder da Marvel Studios, descrevera sua visão de longo prazo para o que se tornaria o Universo Cinematográfico Marvel, ou MCU. Havia muito trabalho pela frente, mas o plano que Kevin estabelecera, incluindo o de entrelaçar personagens em diversos filmes até a década seguinte, me pareceu brilhante.)

Assimilamos a Marvel com rapidez e facilidade. De Nova York, Ike continuou administrando a empresa — que incluía as divisões editoriais, de televisão e de cinema, entre outras. Kevin Feige trabalhava em Manhattan Beach e continuava se reportando a Ike. No início, essa estrutura pareceu funcionar, ao menos superficialmente. Os filmes eram bem-sucedidos e, logo após a aquisição, ficou claro que, a menos que cometêssemos erros extraordinários e voluntários ou se fôssemos ofuscados por algum evento externo imprevisto, a Marvel valeria muito mais do que esperávamos.

À medida que entendíamos mais de perto como a Marvel funcionava, tomamos conhecimento de uma dinâmica problemática entre o escritório de Nova York — a base da Marvel — e a divisão de cinema que Kevin supervisionava na Califórnia. O segmento de cinema pode ser emocionante e enlouquecedor. Não funciona como outras áreas tradicionais. Requer fazer aposta atrás de aposta com base em nada além de intuição. Tudo é um risco. Você pode ter o que pensa ser uma ótima ideia e a equipe certa reunida, e ainda assim as coisas podem dar errado por diversos motivos que geralmente estão fora de seu controle. Um roteiro não fecha, um diretor tem uma química ruim com a própria equipe ou apresenta uma visão para um filme contrária à sua, um filme competitivo lança por terra suas expectativas. É fácil se deixar envolver pelo glamour de Hollywood e perder toda a perspectiva; e é igualmente fácil sentir desprezo por isso e perder toda a perspectiva. Já vi as duas coisas ocorrerem diversas vezes.

Seja como for, eu detectava uma tensão crescente entre a equipe da Marvel em Nova York e a equipe de Kevin em Los Angeles. O escritório de Nova York supervisionava o orçamento do estúdio de cinema — e, portanto, experimentava a ansiedade dos custos e dos riscos —, mas, talvez por estar fora da cultura de Hollywood, era menos sensível aos desafios do processo criativo. Pressionar executivos de cinema, em especial produtores criativos, a fazer filmes melhores com menos dinheiro não é necessariamente uma ótima abordagem. Qualquer estúdio precisa estar ciente das realidades econômicas do ramo: os custos de produção de vez em quando saem do controle; às vezes é preciso traçar limites rígidos em se tratando de negociar contratos; há uma interminável litania de decisões financeiras que precisam ser observadas para evitar prejuízo em um filme. No entanto, trata-se de uma linha tênue, e sempre observei como o lado prático dos negócios às vezes pode exigir demais do processo criativo e ser indiferente às pressões às quais os cineastas estão sujeitos, e essa tensão acaba fazendo mais mal do que bem.

Kevin é um dos executivos de cinema mais talentosos do ramo, mas eu achava que o relacionamento tenso com Nova York estava ameaçando seu sucesso contínuo. Eu sabia que precisava intervir e, em maio de 2015, tomei a decisão de separar a unidade de produção de filmes do restante da Marvel e colocá-la sob o comando de Alan Horn e do Walt Disney Studios. Kevin agora se reportaria diretamente a Alan e se beneficiaria de sua experiência, e as tensões que se acumulavam entre ele e o escritório de Nova York seriam aliviadas. A transição não foi fácil, mas acabou por neutralizar o que poderia se tornar uma situação insustentável.

DEMITIR ALGUÉM OU RETIRAR a responsabilidade de pessoas é, sem dúvida, a coisa mais difícil que um chefe precisa fazer. Houve várias vezes em que precisei dar más notícias a pessoas talentosas, algumas das quais eram amigas e outras que não foram capazes de prosperar nas posições em que as coloquei. Não existe um bom manual de como demitir alguém, embora eu tenha meu conjunto interno de regras. Você precisa fazer isso pessoalmente, não por telefone e sem dúvida não por e-mail ou mensagem de texto. Você precisa olhar a pessoa nos olhos. Não pode usar mais ninguém como desculpa. É você quem está tomando uma decisão a respeito dela — não como pessoa, mas de seu desempenho no cargo —, e ela precisa, e merece, saber que isso vem de você. Não dá para começar essa reunião com conversa fiada. Normalmente digo algo do tipo: "Pedi que você viesse aqui por um motivo difícil." E, então, tento ser o mais direto possível sobre o assunto, explicando de forma clara e concisa o que não está funcionando e por que não creio que mudará. Enfatizo que foi uma decisão difícil de ser tomada e que entendo que está sendo muito mais difícil para ela do que para mim. Existe um tipo de linguagem corporativa eufemística que geralmente é usada nessas situações e que sempre me pareceu ofensiva. Não há como essa conversa não ser dolorosa, mas pode ao menos ser honesta, e, por conta disso, há pelo menos uma chance de a pessoa entender por que aquilo está acontecendo e finalmente seguir em frente, mesmo que saia furiosa da sala.

Na verdade, Alan Horn era agora o chefe do Walt Disney Studios, já que eu demitira seu antecessor, Rich Ross, que coloquei no cargo logo após termos fechado o acordo com a Marvel. Na época, achei que estava fazendo uma escolha ousada e não convencional. Rich não tinha experiência com cinema, mas fizera um tremendo sucesso à frente do Disney Channel. Ele lançara diversos programas de franquia e coordenara o sucesso dessas marcas em nossas divisões. Ele expandiu o segmento de nossos programas de TV infantil para mercados em todo o mundo, mas eu subestimei quão difícil seria administrar o estúdio, em parte porque eu mesmo ainda não estava integralmente ciente das complexidades do ramo cinematográfico. Eu estava ansioso para fazer uma escolha ousada e, embora Rich não tivesse experiência em navegar na fechada cultura de Hollywood, achei que ele poderia trazer um conjunto de habilidades diferentes e necessárias para o trabalho.

Ao longo dos anos, cometi grandes erros em relação ao quadro de funcionários, e esse foi um deles. Sempre fui grato a Tom Murphy e a Dan Burke por terem apostado em minha capacidade de fazer sucesso em um ramo por eu ter sido bem-sucedido em outro. Fiz a mesma aposta com Rich, mas a transição foi muito difícil para ele e, desde que assumiu o cargo, nunca deixou de se ver em dificuldades. Depois de alguns anos, tínhamos pouquíssimos filmes em andamento. Diversos parceiros poderosos, dentro e fora da Disney, haviam perdido a fé em Rich e reclamavam abertamente de terem que negociar com ele. (Ike era um de seus detratores mais explícitos.) Ao olhar para o estúdio, vi que pouca coisa ia bem e ficou claro que minha intuição não se provara certa. Em vez de me esforçar mais para fazer aquilo funcionar ou ficar na defensiva por tê-lo colocado no cargo, eu precisava rapidamente conter o dano, aprender com meus erros e seguir em frente.

Em algum momento do breve mandato de Rich como presidente do Walt Disney Studios, Bob Daly, que era então copresidente da Warner Bros., me ligou e disse que eu deveria conversar com Alan Horn para que este atuasse como consultor de Rich. Alan fora demitido como presidente e diretor de operações da Warner Bros., tinha 68 anos àquela altura e, embora fosse responsável por vários dos maiores filmes da década passada, incluindo a franquia Harry Potter, Jeff Bewkes, o CEO da Time Warner, queria alguém mais novo para dirigir o estúdio.

Alan ainda estava contratualmente vinculado à Warner Bros. quando Bob aventou a possibilidade de ele servir como mentor de Rich. Um ano depois, entretanto, quando ficou claro para todos na indústria que Rich não duraria muito tempo no cargo, Bob me ligou outra vez e me pediu que considerasse a contratação de Alan. Eu não conhecia Alan muito bem, mas respeitava seu trabalho e o que ele representava, dentro e fora da indústria. Também estava ciente de que a aposentadoria forçada fora humilhante para ele. Convidei-o para um café da manhã e expliquei que em breve precisaria substituir Rich. Ficou claro, nessa e nas duas reuniões seguintes, que Alan queria provar que ainda tinha o que oferecer, mas que também se sentia temeroso quanto a tentar fazer algo, dar errado e acrescentar outra nota amarga ao fim de sua carreira. A última coisa de que precisava, disse-me ele, era ir para outro lugar e não dar certo.

"Também não posso me permitir outro erro", falei para ele. Nos meses seguintes, Alan e eu discutimos a possibilidade de ele se tornar nosso novo diretor de estúdio. Uma das perguntas era qual seria o meu envolvimento nos seus negócios. Respondi que ninguém na empresa poderia aprovar grandes projetos sem o meu consentimento. "O diretor de Parques e Resorts não pode construir uma atração de 200 milhões de dólares sem a minha aprovação, por exemplo", falei. "O mesmo se aplica aos filmes." Embora as coisas tivessem terminado mal na Warner Bros., Alan estava acostumado a ter quase total autonomia. Mesmo que quisesse se envolver no ramo de filmes, Jeff Bewkes estava a cinco mil quilômetros de distância, em Nova York. "Estou a dez metros de você", falei para Alan. "E eu me preocupo muito com isso. Antes de tomar uma decisão, você precisa sem a menor dúvida saber que estarei envolvido em seus negócios. Em 99% do tempo você poderá fazer o que quiser, mas não posso lhe dar total liberdade."

Alan finalmente concordou e, no terceiro trimestre de 2012, assumiu a direção do Walt Disney Studios. O que eu via nele não era apenas alguém que, naquela fase tardia da carreira, tinha experiência para restabelecer boas relações com a comunidade cinematográfica. Ele também tinha algo a provar. Estava muito estimulado, e essa energia e concentração transformaram o Disney Studios quando ele assumiu sua direção.

Atualmente, ele já passou dos 75 anos e tem tanta vitalidade e sagacidade quanto qualquer outro no ramo. Alan foi mais bem-sucedido no cargo do que eu esperava. (Quase três quartos dos mais de vinte filmes da Disney que faturaram mais de 1 bilhão de dólares nas bilheterias foram lançados sob a direção de Alan.) E ele é um parceiro correto, gentil, franco e colaborativo com todos com quem trabalha. Esta é outra lição a ser tirada de sua contratação: cerque-se de pessoas que sejam boas além de serem boas no que fazem. Não há como prever sempre quem cometerá deslizes éticos ou revelará um lado que você jamais suspeitou existir. Nos piores casos, você terá de lidar com atos que prejudicam a imagem da empresa e exigem censura. Essa é uma parte inevitável do trabalho, mas é preciso exigir honestidade e integridade de todos e, quando houver um deslize, é fundamental lidar com isso imediatamente.

A AQUISIÇÃO DA Marvel provou ser muito mais bem-sucedida do que nossos modelos mais otimistas. Enquanto escrevo isso, *Vingadores: Ultimato*, nosso vigésimo filme da Marvel, está finalizando as semanas de estreia de maior sucesso da história do cinema. Em conjunto, os filmes tiveram uma média de mais de 1 bilhão de dólares em receitas brutas de bilheteria, e sua popularidade foi sentida em todos os nossos segmentos de parques temáticos, programas de TV e produtos de consumo de uma maneira que jamais prevíramos em sua totalidade.

Mas seu impacto na empresa e na cultura popular foi muito além das bilheterias. Desde 2009, Kevin, Alan, eu e alguns outros nos reunimos trimestralmente para planejar os futuros lançamentos da Marvel. Discutimos projetos que estão bem avançados em produção e outros que são apenas esboços de ideias. Refletimos sobre a apresentação de personagens em potencial, consideramos continuações e franquias que poderíamos adicionar ao MCU em expansão. Consideramos atores e diretores e pensamos em como as diversas histórias podem se cruzar.

Costumo recorrer à leitura de minha enciclopédia Marvel de bolso antes dessas reuniões, para mergulhar nas profundezas dos personagens e ver se algum deles desperta minha curiosidade o suficiente para levá-lo a ser desenvolvido. Em uma dessas reuniões, quando Kevin ainda se reportava a Ike e as decisões do estúdio eram tomadas pela equipe da Marvel em Nova York, levantei a questão da diversidade. Até então, a maioria dos filmes da Marvel havia sido construída em torno de personagens masculinos e brancos. Quando eu disse que achava que deveríamos mudar esse cenário, Kevin concordou, mas revelou a preocupação de que a equipe da Marvel em Nova York se mostraria cética. Liguei para a equipe a fim de discutir minhas preocupações e um deles me disse: "Super-heroínas nunca rendem grandes bilheterias." Sua outra suposição era a de que o público internacional não gostaria de assistir a filmes com super-heróis negros.

Eu não acreditava que esses antigos "truísmos" fossem verdadeiros, e então começamos a discutir quais personagens poderiam protagonizar os próprios filmes. Kevin mencionou o Pantera Negra, que estava prestes a ser incluído no roteiro de *Capitão América: Guerra Civil*, e Alan e eu ficamos intrigados. Chadwick Boseman, que recebera elogios por interpretar Jackie Robinson em *42: A História de uma Lenda*, seria escalado como o Pantera Negra. Era um ator magnético e envolvente, e eu o via facilmente em um papel principal na Marvel.

Na mesma época, Dan Buckley, que dirige o segmento de programas de TV e histórias em quadrinhos da Marvel, me disse que o escritor Ta-Nehisi Coates, que eu considerava uma das vozes mais importantes da literatura americana contemporânea, estava escrevendo uma história em quadrinhos do Pantera Negra para nós. Pedi a Dan que me enviasse o material e fiquei impressionado com a narrativa elegante e a profundidade que Ta-Nehisi acrescentara ao personagem. Devorei os quadrinhos e, antes mesmo de terminar, já tinha colocado *Pantera Negra* em minha lista mental de projetos da Marvel que precisavam ser realizados.

Os céticos da Marvel em Nova York não foram os únicos que acharam que um filme de super-herói protagonizado por um negro não se sairia bem nas bilheterias. Havia uma visão de longa data em Hollywood de que filmes com elencos predominantemente negros ou com protagonistas negros sofriam dificuldades em diversos mercados internacionais. Essa suposição limitou o número de filmes liderados por negros sendo produzidos e atores negros sendo escalados, e muitos dos que foram realizados tinham orçamentos reduzidos para minimizar o risco da bilheteria.

Estou no ramo há bastante tempo para ter ouvido todos esses velhos argumentos e aprendi que os velhos argumentos são apenas isto: velhos e em descompasso com o mundo atual. Tínhamos a chance de fazer um ótimo filme e mostrar um segmento sub-representado dos Estados Unidos, e esses objetivos não eram mutuamente exclusivos. Liguei para Ike, pedi que ele dissesse para sua equipe parar de criar obstáculos e ordenei que colocássemos *Pantera Negra* e *Capitã Marvel* em produção.

Ike atendeu aos meus pedidos. Imediatamente, começamos a desenvolver *Pantera Negra* e, logo depois, *Capitã Marvel*. Ambos os filmes desafiaram todas as noções preconcebidas de como se sairiam nas bilheterias. Enquanto escrevo isto, *Pantera Negra* é o quarto filme de super-herói com maior bilheteria de todos os tempos e *Capitã Marvel* é o décimo. Ambos renderam mais de 1 bilhão de dólares. Ambos foram extraordinariamente bem-sucedidos no mundo todo. No entanto, o que alcançaram em termos de cultura é ainda mais significativo.

A experiência de assistir a *Pantera Negra* com a multidão que lotou o Dolby Theatre para a estreia continuará sendo um dos momentos mais memoráveis de minha carreira. Até então, eu só vira o filme em exibições em casa ou com um pequeno grupo no estúdio. Eu sabia que tínhamos algo especial, mas nunca dá para saber ao certo como será recebido. Ainda assim, eu mal podia esperar para compartilhá-lo com o mundo e ver e sentir sua reação. Naquela noite, a energia na sala já era eletrizante muito antes de as luzes se apagarem. Dava para sentir a ansiedade de que algo sem precedentes estava prestes a acontecer, algo histórico, e o filme mais do que superou essas expectativas.

Posteriormente, recebi mais ligações e mensagens do que jamais recebera a respeito de qualquer coisa à qual estivesse associado em minha carreira. Spike Lee, Denzel Washington e Gayle King entraram em contato. Pedi que um assistente de produção enviasse uma cópia do filme para o presidente Obama, e, quando nos falamos depois, ele me disse quão importante acreditava que aquele filme era. Oprah enviou uma mensagem chamando-o de "um fenômeno em todos os aspectos" e acrescentando: "Meus olhos se enchem de lágrimas ao pensar que crianças negras crescerão com isso para sempre."

Não deve haver um produto que tenhamos criado do qual eu me orgulhe mais do que *Pantera Negra*. Após a semana de estreia, senti a necessidade de compartilhar esse orgulho e divulguei a seguinte nota para toda a empresa:

Prezados funcionários,

É difícil não começar com "Wakanda para sempre", uma vez que compartilhamos ótimas notícias sobre *Pantera Negra*!

O *Pantera Negra* da Marvel é uma obra-prima da produção cinematográfica, um filme que é bem-sucedido em diversos níveis, tocando corações e abrindo mentes... enquanto entretém milhões de pessoas e supera em muito as mais altas projeções de bilheteria. Esse filme inovador estreou com um recorde de 242 milhões de dólares em bilheteria doméstica no fim de semana de feriado e rendeu a segunda maior bilheteria em quatro dias de estreia da história do cinema. Até a data, as bilheterias mundiais renderam mais de 426 milhões de dólares, e o filme ainda não foi lançado em diversos mercados importantes.

Pantera Negra também se tornou um fenômeno cultural instantâneo, provocando discussões, suscitando reflexão, inspirando jovens e velhos e quebrando mitos arcaicos da indústria.

Como CEO desta empresa fenomenal, recebi muitos feedbacks sobre o que criamos. Nos doze anos em que desempenhei esse papel, nunca vi uma manifestação tão avassaladora e genuína de emoção, elogio, respeito e gratidão como recebi em relação a *Pantera Negra*... Isso nos fala da importância de apresentar diversas vozes e visões e de quão poderoso é o fato de todos os setores de nossa sociedade poderem ser vistos e representados em nossa arte e nosso entretenimento. O sucesso do filme é também prova da disposição de nossa empresa de defender iniciativas de negócios ousadas e criativas, de nossa capacidade de apresentar com perfeição uma visão inovadora e de nosso compromisso de oferecer entretenimento extraordinário a um mundo que anseia por heróis, modelos e narrativas inacreditavelmente grandiosas.

CAPÍTULO 11

STAR WARS

GOSTARIA QUE STEVE tivesse visto no que se transformou nosso investimento na Marvel. Ele provavelmente não teria ligado muito para os filmes (embora eu ache que teria gostado de ver como *Pantera Negra* e *Capitã Marvel* desafiaram os preconceitos da indústria), mas teria se orgulhado por ter sido fundamental na vinda de Ike para a empresa e com o tanto que a marca floresceu na Disney.

Desde a morte de Steve, a cada sucesso alcançado pela empresa, sempre há um momento em meu entusiasmo em que penso: *Gostaria que Steve estivesse aqui para ver isso*. É impossível não travar na mente a conversa que eu gostaria de ter com ele na vida real.

No terceiro trimestre de 2011, Steve e a esposa, Laurene, vieram à nossa casa em Los Angeles para jantar comigo e

Willow. Na ocasião, ele estava nos estágios finais do câncer, terrivelmente magro e com dores evidentes. Sentia-se muito fraco e sua voz soava baixa. Mas ele queria passar uma noite conosco, em parte para celebrar o que fizéramos anos antes. Sentamos na sala de jantar e erguemos nossas taças de vinho antes de começarmos a comer.

"Veja o que fizemos", disse ele. "Salvamos duas empresas."

Nós quatro choramos. Aquele era Steve em sua forma mais calorosa e sincera. Ele estava convencido de que a Pixar crescera de uma maneira que jamais cresceria se não tivesse se tornado parte da Disney, e que a Disney fora reenergizada ao trazer a Pixar. Não pude deixar de pensar naquelas primeiras conversas e em como eu estava nervoso antes de entrar em contato com ele. Fazia apenas seis anos, mas parecia outra vida. Ele se tornara muito importante para mim, profissional e pessoalmente. Enquanto brindávamos, eu mal podia olhar para Willow. Ela conhecia Steve havia muito mais tempo que eu, desde 1982, quando ele era um dos jovens, impetuosos e brilhantes fundadores da Apple. Agora ele estava magro, frágil e tinha poucos meses de vida, e eu sabia quanto doía nela vê-lo assim.

Steve morreu em 5 de outubro de 2011. Havia cerca de 25 pessoas em seu enterro em Palo Alto. Nós nos reunimos em um quadrado apertado ao redor de seu caixão, e Laurene perguntou se alguém queria dizer algumas palavras. Eu não estava preparado para falar, mas a lembrança daquela caminhada que fizéramos no campus da Pixar anos antes me veio à mente.

Eu nunca tinha contado aquilo para ninguém a não ser Alan Braverman, nosso consultor jurídico, e Willow, porque precisava compartilhar a intensidade emocional daquele dia com a minha esposa. Mas achei que o momento capturava o caráter de Steve, então o relembrei no cemitério: Steve me puxando para o lado; a caminhada pelo campus; a maneira como ele pousou o braço nas minhas costas e me deu a notícia; sua preocupação em me transmitir aquela informação íntima e terrível, porque poderia afetar a mim e à Disney e ele queria ser totalmente transparente; a emoção com a qual falou sobre o filho e a necessidade de viver tempo suficiente para vê-lo se formar no ensino médio e começar a vida como adulto.

Após o funeral, Laurene veio até mim e disse: "Nunca lhe contei o meu lado dessa história." Ela descreveu Steve voltando para casa naquela noite: "Depois que terminamos de jantar, as crianças saíram da mesa e eu perguntei para Steve: 'Então, você contou para ele?' 'Contei.' E eu falei: 'Podemos confiar nele?'" Estávamos ali de pé, com o túmulo de Steve às nossas costas, e Laurene, que acabara de enterrar o marido, me deu um presente no qual penso quase todos os dias desde então. Eu certamente penso em Steve todos os dias. "Perguntei se poderíamos confiar em você", disse Laurene. "E Steve respondeu: 'Eu amo aquele cara.'"

O sentimento era mútuo.

QUANDO FUI a Cupertino conversar com Steve sobre a Marvel, ele me perguntou se eu estava de olho em algo mais. Mencionei a Lucasfilm, e ele disse: "Você devia ligar para o George." Steve comprara a Pixar de George Lucas, e ele e George eram próximos. "Quem sabe?", falou. "George pode estar interessado. Nós dois deveríamos ir ao rancho para almoçar com ele um dia desses."

Nunca fizemos esse almoço. Steve logo ficou muito doente e seu envolvimento nos negócios da Disney diminuiu. Mas Lucas estava no topo de nossa lista de aquisições desde que concluímos o acordo com a Marvel, e eu pensava em como abordar George de uma maneira que não o ofendesse ao sugerir que vendesse *para nós* os maravilhosos mundos que ele criara.

Michael Eisner fizera um contrato de licenciamento com George em meados dos anos 1980 para construir atrações temáticas de *Star Wars* e *Indiana Jones* em nossos parques. Em maio de 2011, reabrimos as atrações de *Star Wars* (Star Tours, como são chamadas) no Walt Disney World e na Disneylândia após uma reforma de um ano. Eu sabia que George iria até Orlando para a reinauguração da atração, como um favor para a empresa e para seus amigos na Imagineering, e decidi me juntar a ele. A não ser em ocasiões excepcionais, geralmente deixo a inauguração de novas atrações para o chefe de Parques e Resorts, mas achei que aquilo poderia me dar a chance de, ao menos, lançar a proposta para George e ter uma ideia para saber se ele consideraria vender a Lucasfilm para nós.

Nosso relacionamento remontava aos meus tempos na ABC Entertainment. Após o sucesso de *Twin Peaks*, alguns dos diretores mais respeitados de Hollywood começaram a mostrar interesse em fazer séries de televisão conosco. Eu me encontrei com George e ele apresentou a ideia de um programa que acompanhasse um jovem Indiana Jones em suas viagens pelo mundo. "Cada episódio será uma lição de história", disse George. Indy interagiria com personalidades históricas como Churchill, Freud, Degas e Mata Hari. Dei a ele um sim muito rápido e, em 1992, colocamos *O Jovem Indiana Jones* nas noites de segunda-feira como uma introdução do *Monday Night Football*. O programa atingiu grandes índices, porém, com o tempo, o público perdeu o interesse pelas lições históricas e a audiência caiu. Mas George fez tudo o que disse que faria e senti que, por isso, e porque era George Lucas, ele merecia uma segunda temporada e outra chance de atingir os espectadores. Isso não aconteceu, mas George ficou agradecido na época por eu ter dado aquela chance ao programa.

No dia da reinauguração do Star Tours em Orlando, marquei um café da manhã com ele no Brown Derby, restaurante perto da atração no parque Hollywood Studios. Ele em geral não abre antes do almoço, mas pedi que montassem uma mesa só para nós, para que tivéssemos privacidade. Quando George e sua noiva, Mellody Hobson, chegaram, ficaram surpresos ao perceber que não havia ninguém ali além de mim. Sentamo-nos, tomamos um café da manhã agradável e, no meio da conversa, perguntei a George se ele já pensara em vender a empresa. Tentei ser claro e direto, sem ofendê-lo. Na época, ele tinha 68 anos e eu disse:

"Não quero ser fatalista, George, e, por favor, me diga se não quiser ter essa conversa, mas acho que vale a pena colocar isso na mesa. O que acontecerá mais adiante? Você não tem herdeiros para administrar a Lucasfilm. Eles podem controlá-la, mas não vão administrá-la. Você não deveria decidir quem protegerá ou levará seu legado adiante?"

Ele assentiu enquanto eu falava.

"Na verdade, não estou pronto para vender", disse ele. "Mas você está certo. E se eu decidir fazer isso, não há ninguém mais para quem eu queira vender além de você."

Ele se lembrou de *O Jovem Indiana Jones* e de quanto ele era grato por eu ter dado uma chance ao programa, mesmo com a baixa audiência. E então ele falou sobre o que fizéramos com a Pixar, assunto sobre o qual Steve deve ter conversado com ele a certa altura. "Você fez aquilo do jeito certo", falou. "Você cuidou deles. Se eu chegar a esse ponto, você é a única pessoa para quem ligarei."

Ele disse outra coisa da qual me lembrei em todas as conversas que tivemos posteriormente: "Quando eu morrer, a primeira linha de meu obituário dirá: 'O criador de *Star Wars*, George Lucas...'" É claro que eu sabia que aquilo fazia parte de quem ele era, mas ele me olhar nos olhos e dizer isso daquela maneira ressaltava o fator mais importante naquelas conversas. Aquela não era uma negociação para comprar uma empresa; era uma negociação para nos tornarmos guardiões do legado de George, e eu precisava ser extremamente sensível quanto a isso em tempo integral.

Para desgosto de Kevin Mayer e alguns outros da Disney que cobiçavam a Lucasfilm — porque, assim como a Marvel e a Pixar, a empresa se encaixava perfeitamente em nossa estratégia —, decidi não entrar em contato com George após nossa conversa na Flórida. Se a negociação fosse adiante, teria que ser porque ele assim decidira. Eu tinha muito respeito e afeição por George e precisava que ele soubesse que aquilo estava em suas mãos. Então, esperamos. Uns sete meses depois daquele café da manhã, George me ligou e disse: "Gostaria de almoçar para conversarmos mais a respeito daquilo que falamos em Orlando."

Nós nos encontramos para almoçar na Disney, em Burbank, e deixei George liderar a conversa. Ele foi direto ao assunto: disse que estava pensando em nossa conversa e que se sentia pronto para levar a venda a sério. Então falou que queria "o acordo da Pixar". Fiquei empolgado por ele estar aberto à análise de uma aquisição, mas entendi o que ele queria dizer com o acordo da Pixar e logo ficou claro que a negociação não seria fácil. Nós achávamos que a Lucasfilm era potencialmente muito valiosa para nós, mas não a ponto de chegar a 7,4 bilhões de dólares, ao menos não com base em nossa análise naquele momento. Quando estávamos em busca da Pixar, eles já tinham seis filmes em diferentes estágios de produção e uma noção geral de quando seriam lançados. Isso significava que gerariam receita e lucros rapidamente. A Pixar também veio com um grande grupo de engenheiros de nível internacional, diretores experientes, artistas, escritores e uma verdadeira infraestrutura de produção. Até onde sabíamos, Lucas tinha muitos funcionários talentosos, em especial no aspecto técnico, mas nenhum diretor além do próprio George e nenhum desenvolvimento de filmes ou linha de produção. Havíamos trabalhado para descobrir o valor da empresa, e Kevin e eu tivemos discussões sobre o que poderíamos pagar, mas, como não se tratava de uma empresa de capital aberto, suas informações financeiras não estavam disponíveis e havia muito que não sabíamos ou não podíamos ter acesso. Nossa análise foi construída com base em um conjunto de suposições e, a partir delas, tentamos montar um modelo financeiro — valorizando a sua biblioteca de filmes e programas de televisão; seus ativos de publicação e licenciamento; sua marca, dominada por *Star Wars*; e seu segmento de efeitos especiais, a Industrial Light and Magic, que George fundara anos antes para criar os deslumbrantes efeitos especiais de seus filmes.

Projetamos então o que poderíamos fazer caso os adquiríssemos, o que era pura conjectura. Imaginamos que tínhamos condição de produzir e lançar um filme de *Star Wars* a cada dois anos nos primeiros seis anos depois da aquisição, mas isso levaria tempo para começar, pois não tínhamos detectado nada em desenvolvimento. Essa análise ocorreu no início de 2012, de modo que estimamos que nosso primeiro lançamento de *Star Wars* seria em maio de 2015, se conseguíssemos adquiri-los rapidamente. Outros filmes se seguiriam em 2017 e 2019. Então, estimamos o que a bilheteria mundial dos filmes renderia, o que foi ainda mais conjectural, uma vez que o último filme da saga, *Star Wars: A Vingança dos Sith*, fora lançado sete anos antes, em 2005. Kevin me deu uma coletânea de resenhas de todos os filmes lançados antes e um resumo do que ganharam, e estabelecemos ao menos 1 bilhão de dólares em bilheteria mundial para nossos três primeiros filmes.

Em seguida, abordamos a divisão de licenciamento. *Star Wars* continuava muito popular entre as crianças, principalmente os meninos, que ainda montavam Millennium Falcons da Lego e brincavam com sabres de luz. Adicionar essa divisão de licenciamento ao nosso segmento de produtos de consumo seria muito valioso, mas não tínhamos acesso à receita real gerada pelo licenciamento. Por fim, avaliamos o que poderíamos fazer em nossos parques temáticos, considerando que já estávamos pagando à Lucasfilm pelos direitos das atrações da Star Tours em três de nossas instalações. Eu tinha grandes sonhos a respeito do que poderíamos construir, mas decidimos atribuir pouco ou nenhum valor àquilo, porque havia muitas incógnitas.

Na mente de George, a Lucasfilm era tão valiosa quanto a Pixar. Entretanto, mesmo a partir de nossa análise relativamente desinformada, esse não o era caso. Eles poderiam vir a ser algum dia, mas levaria anos de trabalho para chegar até lá, e ainda teríamos que produzir grandes filmes. Eu não queria ofendê-lo, mas tampouco desejávamos induzir alguma coisa. O pior que você pode fazer ao iniciar uma negociação é sugerir ou prometer algo, porque sabe que a outra pessoa quer ouvir aquilo, e acabar mudando o caminho mais tarde. Você precisa ser claro quanto à sua posição desde o início. Eu sabia que, se enganasse George apenas para iniciarmos o processo de negociação ou para mantermos a conversa em andamento, o tiro sairia pela culatra.

Então falei logo de cara:

"Não há como fazer um acordo como o da Pixar, George."

E expliquei o motivo, lembrando minha visita à Pixar desde o início e a riqueza de criatividade que encontrei por lá.

Ele ficou surpreso por um momento, e pensei que as negociações poderiam terminar ali. Em vez disso, ele perguntou:

"Bem, então, o que faremos?"

Respondi que precisávamos analisar de perto a Lucasfilm e contar com a cooperação dele. Assinaríamos um contrato de confidencialidade e o faríamos de uma maneira que não suscitasse muitas perguntas dentro da empresa. "Só precisamos de seu diretor financeiro ou de alguém que conheça a estrutura financeira para nos guiar", falei. "Tenho uma equipe pequena que entraria lá e faria isso com rapidez. Vamos manter o assunto em segredo. Afora algumas pessoas, seus funcionários não saberão que estamos bisbilhotando."

Normalmente, o preço que pagamos pelos ativos não varia muito daquele que a princípio acreditamos ser o valor. Muitas vezes, é possível começar com um preço baixo e esperar pagar muito menos do que sua avaliação de um ativo, mas no processo você corre o risco de afastar a pessoa com quem está negociando. "Eu não brinco com isso", avisei a George. Chegaríamos rapidamente a um número que acreditávamos ser o valor da empresa — e qual eu acreditava poder vender ao conselho, aos nossos acionistas e a Wall Street — e, fosse qual fosse esse número, falei: "Não vou começar por baixo para negociar um meio-termo. Vou fazer do mesmo jeito que fiz com Steve."

George nos concedeu o acesso necessário, mas no fim do processo ainda nos vimos com dificuldade para estabelecer uma avaliação sólida. Muitas de nossas preocupações tinham a ver com a maneira de avaliar a nossa capacidade de começar a fazer bons filmes — e rapidamente. Não começamos a formar uma visão criativa de longo prazo porque não tínhamos pessoas criativas designadas para a tarefa. Na verdade, não tínhamos nada, o que significava que havia um grande risco criativo, e cumprir o cronograma estabelecido por nós mesmos — e no qual se baseava a nossa análise financeira — seria assustador, talvez impossível.

Por fim, liguei para George e disse a ele que chegáramos a uma faixa de preço e que ainda precisávamos de tempo para obter um valor específico. Ficaria entre 3,5 e 3,75 bilhões de dólares. George abaixara muito seu "preço Pixar", mas dava para ver que ele não aceitaria nada menos do que o que pagamos para a Marvel. Encontrei-me com Kevin e sua equipe e voltamos a avaliar nossa análise. Não queríamos aumentar falsamente as nossas estimativas de bilheteria, mas, mesmo no topo da faixa que eu dera para George, havia espaço para pagarmos mais, embora isso colocasse muito mais pressão no tempo e no desempenho dos filmes. Conseguiríamos fazer três filmes em seis anos? Seriam filmes da saga *Star Wars*, então tínhamos de ser muito cuidadosos. Por fim, Kevin e eu decidimos que poderíamos pagar 4,05 bilhões, um pouco mais do que pagáramos pela Marvel, e George concordou na mesma hora.

Então, começaram as negociações mais difíceis sobre qual seria o envolvimento criativo de George. No caso da Pixar, toda a aquisição se baseara no envolvimento contínuo de John e de Ed, não apenas com a Pixar, mas com a Disney Animation. John se tornou diretor de criação, mas ainda se reportava a mim. No caso da Marvel, eu me encontrei com Kevin Feige e com o restante de sua equipe e sabia no que eles estavam trabalhando. Começamos a colaborar intimamente para determinarmos o futuro dos filmes da Marvel. Com Lucas, havia apenas uma pessoa no controle criativo: George. Ele queria manter esse controle sem se tornar funcionário da empresa. Teria sido uma irresponsabilidade de minha parte gastar mais de 4 bilhões de dólares e no fim das contas dizer: *Isso ainda é seu. Vá em frente e faça os filmes que quiser no tempo que conseguir.*

Poucas pessoas no ramo do cinema impunham tanto respeito quanto George. *Star Wars* sempre fora só dele. Não importava quanto ele entendesse racionalmente que estava vendendo a empresa e que nesse caso não fazia sentido deter o controle criativo, todo o seu ser estava envolvido no fato de que ele era o responsável pelo que talvez fosse a maior mitologia de nosso tempo. É difícil deixar algo assim ir embora, e eu estava profundamente sensível a isso. A última coisa que eu desejava era insultá-lo.

Eu também sabia que não poderíamos gastar esse dinheiro e fazer o que George queria. E estava ciente de que dizer isso a ele colocaria todo o negócio em risco. Foi exatamente o que aconteceu. Concordamos rapidamente em relação ao preço, mas depois negociamos por vários meses qual seria o papel de George. Era difícil para ele ceder o controle da saga em andamento de *Star Wars*, e não fazia sentido para nós não termos esse controle. Repisamos o mesmo terreno repetidas vezes: George dizendo que não podia simplesmente entregar seu legado, eu dizendo que não podíamos comprá-lo sem ter o controle — e por duas vezes nos levantamos da mesa e cancelamos as negociações. (Nós nos levantamos na primeira vez, George na segunda.)

Em algum momento, George me disse que completara os esboços de três novos filmes. Ele concordou em nos enviar três cópias: uma para mim, outra para Alan Braverman e outra para Alan Horn, recém-contratado para dirigir nosso estúdio. Alan Horn e eu lemos os esboços de George e decidimos que precisávamos comprá-los, embora tenhamos deixado claro no contrato de compra que não estaríamos obrigados a aderir às tramas que ele traçara.

Foi uma mudança iminente nas leis de ganhos de capital que acabou salvando as negociações. Se não fechássemos o negócio até o fim de 2012, George, o dono integral da Lucasfilm, sofreria um golpe de 500 milhões de dólares na venda. Se ele quisesse vender para nós, havia alguma urgência financeira em chegarmos logo a um acordo. Ele sabia que eu insistiria na questão do controle criativo, mas isso não era algo fácil para ele aceitar. Assim, ele concordou, com certa relutância, em se tornar disponível para consultas. Prometi que estaríamos abertos às ideias dele (não era uma promessa difícil de fazer: é claro que estaríamos abertos às ideias de George Lucas), mas, assim como no caso dos esboços, não teríamos nenhuma obrigação de segui-las.

Em 30 de outubro de 2012, George veio ao meu escritório, nós nos sentamos à minha mesa e assinamos o contrato de compra da Lucasfilm pela Disney. Ele estava fazendo tudo o que podia para não demonstrar, mas pude perceber no tom de sua voz e em seu olhar como aquilo era comovente para ele. Afinal, estava abrindo mão de *Star Wars*.

. . .

POUCOS MESES antes de fecharmos o negócio, George contratara a produtora Kathy Kennedy para dirigir a Lucasfilm. Kathy fundara a Amblin Entertainment com o marido, Frank Marshall, e com Steven Spielberg; além disso produzira *E.T.*, a franquia *Jurassic Park* e dezenas de sucessos comerciais e de crítica. Foi um movimento interessante da parte de George. Estávamos prestes a comprar a empresa, mas subitamente ele decidiu quem a administraria e acabaria produzindo os próximos filmes. Isso não nos incomodou, mas foi uma surpresa, assim como Kathy saber que a empresa que ela estava concordando em administrar estava prestes a ser vendida! Kathy é uma produtora lendária e tem sido uma grande parceira, e essa foi uma maneira final de George colocar alguém em quem ele confiava como guardião de seu legado.

O acordo foi fechado em fins de 2012, e Kathy, Alan e eu começamos a procurar uma equipe de criação. Acabamos convencendo J. J. Abrams a dirigir nosso primeiro filme da saga *Star Wars* e contratamos Michael Arndt, que escrevera *Toy Story 3* e *Pequena Miss Sunshine*, para escrever o roteiro. J. J. e eu jantamos logo depois que ele decidiu assumir o projeto. Nós nos conhecíamos desde os tempos da ABC — ele criara *Alias: Codinome Perigo* e *Lost* para nós, entre outras coisas —, e era importante para mim nos sentarmos e reconhecermos o que ambos sabíamos: que as apostas naquele projeto eram mais altas do que qualquer uma que já tínhamos feito. Em algum momento do jantar, brinquei dizendo que aquele era um "filme de 4 bilhões de dólares" — significando que toda a aquisição dependia de seu sucesso —, o que mais tarde J. J. me disse que não teve a menor graça.

Sei quanto ele gostou do fato de ter tanto em jogo para mim quanto para ele naquele filme e de podermos compartilhar o fardo do que significava ser responsável pelo primeiro longa da saga *Star Wars* que não foi produzido por George Lucas. Em todas as nossas interações, desde as conversas iniciais sobre como o mito deveria se desenrolar até visitas ao set e à sala de edição, tentei mostrar para J. J. que eu era um *parceiro* no projeto e não apenas um CEO pressionando-o a entregar um ótimo filme e um grande sucesso de bilheteria. Havia pressão mais do que suficiente para nós dois, e eu queria que ele sentisse que podia me ligar quando quisesse para discutir qualquer problema com o qual estivesse lidando, e que eu podia telefonar para falar sobre as ideias que eu tivesse. Eu seria um recurso e um colaborador para ele, mas não alguém que precisasse colocar meu selo naquele filme por vaidade, cargo ou obrigação. Felizmente, temos sensibilidades e gostos semelhantes e concordamos em especial a respeito do que causava problemas e do que dava certo. Durante o longo processo de desenvolvimento e produção em Los Angeles, e, mais tarde, no Pinewood Studios em Londres, na Islândia, na Escócia e em Abu Dhabi, J. J. provou ser um grande colaborador e nunca perdeu de vista a enormidade do projeto ou do tremendo fardo que carregava — para George, para os fãs de *Star Wars*, para a imprensa e para nossos investidores.

Não existe um livro de regras sobre como gerenciar esse tipo de desafio, mas, em geral, você deve tentar reconhecer que, quando as apostas em um projeto são muito altas, não é muito vantajoso pressionar ainda mais as pessoas que trabalham nele. Projetar sua ansiedade em sua equipe é contraproducente. É sutil, mas há uma diferença entre demonstrar que você compartilha o estresse deles — que está nessa *com* eles — e demonstrar que precisa que eles cumpram com a parte deles para aliviar o seu estresse. Naquele projeto, ninguém precisava lembrar o que estava em jogo. Meu trabalho era não perder de vista a nossa ambição ao enfrentarmos obstáculos criativos e práticos e nos ajudar a encontrar soluções da melhor maneira possível. Às vezes significava alocar mais recursos; às vezes, conversar sobre novos rascunhos de um roteiro ou assistir diariamente a inúmeros e intermináveis cortes do filme. Muitas vezes, significava apenas lembrar a J. J., Kathy Kennedy e Alan Horn de que eu acreditava neles e que não havia mãos melhores para cuidar daquele filme.

Isso não quer dizer que foi um passeio tranquilo desde o início. No começo, Kathy levou J. J. e Michael Arndt até o norte da Califórnia para se encontrarem com George em seu rancho e conversarem sobre as ideias que tinham para o filme. George ficou imediatamente aborrecido quando começaram a descrever o enredo e ocorreu-lhe que não estávamos usando uma das histórias enviadas por ele durante as negociações.

A verdade era que Kathy, J. J., Alan e eu tínhamos discutido a direção que a saga deveria seguir, e todos concordamos que não era aquela que George delineara. George sabia que não estávamos contratualmente vinculados a nada, mas achava que a compra dos esboços da história era uma promessa tácita de que os seguiríamos, e ficou decepcionado por sua história estar sendo descartada. Desde a nossa primeira conversa, eu tivera muito cuidado para não enganá-lo de forma alguma e não achava que o tinha feito, mas eu poderia ter lidado melhor com aquilo. Eu deveria tê-lo preparado para a reunião com J. J. e Michael, falado sobre as nossas conversas, que achamos que era melhor seguir em outra direção. Poderia ter conversado com ele e possivelmente evitado irritá-lo ao não pegá-lo de surpresa. Agora, na primeira reunião sobre o futuro de *Star Wars*, George sentia-se traído e, embora todo esse processo nunca tenha sido fácil para ele, tivemos um começo desnecessariamente difícil.

HOUVE OUTROS atritos além dos sentimentos de George quanto ao filme. Michael teve dificuldades com o roteiro durante meses, e J. J. e Kathy acabaram tomando a decisão de substituí-lo por Larry Kasdan, coautor de *O Império Contra-Ataca* e *O Retorno de Jedi* com George (além de *Os Caçadores da Arca Perdida*, *O Reencontro* e muitos outros). Larry e J. J. rapidamente concluíram um rascunho e começamos a filmar no segundo trimestre de 2014.

O planejamento original era lançar o filme em maio de 2015, mas, devido aos atrasos iniciais com o roteiro e algumas outras complicações posteriores, só o lançamos em dezembro. Isso o tirou de nosso ano fiscal de 2015 e o jogou para o de 2016. Minha apresentação ao conselho antes da aquisição e os informes aos investidores, assegurando-lhes que começaríamos a ter um retorno do investimento em 2015, acabaram não se revelando verdadeiros. Centenas de milhões de dólares saíram de um ano fiscal e passaram para o seguinte. Não era um assunto muito sério, mas tivemos de lidar com aquilo.

Um dos maiores erros que já vi estúdios de cinema cometerem é o de se aterem a uma data de lançamento e deixarem que isso influencie nas decisões criativas, muitas vezes levando os filmes à produção antes de estarem prontos. Esforço-me sempre para não ceder às pressões do calendário. É melhor desistir de uma data de lançamento e continuar trabalhando para fazer um filme melhor, e sempre tentamos colocar a qualidade acima de tudo, mesmo que signifique um breve atraso em nosso prazo final. Nesse caso, a última coisa que queríamos era lançar um filme que não correspondesse às expectativas dos fãs da saga. A base de fãs de *Star Wars* é muito apaixonada, e era vital que déssemos a eles algo que amassem e sentissem digno de sua devoção. Se não acertássemos isso em nosso primeiro filme, sofreríamos uma perda de confiança do público que seria muito difícil de recuperar.

Pouco antes do lançamento mundial, Kathy exibiu *O Despertar da Força* para George. Ele não escondeu a decepção. "Não há nada de novo", observou. Era importante para George apresentar novos mundos, novas histórias, novos personagens e novas tecnologias em cada um dos filmes da trilogia original. Neste, ele disse: "Não houve saltos visuais ou técnicos suficientes."

Ele não estava errado, mas também não estava avaliando a pressão que sofríamos para dar aos fãs fervorosos um filme que essencialmente se parecesse com *Star Wars*. Criamos de propósito um mundo visualmente conectado e com o mesmo tom dos filmes anteriores, para não nos afastarmos muito do que as pessoas amavam e esperavam ver, e George nos criticava exatamente pelo que estávamos tentando fazer. Olhando para trás com a perspectiva de vários anos e mais alguns filmes de *Star Wars*, acredito que J. J. alcançou quase o impossível, criando uma ponte perfeita entre o que fora e o que estava por vir.

Além da reação de George, havia muita especulação na imprensa e entre os fãs obstinados sobre como íamos "Disneyficar" *Star Wars*. Assim como com a Marvel, decidi não colocar "Disney" em nenhum lugar nos créditos do filme ou nas campanhas de marketing, e não mudar em nada o logotipo de *Star Wars*. "Disney-Pixar" fazia sentido do ponto de vista da marca de animação, mas os fãs de Lucas precisavam da certeza de que, em primeiro lugar, nós também éramos fãs, respeitosos para com o criador, e que tentávamos expandir seu legado, não usurpá-lo.

Mesmo que ele tivesse questões com o filme, achei importante George estar na estreia de *O Despertar da Força*. A princípio, ele não queria vir, mas Kathy, com a ajuda da agora esposa de George, Mellody Hobson, o convenceu de que era o certo a se fazer. Entre as últimas coisas que negociamos antes de fecharmos o acordo, havia uma cláusula de não depreciação. Pedi a George que concordasse em não criticar publicamente nenhum dos filmes de *Star Wars* que fizéssemos. Quando mencionei isso, George respondeu: "Vou ser um grande acionista da Walt Disney Company. Por que eu menosprezaria qualquer coisa que vocês venham a fazer? Você precisa confiar em mim." Eu aceitei sua palavra.

A questão agora era como lidar com a estreia. Eu queria que o mundo soubesse que aquele filme era de J. J. e de Kathy e nosso primeiro filme da saga *Star Wars*. Sem dúvida era de longe o maior filme que lançávamos desde que me tornei CEO. Realizamos uma estreia gigantesca no Dolby Theatre, onde ocorre a cerimônia de premiação do Oscar. Subi primeiro no palco e, antes de chamar J. J. e Kathy, disse: "Estamos todos aqui por causa de uma pessoa que criou a maior mitologia do nosso tempo e depois a confiou à Walt Disney Company." George estava sentado. Ele recebeu uma longa e arrebatadora ovação de pé. Willow estava sentada na fileira atrás dele e tirou uma foto maravilhosa de George cercado por milhares de pessoas, todas de pé. Fiquei feliz ao ver essa foto mais tarde e perceber como George ficou satisfeito e agradecido por aquela manifestação de admiração.

O filme estreou e estabeleceu uma série de recordes de bilheteria, e todos respiramos aliviados. Fizéramos nosso primeiro filme da saga e os fãs fiéis de *Star Wars* pareciam ter adorado. Logo após o lançamento, porém, foi ao ar uma entrevista que George dera algumas semanas antes para Charlie Rose. Ele falou sobre sua frustração por não termos seguido seus esboços e disse que vender para a Disney era como vender os filhos para "mercadores de escravos brancos". Era uma maneira infeliz e estranha de descrever o sentimento de ter vendido algo que considerava um filho. Decidi ficar quieto e deixei aquilo passar. Não havia nada a ganhar nos envolvendo em qualquer discussão pública ou promovendo uma defesa. Mellody me enviou um e-mail de desculpas, explicando como tudo aquilo estava sendo difícil para o marido. Então George ligou para mim. "Eu estava fora de mim", disse ele. "Não deveria ter me expressado daquela forma. Estava tentando explicar quão difícil foi abrir mão daquilo."

Eu disse a ele que entendia. Quatro anos e meio antes, eu me sentara com George durante o café da manhã e tentara lhe dizer que sabia como aquilo seria difícil para ele, mas que, quando ele estivesse pronto, poderia confiar em mim. Todas as negociações — primeiro sobre dinheiro e, depois, a questão de seu envolvimento contínuo com *Star Wars* — foram exercícios de equilíbrio entre o meu respeito pelo que George fizera e quão profundamente pessoal eu sabia que aquilo era para ele e a minha responsabilidade para com a empresa. Eu podia simpatizar com George, mas não podia lhe dar o que ele queria. A cada passo do caminho, eu precisava ter certeza de onde estava pisando e, ao mesmo tempo, saber o enorme apelo emocional daquele processo para ele.

Olhando para trás e pensando nas aquisições da Pixar, da Marvel e da Lucasfilm, o fio comum a todas (além do fato de que, juntas, transformaram a Disney) é que cada um desses acordos dependeu da construção de confiança com uma única entidade controladora. Havia questões complicadas a serem negociadas em todos esses contratos, e as respectivas equipes levaram longos dias e semanas para chegar a um acordo. Mas o componente pessoal de cada um desses negócios poderia concretizá-los ou cancelá-los, e a autenticidade era crucial. Steve teve de acreditar em minha promessa de que respeitaríamos a essência da Pixar. Ike precisou saber que a equipe da Marvel seria valorizada e que teria a chance de prosperar em sua nova empresa. E George tinha de confiar que o seu legado, o seu "bebê", estaria em boas mãos na Disney.

CAPÍTULO 12

INOVAR OU MORRER

DEPOIS QUE A POEIRA da última de nossas "três grandes" aquisições baixou, começamos a nos concentrar ainda mais nas dramáticas mudanças que enfrentávamos em nossos negócios de mídia e na profunda disrupção que sentíamos. O futuro daqueles negócios começou a nos preocupar seriamente, e concluímos que era hora de começarmos a fornecer nosso conteúdo de formas novas e modernas, e sem intermediários, em nossa própria plataforma de tecnologia.

Para nós as perguntas eram: poderemos encontrar a tecnologia necessária para realizarmos isso e nos colocarmos na vanguarda da mudança em vez de simplesmente sermos desfeitos por ela? Teríamos coragem para começar a canibalizar nossos próprios negócios ainda lucrativos no intuito de iniciar a construção de um novo modelo? Será que poderíamos provocar nossa própria disrupção e Wall Street toleraria as perdas que inevitavelmente sofreríamos quando tentássemos realmente modernizar e transformar a empresa?

Eu tinha certeza de que precisávamos fazer isso. Mais uma vez, era a velha lição sobre a necessidade de inovar constantemente. Então a próxima pergunta era: Montamos ou compramos uma plataforma tecnológica? Kevin Mayer avisou-me que montar levaria cinco anos e seria um enorme investimento. Comprar nos daria a capacidade de mudar de imediato, e a velocidade das mudanças deixou claro que a paciência não era uma opção. Ao analisarmos as aquisições, Google, Apple, Amazon e Facebook obviamente estavam fora de questão devido ao tamanho, e, pelo que sabíamos, nenhuma estava tentando nos comprar. (Embora eu acreditasse que, caso Steve ainda estivesse vivo, teríamos fundido nossas empresas ou, ao menos, discutido muito seriamente a possibilidade.)

O que restava era o Snapchat, o Spotify e o Twitter. Todos eram digeríveis em termos de tamanho, mas qual estaria potencialmente à venda e qual forneceria as qualidades necessárias para alcançarmos nossos consumidores com mais eficiência e rapidez? Aterrissamos no Twitter. Estávamos menos interessados neles como uma empresa de mídia social do que como uma nova plataforma de alcance mundial, que poderíamos usar para distribuir filmes, programas de televisão, esportes e notícias.

No terceiro trimestre de 2016, manifestamos interesse pelo Twitter. Eles ficaram intrigados, mas sentiram que tinham a obrigação de testar o mercado — por isso, entramos relutantes em um leilão para comprá-los. No início do último trimestre, o negócio estava quase fechado. O conselho do Twitter apoiou a venda e, em outubro, numa tarde de sexta-feira, nosso conselho aprovou a concretização do acordo. Então, naquele fim de semana, decidi não seguir em frente. Se as aquisições anteriores, principalmente a da Pixar, diziam respeito a confiar em minha intuição do que era certo para a empresa, a aquisição do Twitter era o oposto. Algo me dizia que aquilo *não parecia* certo. Ecoava em minha mente algo que Tom Murphy me dissera anos antes: "Se algo *não lhe* parecer certo, provavelmente não é certo *para você*." Eu via claramente como a plataforma poderia funcionar para servir aos nossos novos propósitos, mas havia problemas relacionados com a marca que me atormentavam.

O Twitter era uma plataforma potencialmente poderosa para nós, mas eu não podia ignorar os desafios que acarretaria. Os desafios e controvérsias eram quase numerosos demais para serem listados, mas incluíam questões de como gerenciar o discurso de ódio e tomar decisões difíceis em relação à liberdade de expressão, o que fazer com contas falsas expelindo "mensagens" políticas através de algoritmos para influenciar eleições, além da fúria generalizada e da falta de civilidade que às vezes era evidente na plataforma. Essas questões se tornariam problemas nossos. Eram muito diferentes de todos os outros que já encontráramos e senti que seriam corrosivos para a marca Disney. No domingo, depois de o conselho ter acabado de me dar o aval para seguir em frente com a aquisição do Twitter, enviei uma nota a todos os membros dizendo que estava com "um mau pressentimento" e explicando o meu raciocínio para desistir da compra. Então liguei para Jack Dorsey, CEO do Twitter, que também era membro do conselho da Disney. Jack ficou atordoado, mas foi muito educado. Desejei sorte a ele e desliguei sentindo-me aliviado.

AO MESMO TEMPO que começamos as negociações com o Twitter, também investimos em uma empresa chamada BAMTech, que basicamente pertencia à Major League Baseball e aperfeiçoara uma tecnologia de streaming que permitia aos fãs assinarem um serviço on-line e assistirem ao vivo a todos os jogos de suas equipes favoritas. (Eles também foram contratados depois que a HBO não conseguiu criar o próprio serviço de streaming, e, sob intensa pressão, criaram o HBO Now a tempo do lançamento da quinta temporada de *Game of Thrones*.)

Em agosto de 2016, concordamos em pagar cerca de 1 bilhão de dólares por uma participação de 33% na empresa, com a opção de comprarmos o controle acionário em 2020. O plano inicial era enfrentar as ameaças aos negócios da ESPN, criando um serviço de assinatura que existiria paralelamente à programação das redes da ESPN, mas, à medida que as empresas de tecnologia investiam mais profundamente em seus serviços de assinatura de entretenimento, a urgência em criar pacotes diretos para o consumidor não apenas de esportes, mas também de programas de TV e filmes, se intensificou.

Dez meses depois, em junho de 2017, realizamos nosso retiro anual do conselho no Walt Disney World, em Orlando. O retiro anual é uma reunião prolongada do conselho, na qual apresentamos nossos planos para os próximos cinco anos, incluindo projeções financeiras, e discutimos questões e desafios estratégicos específicos. Decidimos passar a sessão inteira de 2017 falando sobre disrupção, e instruí cada um de nossos líderes de divisão a apresentar ao conselho o nível de disrupção que estavam experimentando e qual o impacto que previam que aquilo teria na saúde de seus setores.

Eu sabia que o conselho exigiria soluções, e, regra geral, não gosto de expor problemas sem oferecer um plano para resolvê-los. (Isso é algo que também estimulo minha equipe a fazer: não me importo que apresentem problemas, desde que também ofereçam possíveis soluções.) Portanto, depois de detalharmos as mudanças que experimentávamos e projetávamos, apresentamos ao conselho uma solução forte, agressiva e abrangente: aceleraríamos a nossa opção de comprar o controle acionário da BAMTech e, em seguida, usaríamos aquela plataforma para lançar um serviço de streaming de vídeo "superior" da Disney e da ESPN direto para o consumidor.

O conselho não apenas apoiou o plano, como pediu que eu agisse o mais rápido possível, dizendo que "a velocidade era essencial". (Isso também é uma constatação da necessidade da formação de conselhos com pessoas que não apenas sejam sábias e confiantes em suas opiniões, mas que também tenham experiência direta e relevante na dinâmica atual do mercado. Em nosso caso, Mark Parker, da Nike, e Mary Barra, da General Motors, são dois exemplos perfeitos. Ambos testemunharam profundas disrupções em suas áreas e estavam absolutamente cientes dos perigos de não se adaptarem rapidamente à mudança.) Encontrei-me com minha equipe logo após o retiro do conselho e passei-lhes o feedback que recebi, instruindo Kevin a agir com rapidez para adquirir o controle da BAMTech e dizendo a todos os demais para se prepararem para uma mudança estratégica significativa em nosso segmento de streaming.

Em nossa teleconferência de agosto de 2017 — exatamente dois anos depois de uma fatídica teleconferência em que vimos nossas ações despencarem enquanto eu falava francamente sobre disrupção —, anunciamos que estávamos acelerando o nosso acordo para comprarmos o controle total da BAMTech e compartilhamos os planos de lançar dois serviços de streaming: um para a ESPN, em 2018, outro para a Disney, em 2019. Dessa vez, nossas ações dispararam. Os investidores entenderam nossa estratégia e tanto reconheceram a necessidade de mudança quanto a oportunidade que ali havia.

ESSE ANÚNCIO MARCOU o início da reinvenção da Walt Disney Company. Continuaríamos apoiando nossos canais de televisão no espaço tradicional enquanto gerassem retornos decentes e continuaríamos apresentando nossos filmes nas telonas do mundo inteiro, mas agora estávamos totalmente comprometidos em também nos tornarmos distribuidores do nosso próprio conteúdo, direto para o consumidor, sem intermediários. Essencialmente, estávamos acelerando a disrupção dos nossos próprios negócios, e as perdas de curto prazo seriam significativas. (Por exemplo, retirar todos os nossos filmes e programas de televisão — incluindo os da Pixar, Marvel e Star Wars — da plataforma da Netflix e consolidá-los sob nosso próprio serviço de assinatura significaria sacrificar centenas de milhões de dólares em taxas de licenciamento.)

Em algum momento ao longo dos anos, fiz referência a um conceito que chamei de "gerenciamento por comunicado de imprensa" — significando que, se eu disser algo com grande convicção para o mundo, aquilo tende a ressoar de modo poderoso dentro de nossa empresa. A reação da comunidade de investimentos em 2015 foi esmagadoramente negativa, mas falar com honestidade sobre a realidade perfurou nossa negação e motivou as pessoas da Disney a concluir: *Ele está levando isso a sério, então é melhor também levarmos*. A teleconferência de 2017 teve um efeito semelhante: a equipe sabia quanto eu levava o assunto a sério, mas, ao ver aquilo ser amplamente divulgado, sobretudo para os investidores, e ao testemunhar a reação, todos se sentiram cheios de energia e com o compromisso de seguir em frente.

Antes de soltarmos o anúncio, presumi que faríamos uma transição gradual para o novo modelo, criando aos poucos os aplicativos e determinando o conteúdo. Como a resposta foi muito positiva, toda a estratégia assumia um maior senso de urgência. Agora havia expectativas que tínhamos que suprir. Isso significou mais pressão, embora também tenha me proporcionado uma poderosa ferramenta de comunicação dentro da empresa, onde naturalmente haveria resistência a mudar tanto e tão rápido.

A decisão de inovar negócios que estão fundamentalmente funcionando, mas cujo futuro está sendo questionado — assumindo de maneira consciente perdas de curto prazo na esperança de gerar crescimento a longo prazo —, exige muita coragem. Rotinas e prioridades são interrompidas, as funções mudam, a responsabilidade é realocada. Em geral, as pessoas ficam inquietas quando a maneira tradicional de fazer negócios começa a se deteriorar diante do surgimento de um novo modelo. De um ponto de vista pessoal, é muito a se gerenciar, e a necessidade de estar *presente* para sua equipe — que é uma qualidade vital de liderança sob qualquer circunstância — é ainda maior. É fácil para os líderes darem a entender que suas agendas estão muito cheias e que seu tempo é valioso demais para lidar com problemas e preocupações individuais. Mas estar presente para a equipe — e garantir que eles saibam que você está disponível para atendê-los — é muito importante para o moral e a eficiência de uma empresa. Com uma companhia do tamanho da Disney, isso pode significar ter que viajar pelo mundo todo e realizar assembleias regulares com nossas várias unidades de negócios, comunicando minhas ideias e respondendo a preocupações, mas também significa responder em tempo hábil e levar em consideração quaisquer problemas trazidos a mim por meus subordinados diretos — retornando telefonemas e respondendo a e-mails, encontrando tempo para conversar sobre problemas específicos, sendo sensível às pressões que as pessoas estão sofrendo. Tudo isso se tornou uma parte ainda mais importante do trabalho quando embarcamos nesse caminho novo e repleto de incertezas.

Após o anúncio de agosto, começamos a trabalhar de imediato em duas frentes. No lado tecnológico, a equipe da BAMTech, ao lado de um grupo que já estava na Disney, começou a criar as interfaces para nossos novos serviços: ESPN+ e Disney+. Durante vários meses, Kevin e eu nos encontramos em Nova York e Los Angeles com a equipe da BAMTech para testar várias iterações do aplicativo: analisando o tamanho, a cor e o posicionamento dos *tiles*; aprimorando a experiência do usuário para tornar o aplicativo mais instintivo e mais fácil de usar; determinando como os algoritmos e a coleta de dados funcionariam, bem como o modo como nosso conteúdo e nossas marcas seriam apresentados.

Ao mesmo tempo, em Los Angeles, montávamos uma equipe para desenvolver e produzir o conteúdo que estaria disponível no Disney+. Tínhamos uma vasta biblioteca de filmes e programas de TV (embora tivéssemos que recomprar alguns direitos que licenciáramos para terceiros ao longo dos anos), mas a grande questão era: qual conteúdo original criaríamos para aqueles novos serviços? Encontrei-me com os chefes de nossos estúdios de cinema e unidades de televisão para decidir quais projetos em andamento seriam lançados nos cinemas ou colocados em nossos canais de TV e o que iria para o aplicativo. Quais projetos novos criaríamos especificamente para o serviço, incluindo histórias originais de *Star Wars*, da Marvel e da Pixar, que parecessem tão ambiciosas quanto qualquer coisa que fazíamos? Reuni os veteranos de todos os nossos estúdios e falei: "Não quero criar um novo estúdio para fazer produtos para o Disney+. Quero que vocês façam isso."

Todos aqueles executivos foram treinados durante anos para desenvolver os próprios segmentos e ser remunerados com base em sua capacidade de gerar lucro. De repente, eu basicamente estava dizendo para eles: "Quero que prestem menos atenção ao segmento em que tiveram muito sucesso e comecem a prestar mais atenção a essa outra coisa. Aliás, vocês precisam trabalhar nessa outra coisa ao lado de outras pessoas muito competitivas de outras equipes, cujos interesses não necessariamente se alinham com os seus. Ah, mais uma coisa: isso vai levar um tempo para render dinheiro."

Para convencer todos, não apenas tive que reforçar por que essas mudanças eram necessárias, como também criar uma estrutura de incentivos totalmente nova para recompensá-los pelo trabalho. Eu não poderia penalizá-los pela erosão e disrupção proposital provocada em seus setores, assim como não havia parâmetros iniciais para avaliar o "sucesso" da nova área. Estávamos pedindo que trabalhassem *mais*, consideravelmente mais, e, baseado nos métodos tradicionais de remuneração, ganhassem *menos*. Aquilo não daria certo.

Fui ao comitê de remuneração de nosso conselho e expliquei o dilema. Quando você inova, tudo precisa mudar, não apenas a maneira como você cria ou distribui um produto. Muitas das práticas e estruturas dentro de uma empresa também precisam se adaptar, incluindo, nesse caso, como o conselho recompensaria nossos executivos. Propus uma ideia radical: basicamente, eu determinaria a remuneração com base no quanto eles contribuiriam para aquela nova estratégia, embora, sem resultados financeiros facilmente mensuráveis, isso fosse muito mais subjetivo que nossas práticas tradicionais de remuneração. Propus concessões de ações que seriam adquiridas ou amadureceriam com base em minha própria avaliação do engajamento dos executivos para tornar aquela nova iniciativa bem-sucedida. A princípio, o comitê se mostrou cético; nunca fizéramos nada parecido. A certa altura, falei para eles: "Sei por que as empresas não conseguem inovar. É a tradição. A tradição gera muito atrito a cada passo do caminho." Falei sobre a comunidade de investimento, que muitas vezes castiga empresas estabelecidas por reduzirem lucros em quaisquer circunstâncias, o que em geral as leva a se proteger e manter o curso de ação em vez de investir capital para gerar crescimento a longo prazo ou se adaptar a mudanças. "Isso se aplica até mesmo a vocês", falei, "um conselho que não sabe como conceder ações porque só há uma maneira de fazê-lo." A cada etapa, nadávamos contra a corrente. "A escolha é de vocês", declarei. "Querem ser vítimas do 'dilema do inovador' ou querem combatê-lo?"

Eles provavelmente teriam concordado mesmo sem esse discurso inflamado (eu tinha um ótimo relacionamento com o conselho e eles vinham apoiando quase tudo o que eu queria fazer), mas, quando estava terminando meu discurso, um membro do comitê disse "Eu aprovo" e foi imediatamente seguido por outro, o que resultou na aprovação do meu plano. Voltei aos nossos executivos e expliquei como o novo plano de ações funcionaria. Ao fim de cada ano, eu decidiria quantas ações seriam investidas e que isso não seria baseado em receita, mas em quão bem eles seriam capazes de trabalhar juntos. "Não quero política", falei. "Isso é muito importante. É para o bem da empresa e pelo seu bem. Preciso que se engajem."

MENOS DE DUAS semanas depois da reunião sobre lucros de agosto e de nosso anúncio da BAMTech, recebi uma ligação de Rupert Murdoch pedindo que eu fosse até a casa dele no fim da tarde para tomarmos uma taça de vinho. Rupert mora em Bel Air, em uma bela casa da década de 1940 com vista para a sua vinícola, a Moraga Vineyards. Ele e eu somos de mundos muito diferentes: pertencemos a gerações diferentes, temos opiniões políticas diferentes, mas sempre respeitamos a maneira de fazer negócios um do outro e sempre fiquei impressionado com o modo como ele construiu seu império de mídia e entretenimento a partir do zero.

Desde 2005, quando me tornei CEO, Rupert e eu de vez em quando nos reuníamos para comermos ou bebermos juntos. Como ambos éramos sócios do Hulu, às vezes tínhamos assuntos específicos a tratar. Com maior frequência, conversávamos sobre o cenário de mudança no mundo da mídia e nos atualizávamos.

Contudo, quando ele me convidou para ir até a sua casa, suspeitei que Rupert pretendia sondar se eu pensava em me candidatar à Casa Branca em 2020. Já havia muito "falatório" sobre meu interesse em política e a possibilidade de eu tentar uma disputa pela presidência. Alguns membros do governo

Trump, incluindo Kellyanne Conway e Anthony Scaramucci, levantaram a questão com pessoas de nossa empresa, de modo que eu suspeitava que Rupert queria descobrir por si mesmo se aquilo era verdade.

Sempre me interessei por política e diplomacia e muitas vezes pensei em servir ao país após deixar a Disney. Ao longo dos anos, muitas pessoas plantaram ideias em minha cabeça em relação a qual cargo eu poderia concorrer, incluindo a presidência, o que me intrigou, mas também tinha um quê de absurdo. Antes das eleições de 2016, eu tinha certeza de que o país estava pronto para eleger alguém de fora do sistema político, de que havia uma insatisfação generalizada com a política tradicional, incluindo nossos partidos políticos e, assim como ocorria com os negócios, o governo e a política estavam sendo profundamente desestruturados. (Ao menos em parte, a vitória de Donald Trump foi uma prova de que minha premonição estava certa.)

Na época em que me encontrei com Rupert, eu de fato estava pensando em uma candidatura à presidência, mesmo sabendo que aquilo seria um tremendo tiro no escuro. Conversei com uma dúzia de pessoas influentes dentro do Partido Democrata — alguns ex-membros do governo Obama, alguns membros do Congresso, pesquisadores de opinião pública, levantadores de fundos e funcionários de campanhas presidenciais anteriores. Também comecei a estudar como louco, lendo jornais e matérias sobre tudo, de assistência médica a impostos, de leis de imigração a políticas comerciais internacionais, questões ambientais, história do Oriente Médio e taxas de juros federais. Também li alguns dos melhores discursos já proferidos, incluindo o discurso de Ronald Reagan no quadragésimo aniversário do Dia D; o discurso improvisado de Robert Kennedy em Indianápolis, quando Martin Luther King Jr. foi assassinado; discursos de posse de Franklin Roosevelt e de John F. Kennedy; o discurso de Obama após o massacre na igreja A.M.E. em Charleston, Carolina do Sul; e numerosos pronunciamentos de Churchill. Cheguei a reler a Constituição e a Declaração de Direitos. (Não sei se era um sinal de que eu deveria ou não concorrer, mas eu acordava no meio da noite com pesadelos sobre estar em um palco de debate me sentindo despreparado.) Eu também tentava não ser presunçoso. O simples fato de eu administrar uma grande empresa multinacional não necessariamente me qualificava para a presidência dos Estados Unidos nem abria um caminho claro ou fácil para a vitória — de modo que eu estava longe de me comprometer a fazê-lo. (Na verdade, estava cético quanto à vontade e à capacidade do Partido Democrata de apoiar um homem de negócios bem-sucedido.)

Quando entrei na casa de Rupert, nós nos sentamos, nos serviram vinho, e então a primeira coisa que ele disse foi:

"Você vai concorrer à presidência?"

Bem, pensei, *eu estava certo quanto a isso*, mas não queria ser sincero com Rupert a respeito do que tinha em mente, imaginando que aquilo acabaria na Fox News. Então respondi:

"Não, não vou. Muitas pessoas conversaram comigo sobre o assunto e eu pensei um pouco, mas é uma ideia maluca e é muito improvável que eu tente. Além disso, minha esposa odiou a ideia."

Isso era verdade. A certa altura, Willow brincou: "Você pode concorrer a qualquer cargo que desejar, mas não comigo a seu lado." Ela me conhecia bem o bastante para saber que o desafio seria atraente para mim, mas estava terrivelmente preocupada com o que aquilo significaria para a nossa família e para a nossa vida. (Algum tempo depois, ela me disse que se casara comigo "na alegria e na tristeza e, portanto, se você acha que precisa fazer isso, vou apoiá-lo, mas com muita relutância".)

Eu me perguntei sobre o que Rupert e eu conversaríamos no resto do tempo daquele encontro, mas ele passou a maior parte da hora seguinte falando sobre as ameaças aos respectivos negócios: a incursão de grandes empresas de tecnologia, a velocidade com que as coisas mudavam, a importância da escala. Ele estava claramente preocupado com o futuro da 21st Century Fox. "Não temos escala", disse ele diversas vezes. "A única empresa que tem escala são vocês."

Ao me despedir dele naquela noite, não pude deixar de pensar que ele estava demonstrando interesse em fazer o impensável. A caminho de casa, liguei para Alan Braverman e disse: "Acabei de me encontrar com Rupert. Acho que ele pode estar interessado em vender."

Pedi que Alan começasse a fazer uma lista de todos os ativos da Fox que, de um ponto de vista regulatório, poderíamos ou não comprar. Então, liguei para Kevin Mayer para falar sobre o encontro e ver qual seria sua reação. Pedi a ele que também montasse uma lista e começasse a pensar na viabilidade de adquirir todos ou alguns dos ativos da Fox.

No dia seguinte, liguei para Rupert.

"Não sei se entendi bem, mas, se eu disser que estamos interessados em comprar sua empresa ou a maior parte dela, você estaria aberto a negociação?"

"Sim", respondeu. "Você está mesmo interessado em comprar?"

Eu disse a ele que estava curioso, mas pedi que me desse algum tempo para pensar a respeito. Então Rupert disse: "Não farei nada a menos que você concorde em permanecer na empresa além de sua data atual de aposentadoria", que, naquele momento, era junho de 2019. Falei para Rupert que achava que nosso conselho jamais consideraria uma aquisição daquela magnitude se eu não concordasse em estender meu mandato, e encerramos a ligação combinando de voltarmos a conversar em algumas semanas. De repente, tive a sensação de que minha vida estava prestes a mudar, e não seria devido a uma disputa pela presidência.

...

NAS DUAS SEMANAS SEGUINTES, Alan, Kevin e eu começamos a pensar se a aquisição da Fox seria possível e o que poderia significar para nós. Alan logo descartou diversos ativos da Fox. As leis determinam que você não pode possuir duas redes de TV aberta nos Estados Unidos (é um pouco antiquado e tolo no mundo de hoje, mas é a lei), então a rede de TV da Fox estava fora de questão. Competíamos com as duas principais redes esportivas da Fox e adquiri-las resultaria em uma excessiva parcela de mercado na área, de modo que também não as compraríamos.

E havia a Fox News. Aquele era um dos bens mais queridos de Rupert, de modo que eu não esperava que ele o pusesse à venda. Além do mais, eu não nos via comprando a Fox News. Se a administrássemos como ela é, seríamos o flagelo da esquerda; se ousássemos tentar movê-la para o centro, seríamos o flagelo da direita. Mas não importava o que eu pensasse a respeito da Fox News uma vez que não havia como Rupert colocá-la na mesa de negociação.

Havia alguns outros ativos menores, mas esses eram os grandes que estavam fora de questão. Isso nos deixava com uma ampla carteira de ativos: o estúdio de cinema, incluindo a Fox Searchlight Pictures; a participação que tinham no Hulu, o que nos daria uma participação majoritária naquela plataforma; as redes FX; a Fox Sports Networks regional (que mais tarde teríamos de alienar); uma participação de controle na National Geographic; um amplo e variado conjunto de operações internacionais, particularmente na Índia; e uma participação de 39% na Sky, a maior e mais bem-sucedida plataforma de satélite da Europa.

Kevin foi encarregado de fazer uma análise financeira e estratégica desses ativos. Em termos muito básicos, isso significava reunir uma equipe para fazer um exame minucioso de todos os setores, não apenas verificando seu desempenho no momento, mas projetando como estariam no futuro e como se sairiam no mundo revolucionário que então testemunhávamos. Também trouxemos nossa recém-nomeada diretora financeira, Christine McCarthy, que não se envolvera em nossas aquisições anteriores, mas estava ansiosa por participar daquela — o que a desafiaria ao extremo.

Depois de termos uma noção do valor presente e futuro dos setores deles, a próxima pergunta era: Quanto essas duas empresas valem juntas? Como poderíamos extrair mais valor combinando-as? Obviamente, seria mais eficiente administrá-las juntas. Por exemplo, agora teríamos dois estúdios de cinema que, sob o mesmo teto, poderiam ser administrados com mais eficiência. Depois, haveria uma vantagem no mercado. Quanto melhoraríamos o nosso acesso aos mercados ao obtermos de repente a posse de mais ativos locais? Eles tinham um grande negócio na Índia, por exemplo, onde tínhamos apenas operações incipientes, e já haviam feito grandes apostas em negócios diretos para o consumidor por lá. Eles também tinham um ótimo estúdio de televisão e investiram pesadamente em talentos criativos, e ficamos muito atrás deles. Como em outras aquisições, avaliamos o talento. A contratação de seu pessoal traria mais sucesso para os nossos negócios? A resposta foi um sim retumbante.

O resultado foi que calculamos que a empresa combinada valeria bilhões a mais do que as duas separadas. (Esse número aumentou ainda mais com a mudança das leis tributárias.) Kevin me deu uma visão bastante abrangente de tudo e disse em seguida:

"Há ótimos ativos por lá, Bob."

"Eu sei que há ótimos ativos", falei. "Mas qual é a narrativa?"

"A sua!", respondeu ele. Nem tínhamos começado a negociar e as engrenagens na mente de Kevin já estavam funcionando. "É a sua narrativa! Conteúdo de alta qualidade. Tecnologia. Alcance mundial."

Isso fica ainda maior, disse ele, se você visualizar todos esses ativos através das lentes de nossa nova estratégia. Eles poderiam ser essenciais para nosso crescimento futuro. Kevin, Alan e Christine me apoiaram para ir adiante nas negociações com Rupert, mesmo que aquilo representasse uma aquisição muito maior do que a Pixar, a Marvel e a Lucasfilm juntas. O potencial parecia quase ilimitado, assim como o risco.

CAPÍTULO 13

INTEGRIDADE NÃO TEM PREÇO

A DECISÃO DE RUPERT DE vender foi uma resposta direta às mesmas forças que nos levaram a criar uma estratégia totalmente nova para a Disney. Ao refletir sobre o futuro de sua companhia em um mundo tão desestruturado, ele concluiu que o mais inteligente a fazer seria vender e dar aos seus acionistas e à sua família a chance de converterem suas ações da 21st Century Fox em ações da Disney, acreditando que estávamos mais bem posicionados para suportar a mudança e, combinados, seríamos ainda mais fortes.

É difícil exagerar a abrangência da disrupção em nossa indústria, mas sua decisão — a de se desfazer de uma empresa que ele construíra quase do nada — era um bom indicador de sua inevitabilidade. No momento em que Rupert e eu entrávamos na fase inicial do que se tornaria uma jornada de quase dois anos para fecharmos um grande negócio que alteraria o cenário da mídia, uma mudança social transformadora também estava em curso, mais profunda do que as mudanças de megatecnologia por que passávamos. Muitas alegações graves de comportamentos completamente inaceitáveis, em específico em nossa indústria, tornaram-se catalisadoras de ações que eram necessárias havia muito tempo: sobre comportamento sexual predatório e sobre oportunidades e salários iguais para mulheres em Hollywood e em toda parte. Alegações terríveis e específicas contra Harvey Weinstein abriram as comportas e encorajaram muitas outras pessoas a se exporem e apresentarem as próprias alegações de abuso. Quase todas as empresas do setor de entretenimento tiveram de enfrentar e julgar reclamações dentro de suas organizações.

Na Disney, sempre acreditamos que era vital criar e manter um ambiente no qual as pessoas se sentissem seguras. Mas agora ficava claro que precisávamos fazer algo mais para garantir que qualquer pessoa que tivesse sofrido abuso — ou alguém que tivesse testemunhado abuso — pudesse se expor sabendo que suas reivindicações seriam ouvidas e levadas a sério, providências seriam tomadas e essas pessoas receberiam proteção contra qualquer retaliação. Sentimos uma necessidade urgente de avaliar se nossos padrões e valores estavam sendo respeitados — portanto, encarreguei a equipe de Recursos Humanos de fazer uma análise completa, que incluía a abertura de diálogo e a implementação de processos em todos os níveis da empresa que dariam lugar à franqueza e reforçariam a nossa promessa de proteger qualquer pessoa que se expusesse.

No último trimestre de 2017, ouvimos reclamações de mulheres e homens da Pixar a respeito de John Lasseter, quanto ao que descreveram como contato físico indesejado. Todos sabiam que John gostava de abraçar e, embora muitos considerassem esse comportamento inofensivo, logo se tornou evidente que o sentimento não era unânime. Eu conversara com John sobre isso havia alguns anos, mas aquelas novas alegações eram mais graves e ficou claro para mim que ele tinha de ser confrontado.

Alan Horn e eu nos encontramos com John em novembro daquele ano e juntos concordamos que o melhor a fazer seria ele tirar uma licença de seis meses para refletir sobre seu comportamento e nos dar tempo para avaliarmos a situação. John emitiu uma declaração para suas equipes antes de partir: "Coletivamente, vocês significam o mundo para mim", escreveu, "e me desculpo sinceramente por tê-los decepcionado. Quero pedir desculpas em especial a qualquer pessoa que já tenha recebido um abraço indesejado ou qualquer outro gesto que de algum modo tenha lhe parecido exagerado. Não importa quão benigna tenha sido minha intenção, todos têm o direito de estabelecer os próprios limites e vê-los respeitados."

Na ausência de John, criamos uma estrutura de liderança na Pixar e na Disney Animation e conduzimos dezenas de entrevistas com pessoas de ambos os estúdios para determinar o que era melhor para a organização.

OS SEIS MESES SEGUINTES — trabalhando em nossa estratégia direta para o consumidor, lidando com questões importantes de pessoal e analisando e negociando um contrato com a Fox — foram mais desafiadores do que qualquer outro período de minha carreira. Eu estava cada vez mais convencido de que aquilo que a Fox tinha em termos de conteúdo, alcance mundial, talento e tecnologia seria transformador para nós. Se pudéssemos adquiri-los e integrá-los rapidamente e sem problemas enquanto executássemos a nossa visão direta para o consumidor — uma série assustadora de "ses" —, a Disney estaria encarando o futuro de uma posição mais forte do que jamais estivera.

Enquanto as negociações prosseguiam, Rupert tinha três coisas em mente. A primeira era que, das possíveis empresas que poderiam estar interessadas em comprar a Fox, a Disney oferecia o caminho mais provável para uma aprovação regulamentar. A segunda era o valor das ações da Disney. Ele poderia continuar com o controle acionário da Fox enquanto lutava entre peixes muito maiores, ou poderia ter um pedaço de uma empresa combinada muito mais robusta. A terceira era sua confiança de que poderíamos integrar as duas companhias sem problemas e colocar a 21st Century Fox em um caminho dinâmico.

Entre os muitos desafios de Rupert ao negociarmos no último trimestre de 2017 estava o de administrar essa decisão com os filhos, Lachlan e James. Eles viram o pai construir a empresa desde que eram crianças, esperando e supondo que algum dia aquilo seria deles. Agora ele a vendia para outra pessoa. Não foi uma situação fácil para nenhum dos dois, e minha posição desde o início foi a de deixar Rupert gerenciar a dinâmica de sua família e manter o foco nos aspectos comerciais de nossas negociações.

Durante aqueles meses, Kevin Mayer e eu nos encontramos diversas vezes com Rupert e seu diretor financeiro, John Nallen. Determinamos que estávamos dispostos a fazer uma oferta em ações a 28 dólares por ação — ou seja, 52,4 bilhões de dólares. Nos meses posteriores à nossa conversa inicial com Rupert, vazou a notícia de que ele estava pensando em vender a empresa, o que levou outros a considerar uma aquisição. A Comcast surgiu como nossa concorrente e fez uma oferta em ações bem maior. Estávamos confiantes de que, embora a oferta da Comcast fosse mais alta, o conselho da Fox ainda nos favoreceria, em parte devido aos desafios legais que a Comcast provavelmente enfrentaria (eles já possuíam a NBC-Universal, bem como uma das maiores empresas de distribuição do país, e provavelmente passariam por um intenso escrutínio regulatório).

No feriado de Ação de Graças, Kevin e eu voltamos a nos encontrar com Rupert e John na vinícola em Bel Air. Nós quatro fizemos uma longa caminhada pelas fileiras de videiras. Quase no fim da caminhada, Rupert nos informou que não aceitaria menos de 29 dólares por ação, o que representava uns 5 bilhões a mais do que pretendíamos gastar. Suspeitei que ele achasse que eu estava preocupado com a oferta da Comcast e sentiria a necessidade de aumentar a proposta. Contudo, por mais que eu quisesse fechar o negócio, também estava disposto a me afastar. Eu ficara apaixonado por muitos aspectos de sua empresa e comecei a imaginar em detalhes o que poderiam fazer por nosso novo segmento, mas aquilo envolvia grandes riscos de execução. Fazer tudo funcionar exigiria uma quantidade enorme de tempo e energia. Mesmo que pudéssemos fechar o acordo, obter aprovação regulatória e fundir as duas empresas com sucesso, ainda havia muitas incógnitas no mercado que me preocupavam. Também fiquei dividido quanto a permanecer na empresa por mais três anos. Seria bom para mim ou para a Disney? Eu não tinha certeza, mas não tinha muito tempo para pensar a respeito. Ao fim da reunião, senti que era vital baixarmos o valor o máximo possível, de modo que, ao sair, falei para Rupert: "Vinte e oito é o máximo que podemos subir."

Não sei se Rupert ficou surpreso por eu estar mantendo minha posição, mas Kevin temia que perdêssemos o acordo caso não aumentássemos a oferta. No entanto, eu estava confiante de que venceríamos — que os riscos de vender para a Comcast eram altos demais para eles — e, quando cheguei ao escritório na segunda-feira pela manhã, pedi que Kevin ligasse para Nallen e dissesse que precisávamos de uma resposta até o fim do expediente. No fim do dia, Rupert ligou, aceitou a nossa oferta e me convidou para voltar à sua vinícola — Lachlan também estava lá e me perguntei como ele devia estar assimilando tudo aquilo — para fecharmos o negócio. Passamos as duas semanas seguintes aparando arestas, e então voei para Londres para a estreia de *Star Wars: Os Últimos Jedi*, em 12 de dezembro. Enquanto estava lá, fui ao escritório de Rupert para tirar uma foto de nós dois apertando as mãos em sua varanda, que seria divulgada com o anúncio do fechamento do negócio no dia 14.

Voei de volta para Los Angeles no dia 13, onde cheguei no fim da tarde e fui direto para uma reunião preparatória para o anúncio na manhã seguinte. Eu deveria comparecer ao *Good Morning America*, que entra no ar às sete da manhã, horário de Nova York. Por conta do fuso horário, eu deveria estar nos estúdios da Disney às três, para me maquiar e ficar pronto para ir ao ar às 4h. Em meio à nossa reunião preparatória, Jayne Parker, nossa chefe de Recursos Humanos, entrou e perguntou se John Skipper, presidente da ESPN, entrara em contato comigo.

"Não", respondi. "O que houve?"

A expressão no rosto de Jayne me dizia que era um problema. Imediatamente perguntei se era algo que precisava ser tratado com rapidez ou se poderia esperar até depois do anúncio no dia seguinte. "É ruim", disse Jayne. "Mas pode esperar."

O dia 14 de dezembro figura entre os dias mais *compartimentados* de minha carreira. Verificando as anotações em minha agenda, encontrei: anúncio no *Good Morning America* às quatro. Teleconferência com investidores às cinco. CNBC Live às seis. Bloomberg às 6h20. Webcast com investidores às sete. Das oito ao meio-dia, conversas telefônicas com os senadores Chuck Schumer e Mitch McConnell, a então deputada Nancy Pelosi e vários outros membros do Congresso, em antecipação ao processo regulatório prestes a ser deflagrado. Por fim, naquela tarde, Jayne entrou no meu escritório para ter a conversa que começáramos no dia anterior. Ela contou que John Skipper admitira ter um problema com drogas, o que levou a outras complicações graves em sua vida e que potencialmente poderiam vir a comprometer a empresa. Marquei de telefonar para John no dia seguinte, depois fui para casa e, como já combinara muito antes de saber que todas essas coisas convergiriam ao mesmo tempo, fiz uma palestra via Skype para um grupo de estudantes do Ithaca College, minha *alma mater*, sobre o futuro das indústrias de mídia e entretenimento.

Na manhã seguinte, John e eu conversamos. Ele admitiu ter problemas pessoais terríveis, e eu lhe disse que, com base no que Jayne me descrevera e no que ele confirmara, precisávamos que ele se demitisse na segunda-feira seguinte. Eu tinha John em alta conta; ele é inteligente e experiente e era um executivo talentoso e leal. Contudo, esse foi um exemplo claro de como a integridade de uma empresa depende da integridade de seu pessoal, e, embora eu tivesse grande afeto e preocupação pessoal, por ele, John fizera escolhas que violavam a política da Disney. Foi uma decisão dolorosa mandá-lo embora, mas foi a decisão certa — mesmo significando que, ao entrar no período mais desgastante para a empresa e para mim desde que eu me tornara CEO, estivéssemos sem líderes em dois de nossos segmentos mais importantes: a ESPN e a Disney Animation.

O ACORDO COM Rupert acionou o complicado processo da busca de aprovação regulatória. Aquilo envolveu uma série de registros junto à Securities and Exchange Commission [Comissão de Valores Mobiliários], ou SEC, expondo os detalhes do acordo, os aspectos financeiros de ambas as empresas, bem como um "cronograma" que narrasse de forma transparente como ocorreu a negociação (incluindo, em nosso caso, uma descrição da reunião inicial com Rupert e todas as conversas posteriores). Depois que a SEC aprovasse o registro, cada empresa enviaria por e-mail uma votação por procuração para seus acionistas, que incluiria todos os detalhes do registro e uma recomendação do conselho de cada empresa para que seus acionistas aprovassem o acordo. Também estipulava um período de votação, que culminaria em uma assembleia de acionistas na qual todos os votos seriam contados. Todo esse processo pode levar até seis meses e, durante esse período, outras entidades podem fazer lances concorrentes.

Por mais complexo que fosse o negócio, presumimos que tínhamos caminho livre para a aprovação regulatória (o que, mais uma vez, fazia parte do motivo pelo qual o conselho da Fox aprovara nossa oferta em vez da oferta da Comcast) e que os acionistas da Fox o ratificariam em sua reunião agendada para junho de 2018. Havia apenas um possível empecilho. À medida que tudo isso avançava, um juiz do tribunal distrital de Nova York contemplava uma ação movida pelo Departamento de Justiça contra a AT&T, para bloquear a aquisição da Time Warner. A Comcast acompanhava aquilo atentamente. Se o juiz decidisse a favor do Departamento de Justiça e o acordo fosse vetado, a Comcast concluiria que eles também enfrentariam um obstáculo semelhante, e suas esperanças de fazerem outra oferta pela Fox seriam frustradas. No entanto, se a AT&T vencesse, eles poderiam se sentir encorajados a voltar com uma oferta mais alta, presumindo que o conselho e os acionistas da Fox não seriam mais dissuadidos pelos obstáculos regulatórios.

Tudo o que podíamos fazer era continuar a supor que compraríamos a Fox e começar a nos preparar para essa realidade. Pouco depois de termos concordado com o negócio com Rupert, comecei a me concentrar na questão de como exatamente fundiríamos aquelas duas empresas gigantes. Não poderíamos apenas adicioná-las ao que já existia; teríamos de integrá-las com cuidado para preservar e gerar valor. Então, eu me perguntei: como seria, poderia ou deveria ser a nova empresa? Se eu apagasse a história e construísse algo totalmente novo hoje, com todos aqueles ativos, como seria a estrutura? Voltei do feriado de Natal, arrastei um quadro branco até a sala de reuniões ao lado do meu escritório e comecei a brincar. (Foi a primeira vez que fiquei diante de um quadro branco desde que estivera com Steve Jobs em 2005!)

A primeira coisa que fiz foi separar "conteúdo" de "tecnologia". Teríamos três grupos de conteúdo: filmes (Walt Disney Animation, Disney Studios, Pixar, Marvel, Lucasfilm, Twentieth Century Fox, Fox 2000, Fox Searchlight), televisão (ABC, ABC News, nossas emissoras de TV, o Disney Channel, a Freeform, o FX, a National Geographic) e esportes (ESPN). Tudo isso ficava do lado esquerdo do quadro branco. Do outro lado, a tecnologia: aplicativos, interfaces de usuário, aquisição e retenção de clientes, gerenciamento de dados, vendas, distribuição e assim por diante. A ideia era simplesmente permitir que a equipe de conteúdo se concentrasse na criatividade e que o pessoal de tecnologia focasse em como distribuir as coisas e, na maioria das vezes, gerar receita da forma mais bem-sucedida. Então, no meio do quadro, escrevi "bens e entretenimento físico", um campo para diversas empresas grandes e em expansão: produtos de consumo, lojas da Disney, todos os nossos contratos internacionais de mercadorias e licenciamento, cruzeiros, resorts e nossas seis empresas de parques temáticos.

Recuei, olhei para o quadro e pensei: *Aí está. É assim que uma empresa de mídia moderna deve ser*. Senti-me energizado só de olhar para o quadro e passei os dias seguintes refinando a estrutura por conta própria. No fim da semana, convidei minha equipe para ver aquilo: Kevin Mayer, Jayne Parker, Alan Braverman, Christine McCarthy e Nancy Lee, minha chefe de gabinete.

"Vou apresentar algo diferente para vocês", falei, e então lhes mostrei o quadro branco. "É assim que será a nova empresa."

"Você acabou de fazer isso?", perguntou Kevin.

"Sim. O que você acha?"

Ele assentiu. Sim, aquilo fazia sentido. A tarefa agora era colocar os nomes certos nos lugares certos. No momento em que anunciamos o acordo, estabeleceu-se uma ansiedade compreensível nas duas empresas sobre quem administraria o quê, quem se reportaria a quem, quais funções se expandiriam ou se retrairiam — e como. Durante a primeira metade do ano, viajei por toda parte me reunindo com os executivos da Fox — Los Angeles, Nova York, Londres, Índia e América Latina —, conhecendo essas pessoas e seus setores, respondendo a suas perguntas, aliviando suas preocupações e comparando-os com seus equivalentes na Disney. Assim que os acionistas votassem — supondo que a decisão da AT&T não abrisse caminho para a Comcast —, eu teria de fazer diversas escolhas referentes à equipe muito difíceis e rápidas e precisava estar preparado para começar a reestruturar a empresa imediatamente.

NO FIM DE MAIO, perto da decisão do juiz e da votação dos acionistas da Fox, que seria logo depois, cheguei ao escritório quase às sete da manhã e abri um e-mail de Ben Sherwood, presidente da ABC. A mensagem incluía o texto de um tuíte publicado por Roseanne Barr naquela manhã, no qual ela dizia que Valerie Jarrett, ex-assessora do governo Obama, era produto da "Irmandade Muçulmana e do Planeta dos Macacos". A mensagem de Ben dizia: "Temos um problema sério aqui (...) Isso é completamente repugnante e inaceitável."

Respondi na mesma hora: "Com certeza. Estou no escritório. Não sei se o programa sobreviverá a isso."

Um ano antes, em maio de 2017, anunciamos que *Roseanne* voltaria ao horário nobre da ABC. Fiquei entusiasmado com a ideia, em parte pelo quanto passei a gostar de Roseanne quando trabalhamos juntos em fins dos anos 1980 e início dos anos 1990, quando eu dirigia a ABC Entertainment, e em parte porque fui atraído pela ideia do programa, que refletiria uma série de reações políticas aos assuntos controversos do dia.

Eu não sabia sobre os tuítes polêmicos que Roseanne postara no passado antes de pensarmos em colocar o programa no ar outra vez, mas, assim que voltou, ela começou a tuitar de novo e disse algumas coisas impensadas e às vezes ofensivas sobre diversos assuntos. Se ela continuasse com aquilo, seria um problema. Em abril, algumas semanas antes do tuíte sobre Valerie Jarrett, eu almoçara com ela. Melhor, impossível. Roseanne apareceu com biscoitos que assara para mim e passou parte de nossa conversa lembrando que eu era uma das poucas pessoas que ficara do seu lado no passado e falou que sempre confiaria em mim.

Perto do fim do almoço, eu disse a ela:

"Você precisa sair do Twitter." O programa apresentava uma audiência incrível e eu me sentia pessoalmente feliz por vê-la voltar a fazer sucesso. "Você tem algo ótimo aqui. Não estrague tudo."

"Sim, Bob", respondeu ela, com sua voz divertida, arrastada e nasalada.

Ela me prometeu que não voltaria ao Twitter, e saí daquele almoço certo de que ela entendia que o sucesso de que desfrutava naquele momento era raro e poderia facilmente ir embora.

O que esqueci, ou minimizei em minha mente, foi quão imprevisível e volátil Roseanne sempre fora. Estávamos nos aproximando nos primeiros dias de meu mandato como presidente da ABC Entertainment. Eu herdara o programa — que estava em sua primeira temporada quando cheguei — e achei Roseanne maravilhosamente talentosa, mas também consegui ver de perto como era instável e volátil. Havia momentos em que ela estava tão deprimida que não conseguia sair da cama, e Ted Harbert e eu às vezes íamos à sua casa e conversávamos com ela até que decidisse se levantar. O fato de eu ter simpatizado com Roseanne talvez tivesse algo a ver com meu pai e sua depressão, mas a verdade é que eu sentia necessidade de cuidar dela, e ela gostava disso.

Depois de ler o e-mail de Ben, entrei em contato com Zenia, Alan, Ben e Channing Dungey, então diretor da ABC Entertainment, e lhes perguntei quais eram nossas alternativas. Eles consideraram diversas opções, que iam de uma suspensão e diminuição de salário a um aviso severo e uma repreensão pública. Nenhuma delas parecia suficiente e, embora não tivessem mencionado demissão, eu sabia que, no fundo, era nisso que todos estavam pensando. "Não temos escolha aqui", falei afinal. "Temos que fazer o que é certo. Não o que é politicamente correto ou o que é comercialmente correto. Apenas o que é certo. Se algum de nossos funcionários tuitasse o que ela tuitou, seria imediatamente demitido." Falei para ficarem à vontade para voltarem atrás ou me dizerem que eu estava louco, mas ninguém fez isso.

Zenia redigiu uma declaração que Channing acabaria publicando. Liguei para Valerie Jarrett, pedi desculpas e disse a ela que decidíramos cancelar o programa e que faríamos o comunicado em quinze minutos. Ela me agradeceu e então me ligou mais tarde para dizer que estaria na MSNBC naquela noite, em um painel sobre racismo relacionado às notícias de a Starbucks ter fechado suas lojas naquele dia para treinamento de sensibilidade. "Posso mencionar que você me ligou?", perguntou ela. Eu disse que sim.

Então, enviei um e-mail para o conselho da Disney: "Hoje pela manhã, todos acordamos com um tuíte de Roseanne Barr no qual ela se referia a Valerie Jarrett como um produto da Irmandade Muçulmana e do Planeta dos Macacos. Não importa o contexto, consideramos esse comentário intolerável e deplorável e tomamos a decisão de cancelar o programa de Roseanne. Não pretendo parecer moralista, mas, como empresa, sempre tentamos fazer o que achamos ser o certo, independentemente da política ou do mercado. Em outras palavras, exigir qualidade e integridade de todos os nossos funcionários e de todos os nossos produtos é fundamental, e não há espaço para segundas chances ou tolerância quando se trata de uma transgressão aberta que desonra a empresa de algum modo. O tuíte de Roseanne violou esse princípio e nossa única opção é fazer o que é moralmente certo. Um comunicado será divulgado em breve."

Na verdade, foi uma decisão fácil. Eu não me perguntei qual seria a repercussão financeira daquilo nem me importei. Em momentos assim, é preciso olhar além das perdas comerciais e ser guiado, mais uma vez, pela simples regra de que não há nada mais importante do que a qualidade e a integridade de seu pessoal e de seu produto. Tudo depende de que esse princípio seja mantido.

Recebi muitos elogios e alguma censura durante todo o dia e pelo resto daquela semana. Fiquei emocionado com o elogio de muitos setores: chefes de estúdios; políticos; algumas pessoas do mundo dos esportes, incluindo Robert Kraft, proprietário do New England Patriots. Valerie Jarrett me escreveu imediatamente para dizer quanto estava grata por nossa reação. O presidente Obama também agradeceu. Fui atacado no Twitter pelo presidente Trump, que disse que eu nunca pedira desculpas a ele e mencionou algo a respeito das "horríveis" declarações que fazíamos a seu respeito em nosso noticiário na ABC. Kellyanne Conway entrou em contato com o diretor da ABC News, James Goldston, e perguntou se eu vira os tuítes de Trump e se eu ia responder. Minha resposta foi: "Sim. E não."

MAIS OU MENOS na mesma época da demissão de Roseanne, e à medida que prosseguia a nossa busca pela 21st Century Fox, o período sabático de seis meses de John Lasseter chegava ao fim. Após várias conversas, ele e eu concluímos que sair de vez da Disney seria sensato e concordamos em estabelecer confidencialidade total em relação a essa decisão.

Essa foi a decisão de equipe mais difícil e complexa que precisei administrar. Após a saída de John, tornamos Pete Docter diretor de criação da Pixar e Jennifer Lee, que escrevera e dirigira *Frozen*, diretora de criação da Walt Disney Animation. Os dois são pessoas brilhantes, queridas e inspiradoras, e sua liderança tem sido algo bom para o que, de outra forma, seria um momento doloroso para a empresa.

CAPÍTULO 14

VALORES FUNDAMENTAIS

EM 12 DE JUNHO DE 2018, um juiz do tribunal distrital de Manhattan decidiu em favor da compra da Time Warner pela AT&T. No dia seguinte, Brian Roberts anunciou a nova oferta da Comcast: um lance em dinheiro de 35 dólares por ação (64 bilhões de dólares) contra nossos 28 dólares por ação. Não apenas o número era significativamente maior, como também a oferta seria atrativa para muitos acionistas que preferiam dinheiro a ações. De repente, corríamos o risco de perder o acordo com o qual sonhávamos e pelo qual tanto trabalháramos nos últimos seis meses.

O conselho da Fox marcara uma reunião que seria realizada uma semana depois, em Londres, durante a qual eles votariam a oferta da Comcast. Poderíamos voltar a fazer lances e precisávamos decidir logo que valor seria proposto. Poderíamos aumentar nossa oferta, mas, ainda assim, ficaríamos um pouco abaixo da deles e esperávamos que o conselho da Fox continuasse acreditando que, apesar da decisão da AT&T, o caminho para a aprovação regulatória ainda seria mais fácil conosco. Poderíamos igualar a oferta da Comcast e esperar que eles não sabotassem nosso acordo com um lance equivalente, mesmo que muitos investidores preferissem dinheiro em vez de ações. Ou poderíamos aumentar nossa oferta e esperar que a Comcast não tivesse como cobrir o valor.

Vários executivos e banqueiros estiveram envolvidos na discussão. Todos me aconselhavam a não aumentar, ou, quando muito, igualar o lance da Comcast, apostando nas questões regulatórias que ainda pesavam a nosso favor. Cheguei à conclusão de que queria fazer uma oferta irrecusável, e o conselho me autorizou a aumentar o valor e fazer exatamente isso. Ao mesmo tempo, Alan Braverman mantinha discussões constantes com o Departamento de Justiça, tentando abrir caminho para a aprovação regulatória caso ganhássemos a guerra de lances pela Fox.

Dois dias antes de o conselho da Fox votar a oferta da Comcast, voei para Londres com Alan, Kevin, Christine e Nancy Lee. Assegurei-me de que apenas algumas pessoas de nossa equipe soubessem quanto ofereceríamos e avisei a todos que a confidencialidade era fundamental. Não queríamos que a Comcast tivesse nenhuma pista do nosso plano de fazer um lance mais alto. Reservamos um quarto em um hotel em Londres no qual nunca ficáramos, usando nomes diferentes. Não sei se é verdade, mas algumas pessoas nos disseram que a Comcast costumava rastrear os movimentos dos jatos particulares dos concorrentes. Em vez de voar para Londres, fomos primeiro para Belfast, onde fretamos outro avião para o breve trajeto até Londres.

Pouco antes de embarcarmos para Londres, liguei para Rupert e falei: "Quero me reunir com você amanhã." No fim da tarde seguinte, Kevin e eu fomos ao escritório de Rupert para nos encontrar com ele e John Nallen. Nós quatro nos sentamos ao redor de sua elegante mesa de mármore, voltada para a varanda onde ele e eu posáramos para uma foto em dezembro. Fui direto ao assunto: "Gostaríamos de fazer uma oferta de 38 dólares", falei. "Metade em dinheiro, metade em ações." Disse a ele que era o máximo a que poderíamos chegar.

Quanto ao valor de 38 dólares, eu suspeitava que a Comcast poderia aumentar mais do que já havia oferecido e que, caso oferecêssemos 35 dólares, eles subiriam para 36. Se chegássemos a 36, eles subiriam para 37, a cada etapa se convencendo de que era apenas um pouco mais, até finalmente chegarmos a 40 dólares por ação. Contudo, se começássemos com 38 dólares, eles teriam de pensar muito para aumentar pelo menos 3 dólares por ação. (Como eles ofereciam tudo em espécie, isso queria dizer pegar emprestado mais dinheiro ainda e aumentar significativamente sua dívida.)

A Comcast supôs que o conselho da Fox votaria sua oferta na manhã seguinte. Em vez disso, Rupert levou nosso novo lance ao conselho, e eles o aprovaram. Quando a reunião terminou, eles informaram à Comcast que aceitariam a nossa nova oferta, que imediatamente anunciamos em conjunto. Precisávamos explicar aquela nova mudança para os investidores, mas não tínhamos uma sala de reuniões montada em Londres, porque não queríamos que ninguém soubesse que estávamos lá. Então, trouxemos um viva-voz para o meu quarto de hotel e realizamos dali a teleconferência com os investidores. Foi uma cena surreal: nosso pequeno grupo reunido em um quarto de hotel enquanto Christine e eu conversávamos com investidores e, na televisão ao fundo do quarto, a CNBC cobria as notícias que acabáramos de produzir.

Logo depois de fazermos nossa oferta final, exortei Alan Braverman a verificar se poderíamos chegar a um acordo com o Departamento de Justiça quanto à nossa aquisição. Ele sabia que nossa concentração de esportes televisionados e a posse das redes regionais de esportes da Fox seriam um grande problema. Decidimos que era melhor aliená-las para acelerar o processo com a Justiça, e foi o que aconteceu. Isso nos daria uma enorme vantagem sobre a Comcast, que ainda precisaria enfrentar um lento e complicado processo regulatório, além da necessidade de superar nossa oferta de 38 dólares. Em duas semanas, obtivemos a garantia do Departamento de Justiça de que, se concordássemos em vender as redes esportivas, eles não abririam uma ação para vetar o acordo. Essa garantia se provou crucial.

Após a votação do conselho da Fox, uma nova procuração, acompanhada da recomendação unânime do conselho para que votassem a favor do acordo, foi enviada aos seus acionistas. A votação aconteceria em meados de julho, o que ainda daria tempo de a Comcast realizar um lance mais alto. Foram várias semanas de abalar os nervos. Toda vez que eu ligava o computador, ou checava meu e-mail, ou via a CNBC, esperava a notícia de que a Comcast tinha feito uma oferta maior do que a nossa. Em fins de julho, fui à Itália com Kevin para três dias de reuniões e, de lá, voltamos para Londres.

Estávamos em um carro na capital inglesa quando recebi uma ligação de David Faber, o apresentador do *Squawk on the Street*, da CNBC. Atendi ao telefone e David perguntou:

"Você tem algum comentário sobre a declaração?"

"Qual declaração?"

"A declaração da Comcast."

Minha ansiedade foi às alturas.

"Eu não sei qual é."

David me contou que as notícias haviam acabado de chegar.

"Brian Roberts anunciou que eles desistiram do negócio."

Eu estava tão certo de que David me diria que eles tinham superado nossa oferta que minha reação instantânea foi dizer:

"Cacete!"

Fiz uma pausa por um instante e então fiz uma declaração mais formal:

"Pode dizer ao seu público que foi você quem me deu a notícia."

O que ele fez — e também contou que eu exclamara "Cacete!".

ANTES DE FECHARMOS de fato o acordo, ainda precisávamos lidar com o processo regulatório mundial, fora dos Estados Unidos, obtendo aprovação na maioria dos lugares em que agora tínhamos negócios: Rússia, China, Ucrânia, União Europeia, Índia, Coreia do Sul, Brasil, México, entre outros. Ao longo de meses, conseguimos a aprovação de uma região de cada vez, até que, por fim, em março de 2019, dezenove meses após minhas primeiras conversas com Rupert, fechamos oficialmente o negócio e começamos a avançar como uma empresa.

Tudo ocorreu bem a tempo. No mês seguinte, em 11 de abril, organizamos um evento elaborado, de produção complexa e exaustivamente ensaiado nos estúdios da Disney, para apresentar aos investidores os detalhes de nossos novos negócios direto para o consumidor. Teria sido uma reunião muito diferente se não tivéssemos fechado o acordo com a Fox a tempo. No entanto, centenas de investidores e membros da mídia ocuparam fileiras de arquibancadas em um de nossos estúdios de som, diante de um palco e de um cenário gigantesco.

Prometemos a Wall Street que, quando estivéssemos prontos, compartilharíamos algumas informações sobre os novos serviços de streaming. Isso levou a um debate interno sobre quão detalhada deveria ser essa informação. Eu queria mostrar tudo para eles. Tínhamos sido sinceros a respeito dos desafios que enfrentáramos no passado — naquela fatídica teleconferência de 2015, quando falei sobre a disrupção que todos testemunhávamos — e agora eu queria ser igualmente sincero a respeito do que fizéramos para enfrentar essa disrupção, abraçá-la e nos tornarmos inovadores. Eu queria mostrar a eles o conteúdo que criamos e a tecnologia que desenvolvemos para tanto. Também foi crucial demonstrar como a Fox se encaixava com perfeição nessa nova estratégia e a alimentava de maneira crucial. A transparência em relação a quanto isso custaria, os danos de curto prazo que causaria aos nossos resultados financeiros e às nossas projeções de lucros de longo prazo também foram críticos.

Subi ao palco e falei por apenas um minuto e meio; na sequência, apresentamos um filme belamente produzido que fizéramos para mostrar a história daquelas duas empresas recém-fundidas, a Disney e a 21st Century Fox. Era a nossa maneira de dizer: *Estamos nos movendo em uma nova direção, mas a criatividade está no coração daquilo que fazemos*. Durante muitos anos, as duas empresas criaram entretenimento extraordinário e indelével, e agora, combinadas, fariam isso com mais ênfase do que nunca.

Esse encontro foi o desfecho daquela minha primeira entrevista com o conselho da Disney em 2004. Tudo aquilo dizia respeito ao futuro, e nosso futuro dependia de três coisas: criar conteúdo de marca de alta qualidade, investir em tecnologia e crescer em escala mundial. Naquela época, eu não poderia ter previsto como tudo o que faríamos emergiria desse modelo e nunca poderia ter imaginado um dia como aquele, no qual esses três pilares estariam tão abertamente expostos enquanto demonstrávamos os planos da empresa para o futuro.

Um após outro, os chefes de muitos de nossos setores subiram no palco e apresentaram o conteúdo seleto e original que estaria disponível em nosso novo serviço de streaming. Disney. Pixar. Marvel. *Star Wars*. National Geographic. Lançaríamos três novos programas originais da Marvel e duas novas séries da Lucasfilm, incluindo a primeira série live-action de *Star Wars*, *O Mandaloriano*. Haveria uma série da

Pixar, novos programas de televisão do Disney Channel e filmes originais em *live-action*, incluindo *A Dama e o Vagabundo*. No total, mais de 25 séries novas e dez filmes ou especiais originais foram lançados só no primeiro ano do serviço, e todos foram feitos com o mesmo nível de ambição e atenção à qualidade de qualquer outro filme ou programa de TV produzido por nossos estúdios. Praticamente toda a biblioteca da Disney, todos os filmes de animação já feitos desde *Branca de Neve e os Sete Anões*, de 1937, também estariam disponíveis, incluindo vários títulos da Marvel, entre os quais *Capitã Marvel* e *Vingadores: Ultimato*. A adição da Fox significava que também estaríamos oferecendo os mais de seiscentos episódios de *Os Simpsons*.

Mais tarde na apresentação, Uday Shankar, o novo presidente de nossas operações na Ásia, subiu ao palco para falar sobre o Hotstar, o maior serviço de streaming da Índia. Tínhamos tomado a decisão de nos orientarmos para uma estratégia direta ao consumidor e, agora, como resultado da aquisição da Fox, possuíamos as maiores empresas diretas para o consumidor em um dos mercados mais vitais e mais prósperos do mundo. Ali estava o crescimento em escala mundial.

Quando Kevin Mayer subiu ao palco para demonstrar como o aplicativo funcionaria — em uma smart TV, em um tablet, em um telefone —, foi impossível não me lembrar de Steve em meu escritório em 2005, empunhando o protótipo do novo iPod de vídeo. Abraçamos a mudança na época, para grande desgosto do restante de nossa indústria, e agora fazíamos isso outra vez. Abordávamos algumas das mesmas perguntas que nos fizéramos quase quinze anos antes: os produtos de marca de alta qualidade se tornarão ainda mais valiosos em um mercado alterado? Como entregar nossos produtos aos consumidores de maneiras mais relevantes e inventivas? Quais novos hábitos de consumo estão se formando e como nos adaptaremos a eles? Como aplicar a tecnologia como uma ferramenta nova e poderosa para o crescimento em vez de sermos vítima de sua disrupção e destruição?

O custo de construir o aplicativo e criar o conteúdo, combinado com as perdas decorrentes da subcotação de nossos negócios tradicionais, significou que reduziríamos os lucros em alguns bilhões de dólares por ano nos primeiros anos. Levaria algum tempo até o sucesso ser mensurado em lucros. Primeiro, seria medido pelo número de assinantes. Queríamos que o serviço fosse acessível ao maior número possível de pessoas e tínhamos estabelecido um valor que, segundo nossas estimativas, traria algo entre 69 milhões de assinantes nos primeiros cinco anos. Quando Kevin anunciou que venderíamos o Disney+ por 6,99 dólares mensais, ouviu-se um ofegar na sala.

A resposta de Wall Street foi muito além de qualquer coisa que prevíramos. Em 2015, nossas ações afundaram como uma pedra quando falei sobre disrupção. Agora elas não paravam de subir. No dia seguinte à reunião dos investidores, a empresa saltou 11%, atingindo um recorde. Até o fim do mês, subiu quase 30%. Esse período, até o segundo trimestre de 2019, foi o melhor de meu mandato como CEO. Lançamos *Vingadores: Ultimato*, que acabaria se tornando o filme de maior bilheteria de todos os tempos. Na sequência, inauguramos nosso novo espaço de *Star Wars*, Galaxy's Edge, na Disneylândia, e fechamos um contrato de compra do que restava da participação da Comcast no Hulu, que servirá como nosso serviço de streaming de assinatura para o conteúdo que não estará disponível no Disney+, uma ação que os investidores mais uma vez recompensaram. Se o passado me ensinou alguma coisa, foi que, com uma empresa desse tamanho, com uma presença tão grande no mundo e com tantos funcionários, algo imprevisível sempre acontecerá; más notícias se tornam inevitáveis. Mas, por enquanto, parece bom, muito bom, como se esses quinze anos de trabalho duro tivessem valido a pena.

. . .

EU DEVERIA TER me aposentado da Walt Disney Company em junho de 2019, antes de entrarmos na negociação com a Fox. (Eu já tivera planos de me aposentar que não saíram como o esperado, mas agora estava determinado a parar, 45 anos depois de ter começado na ABC.) Eu não só não estava me aposentando, como também trabalhava mais e tinha mais responsabilidade do que jamais tivera em quatorze anos no cargo. Isso não quer dizer que eu não estivesse totalmente envolvido ou realizado com meu trabalho, apenas não era assim que eu imaginava que seria a minha vida aos 68 anos. Contudo, a intensidade do trabalho não me imunizou contra um tipo de melancolia que se aproximava. O futuro que planejávamos e pelo qual trabalhávamos tão febrilmente aconteceria sem mim. Minha nova data de aposentadoria é dezembro de 2021, mas já consigo vislumbrá-la. Surge em momentos inesperados. Não é o suficiente para me distrair, mas é o suficiente para me lembrar de que esse passeio está chegando ao fim. Há alguns anos, amigos queridos me deram de brincadeira um suporte de placa que imediatamente prendi ao meu carro, com os dizeres: "Existe vida após a Disney?" A resposta é sim, claro, mas essa pergunta me parece mais existencial do que costumava ser.

    Sinto-me reconfortado com algo em que passei a acreditar cada vez mais nos últimos anos: nem sempre é bom para uma pessoa ter muito poder durante muito tempo. Mesmo quando um CEO está trabalhando de maneira produtiva e eficaz, é importante que a empresa faça mudanças no topo. Não sei se outros CEOs concordam comigo, mas notei que é possível acumular tanto poder em um cargo que fica mais difícil avaliar como você o está exercendo. Pequenas coisas podem começar a mudar. Sua confiança pode facilmente extrapolar para um exagero e se tornar uma desvantagem. Você pode começar a achar que já ouviu todas as ideias e acabar virando uma pessoa impaciente e que despreza as opiniões alheias. Não é de propósito, apenas faz parte da conjuntura. É preciso fazer um esforço consciente para ouvir e prestar atenção à infinidade de opiniões. Como uma espécie de salvaguarda, levantei a questão com os executivos mais próximos: "Se perceberem que ando muito desdenhoso ou impaciente, vocês precisam me avisar." Eles têm que fazer isso de vez em quando, mas espero que não com muita frequência.

Seria fácil em um livro como este agir como se todo o sucesso que a Disney teve durante o meu mandato fosse resultado da visão perfeitamente executada que tive desde o início; que eu sabia, por exemplo, que focando em três estratégias principais específicas, em vez de outras, chegaríamos aonde estamos agora. Mas só é possível montar essa história olhando para trás. Na verdade, para liderar a empresa, eu precisava apresentar um plano para o futuro. Eu acreditava que a qualidade era mais importante. Acreditava que precisávamos adotar a tecnologia e a disrupção, em vez de temê-las. Acreditava que a expansão para novos mercados seria vital. Eu não tinha nenhuma ideia, principalmente naquela época, de aonde aquela jornada me levaria.

Sem experiência é impossível determinar os princípios de liderança, mas tive grandes mentores. Michael, com certeza, e Tom e Dan antes dele, e Roone antes de todos. Cada um era um mestre à sua maneira, e absorvi tudo o que podia de cada um. Além disso, confiei em minha intuição e incentivei pessoas ao meu redor a confiar nas delas. Somente muito mais tarde tais intuições começaram a se transformar em qualidades particulares de liderança que fui capaz de articular.

Recentemente, reli o e-mail que enviei para todos os funcionários da Disney em meu primeiro dia como CEO. Falei sobre os três pilares de nossa estratégia dali em diante, mas também compartilhei algumas lembranças de minha infância, quando assistia à *Disneylândia* e ao *Clube do Mickey* e imaginava como seria visitar a Disney algum dia. Também me lembrei de meus primeiros tempos na ABC, de meu nervosismo ao começar a trabalhar ali no terceiro trimestre de 1974. "Jamais sonhei que um dia lideraria a empresa responsável por tantas de minhas melhores lembranças de infância", escrevi, "ou que minha jornada profissional acabaria me trazendo até aqui."

De certa forma, ainda não consigo acreditar nisso. É estranho pensar que a narrativa de sua vida faz todo o sentido. Um dia se encaixa no outro, um trabalho no outro, uma escolha de vida na outra. A história é coerente e ininterrupta. No entanto, houve muitos momentos em que as coisas poderiam ter sido diferentes e, não fosse por um golpe de sorte, ou pelo mentor certo, ou por alguma intuição que me disse para fazer *isso* e não *aquilo*, eu não estaria contando esta história. É impossível enfatizar com precisão como o sucesso também depende da sorte, e tive uma sorte extraordinária ao longo do caminho. Olhando para trás, há algo que remete a sonho em tudo isso.

Como aquele garoto, sentado em sua sala de estar no Brooklyn, vendo Annette Funicello e o *Clube do Mickey*, ou indo com os avós assistir a seu primeiro filme, *Cinderela*, ou deitado na cama, alguns anos depois, repetindo cenas de *Davy Crockett* na cabeça, se viu tantos anos depois como o guardião do legado de Walt Disney?

Talvez esse seja o caso de muitos de nós: não importa quem sejamos ou o que realizamos, ainda sentimos que somos essencialmente a criança que éramos em algum momento mais simples muito tempo atrás. De certa forma, acho que esse também é um truque de liderança: manter a consciência de si mesmo quando o mundo lhe diz quão poderoso e importante você é. No momento em que você começa a acreditar demais nisso, no momento em que se olha no espelho e vê um título estampado na testa, você se perdeu. Essa pode ser a lição mais difícil, mas também a mais necessária, para manter em mente que, não importa em que trecho do caminho estiver, você é a mesma pessoa que sempre foi.

APÊNDICE

LIÇÕES

AO FIM deste livro sobre liderança, me pareceu que seria útil reunir todas essas variações sobre o tema em um só lugar. Algumas são concretas e prescritivas; outras um tanto mais filosóficas. Quando leio esses fragmentos de sabedoria coletada, vejo-os como uma espécie de mapa dos últimos 45 anos: *Foi isso que aprendi diariamente com essa pessoa e foi isso que aprendi com aquela. Aqui está o que não entendi na época, mas entendo agora, algo que só vem com a experiência.* Minha esperança é a de que as ideias e as histórias que contei ao longo deste livro para tentar lhes dar algum contexto e peso também possam parecer relacionáveis e se apliquem à sua experiência. São lições que moldaram minha vida profissional e espero que sejam úteis à sua.

- Para contar grandes histórias, é necessário ter grandes talentos.
- Agora mais do que nunca: inovar ou morrer. Não pode haver inovação se você agir com medo do que é novo.
- Falo muito sobre "a busca incansável pela perfeição". Na prática, isso pode significar muitas coisas e é difícil de definir. É mais uma mentalidade do que um conjunto específico de regras. Não se trata de perfeccionismo a todo custo. Trata-se de criar um ambiente em que as pessoas se recusem a aceitar a mediocridade. Trata-se de recuar ante o desejo de dizer que "bom o bastante" é bom o bastante.
- Assuma a responsabilidade quando errar. No trabalho, na vida, você será mais respeitado e mais digno da confiança das pessoas ao seu redor se reconhecer seus erros. É impossível evitá-los, mas é possível reconhecê-los, aprender com eles e dar o exemplo de que às vezes errar é normal.
- Seja decente com as pessoas. Trate todos com justiça e empatia. Isso não significa diminuir as expectativas ou passar a mensagem de que erros são tolerados. Significa criar um ambiente onde as pessoas saibam que você as ouvirá, que você é emocionalmente consistente e imparcial e que elas terão segundas chances se cometerem erros tentando fazer o seu melhor.
- Excelência e justiça não precisam ser mutuamente exclusivas. Busque a perfeição, mas esteja sempre ciente da armadilha de se preocupar apenas com o produto e nunca com as pessoas.
- A verdadeira integridade — um senso de saber quem você é e ser guiado pelo próprio juízo de certo e errado — é uma espécie de arma secreta da liderança. Se você confiar nas próprias intuições e tratar as pessoas com respeito, a empresa passará a representar os valores pelos quais você vive.
- Valorize a competência mais do que a experiência e coloque as pessoas em cargos que exijam mais do que elas sabiam serem capazes.

- Faça as perguntas necessárias, admita sem desculpas o que não entende e se esforce para aprender o que for necessário o mais rápido possível.
- O gerenciamento de criatividade é uma arte, não uma ciência. Ao fazer observações, lembre-se de quanto a pessoa com quem você está falando se dedicou ao projeto e como aquilo é importante para ela.
- Não comece com negatividade nem tratando de miudezas. As pessoas costumam se concentrar em detalhes como uma forma de mascarar a falta de ideias claras, coerentes e relevantes. Se você aborda um problema de maneira mesquinha, vai parecer mesquinho.
- De todas as lições que aprendi em meu primeiro ano no horário nobre da ABC, a constatação de que a criatividade não é uma ciência foi a mais profunda. Acabei me sentindo confortável com o fracasso — não com a falta de esforço, mas com o fato de que, se você quer inovação, precisa se permitir errar.
- Não entre no negócio de jogar com prudência. Esteja no negócio de criar possibilidades para a grandeza.
- Não deixe sua ambição atrapalhar uma oportunidade. Ao se fixar em um trabalho ou projeto futuro, você fica impaciente com o lugar onde está. Você não dedica atenção suficiente às responsabilidades que *tem* e, portanto, a ambição pode se tornar contraproducente. É importante saber como encontrar o equilíbrio — faça bem seu trabalho; seja paciente; procure oportunidades para participar, expandir e crescer; e, com atitude, energia e concentração, torne-se uma das pessoas a quem os chefes acreditam que precisarão recorrer quando surgir uma oportunidade.
- Meu ex-chefe Dan Burke certa vez me enviou um bilhete que dizia: "Evite entrar no ramo de óleo para trombone. Você pode se tornar o maior fabricante de óleo para trombone do mundo, mas, no fim das contas, o mundo consome apenas alguns litros de óleo para trombone por ano!" Ele estava me dizendo para não investir em pequenos projetos que minariam meus recursos e os da

empresa e não renderiam muito em troca. Ainda tenho essa nota em minha mesa e uso-a quando conversamos com nossos executivos sobre o que levar adiante e onde concentrar nossa energia.

• Quando as pessoas no topo de uma empresa têm um relacionamento disfuncional, não há como o restante da empresa ser funcional. É como ter pais que brigam o tempo todo. As crianças percebem e começam a refletir a animosidade de volta para os pais e entre si.

• Se você não fizer seu trabalho como líder, as pessoas ao seu redor perceberão, e você rapidamente perderá o respeito. É preciso estar atento. Muitas vezes, é necessário participar de reuniões que, se tivesse escolha, você optaria por não participar. É necessário ouvir os problemas das pessoas e ajudá-las a encontrar soluções. Tudo isso faz parte do cargo.

• Todo mundo quer acreditar que é indispensável. Você precisa ser lúcido o bastante para não se apegar à ideia de que *você* é a única pessoa capaz de fazer determinado trabalho. Essencialmente, uma boa liderança não significa ser indispensável; trata-se de ajudar as outras pessoas a se prepararem para ocupar o seu lugar — garantindo-lhes acesso à sua própria tomada de decisão, identificando as habilidades que precisam desenvolver, ajudando-as a melhorar e, às vezes, sendo honesto sobre o motivo de não estarem prontas para darem o próximo passo.

• A reputação de uma empresa é a soma total das ações de seu pessoal e a qualidade de seus produtos. Você precisa exigir integridade do seu pessoal e de seus produtos o tempo todo.

• Michael Eisner dizia: "A microgestão é subestimada." Concordo com ele — até certo ponto. Atentar aos detalhes pode demonstrar quanto você se importa. Afinal, o "grande" costuma ser um conjunto de coisas muito pequenas. A desvantagem do microgerenciamento é que ele pode ser estupidificante e reforçar a sensação de não confiar nas pessoas que trabalham para você.

• Muitas vezes, lideramos com *medo* e não com coragem, tentando construir a todo custo um baluarte para proteger modelos antigos que não sobreviveriam às mudanças em curso. É difícil olhar para os modelos atuais, às vezes até mesmo para aqueles que são lucrativos no momento, e tomar uma decisão que irá prejudicá-los para enfrentar a mudança que está por vir.

- Se vagar pelos corredores dizendo constantemente às pessoas que "o céu está desabando", com o tempo uma sensação de desgraça e melancolia permeará a empresa. Você não pode comunicar pessimismo para as pessoas ao seu redor. Isso arruína o moral. Ninguém quer seguir um pessimista.
- O pessimismo leva à paranoia, que leva à atitude defensiva, que leva à aversão ao risco.
- O otimismo surge da fé em si mesmo e nas pessoas que trabalham para você. Não se trata de dizer que as coisas estão bem quando não estão nem de transmitir uma fé inata de que "tudo vai dar certo". Trata-se de acreditar em suas habilidades e nas das outras pessoas.
- Às vezes, as pessoas evitam grandes mudanças porque argumentam contra algo antes mesmo de tentarem. Os arremessos de longa distância em geral não vão tão longe quanto parece. Com consideração e comprometimento suficientes, as ideias mais ousadas podem ser executadas.
- Você precisa comunicar suas prioridades de forma clara e constante. Se não articular claramente o que deve ser feito, as pessoas a seu redor não saberão quais devem ser as próprias prioridades. Tempo, energia e capital são desperdiçados.
- Você pode fazer muito pelo moral das pessoas ao seu redor (e, consequentemente, pelas pessoas ao redor delas) apenas eliminando as especulações do dia a dia. Muitos trabalhos são complexos e demandam enormes quantidades de concentração e energia, mas esse tipo de mensagem é bem simples: *É aqui que queremos chegar. É assim que chegaremos lá.*
- Os avanços tecnológicos tornarão obsoletos os modelos de negócio mais antigos. Você pode lamentar e tentar, com todas

as suas forças, proteger o *statu quo*, ou pode trabalhar pesado para entender e adotar as mudanças com mais entusiasmo e criatividade do que seus concorrentes.
- É preciso tratar do futuro, não do passado.
- É fácil ser otimista quando todos estão dizendo que você é ótimo. É muito mais difícil e muito mais necessário quando seu senso sobre si mesmo está em jogo.
- No mundo dos negócios, tratar os outros com respeito é uma moeda subvalorizada. Um pouco de respeito abre muitas portas, e sua falta pode sair muito cara.
- Você precisa fazer o dever de casa. Precisa estar preparado. Por exemplo, você certamente não pode fazer uma grande aquisição sem criar os modelos necessários para ajudá-lo a decidir se determinado acordo é o certo, mas também precisa reconhecer que nunca há 100% de certeza. Não importa a quantidade de dados à disposição, em última análise ainda é um risco, e a decisão de correr ou não esse risco se resume à sua intuição.
- Se algo *não lhe* parecer certo, não será certo *para você*.
- Muitas empresas adquirem outras sem muita sensibilidade em relação ao que realmente estão comprando. Acham que estão incorporando ativos físicos ou ativos de fabricação ou propriedade intelectual (em algumas indústrias, isso é mais verdade do que em outras). Mas geralmente o que estão adquirindo de verdade são *pessoas*. Em um negócio criativo, é aí que está o valor.
- Como líder, você é a personificação de sua empresa. Isso significa que seus valores — seu senso de integridade, decência e honestidade, a maneira como você se comporta no mundo — são uma representação dos valores da empresa. Você pode ser o chefe de uma organização de sete pessoas ou de 250 milhões, e a mesma verdade se aplica: o que as pessoas pensam de *você* é o que elas pensam de sua empresa.
- Ao longo dos anos, por diversas vezes tive que dar notícias difíceis para pessoas talentosas, algumas das quais eram minhas

amigas e outras que não foram capazes de prosperar nas posições em que eu as colocara. Tento ser o mais direto possível sobre o problema, explicando o que não está funcionando e por que não creio que aquilo vá mudar. Existe um tipo de linguagem corporativa eufemística que em geral é aplicada nessas situações e que sempre me pareceu ofensiva. Se você respeita a pessoa, deve a ela uma explicação clara da decisão que está tomando. Não há como a conversa não ser dolorosa, mas pode ao menos transcorrer com sinceridade.

- Ao contratar, tente se cercar de pessoas que sejam *boas* além de serem boas no que fazem. No mundo dos negócios, a verdadeira decência — um instinto de justiça, abertura e respeito mútuo — é uma qualidade mais rara do que deveria ser, e você deve procurá-la nas pessoas que contratar e estimulá-la naqueles que trabalham para você.

- Em qualquer negociação, seja claro sobre sua posição desde o início. Não há ganho de curto prazo que valha a erosão da confiança a longo prazo que ocorrerá quando você não corresponder à expectativa criada anteriormente.

- Projetar sua ansiedade em sua equipe é contraproducente. É sutil, mas há uma diferença entre demonstrar que você compartilha o estresse deles — que está nessa *com* eles — e demonstrar que precisa que eles cumpram com a parte deles para aliviar o seu estresse.

- A maioria dos negócios é pessoal. Isso é ainda mais verdadeiro se você estiver negociando com uma pessoa algo que ela criou. Em qualquer negócio, é preciso saber o que quer, mas, para chegar lá, também se deve estar ciente do que está em jogo para a outra parte.

- Se você está no negócio de fazer coisas, esteja no negócio de fazer coisas grandiosas.

- A decisão de interromper um modelo de negócios que está funcionando requer muita coragem. Significa assumir intencionalmente perdas no curto prazo na esperança de que um risco no longo prazo seja compensador. Rotinas e prioridades são interrompidas. As formas tradicionais de fazer negócios são aos poucos marginalizadas e corroídas — e começam a perder dinheiro — à medida que um novo modelo assume o controle. Essa é uma grande questão em termos de cultura e mentalidade de uma empresa. Ao fazer isso, você estará dizendo para pessoas que foram compensadas com base no sucesso de seus negócios tradicionais durante toda a sua carreira: "Não se preocupem mais com isso. Agora, preocupem-se com *aquilo*." Mas *aquilo* ainda não é rentável e não será durante algum tempo. Lide com esse tipo de incerteza voltando ao básico: estabeleça com clareza suas prioridades estratégicas. Permaneça otimista diante do desconhecido. E seja acessível e imparcial com as pessoas cuja vida profissional está sendo virada de cabeça para baixo.

- Não é bom ter poder por muito tempo. Você não percebe quanto sua voz parece soar mais alta do que qualquer outra na sala. Você se acostuma com as pessoas omitindo suas opiniões até ouvirem o que você tem a dizer. As pessoas ficam com medo de lhe trazer ideias, medo de discordar, medo de se engajar. Isso pode acontecer até com os líderes mais bem-intencionados. Você deve trabalhar consciente e ativamente para evitar os efeitos corrosivos.
- Você precisa abordar seu trabalho e sua vida com um senso de sincera humildade. Em parte, o sucesso que obtive é resultado de meus esforços, mas também se deve a muitas outras coisas além de mim: aos esforços, apoio e exemplos de muitas pessoas e a reviravoltas do destino que estavam fora de meu controle.
- Mesmo quando o mundo lhe disser quão poderoso e importante você é, mantenha a consciência de si mesmo. No momento em que você começa a acreditar demais nisso, no momento em que se olha no espelho e vê um título estampado na testa, você se perdeu.

AGRADECIMENTOS

HÁ UM VELHO DITADO que diz que o sucesso tem muitos pais, mas que o fracasso é órfão. No meu caso, o sucesso tem muitos pais *e* mães. Tudo o que realizamos na Disney nos últimos quinze anos foi resultado dos esforços colaborativos de inúmeras pessoas: nossa equipe executiva sênior, dezenas de milhares de funcionários da Disney ("membros do elenco", como os chamamos) e outros milhares no lado criativo do nosso ramo: diretores, escritores, atores e legiões de outras pessoas talentosas que dedicaram tanto tempo e esforço para contar as histórias às quais me referi tantas vezes neste livro.

Eu poderia preencher várias páginas mencionando nomes de pessoas a quem devo agradecer, mas limitarei a lista às poucas pessoas mencionadas a seguir, sem cujos esforços eu e a Disney não teríamos sido tão bem-sucedidos:

Stephanie Voltz, por compartilhar esse passeio comigo do início ao fim, por fazer muito mais do que apenas manter tudo funcionando e por anos de sorrisos intermináveis e tremendo apoio.

Alan Braverman e Zenia Mucha também estão comigo desde o início, e ambos têm um valor inestimável para mim e para a empresa.

Kevin Mayer é um mestre estrategista e exímio negociador. Um CEO não poderia pedir melhor parceiro estratégico.

Jayne Parker é a nossa chefe de Recursos Humanos há uma década. Você não pode administrar bem uma empresa sem uma estrela no papel de RH, e Jayne tem sido isso e muito mais.

Também me beneficiei de três excelentes diretores financeiros: Tom Staggs, Jay Rasulo e Christine McCarthy. A sabedoria, a visão e a perspicácia estratégica e financeira deles tornaram possível muito do que fizemos.

Bob Chapek também fez um trabalho extraordinário na administração de nossos produtos de consumo e no setor de parques temáticos e foi inestimável na preparação da inauguração da Shanghai Disneyland.

George Bodenheimer e Jimmy Pitaro dirigiram a ESPN com honra e competência.

Alan Horn é a melhor contratação que já fiz. Sua liderança em nosso estúdio de cinema nos permitiu brilhar comercial e artisticamente.

John Lasseter e Ed Catmull e sua grande equipe de diretores e animadores mantiveram a Pixar vibrante e criativamente forte e revitalizaram a Disney Animation.

Bob Weis e mais de mil imagineers projetaram e construíram a Shanghai Disneyland. É um triunfo de visão, paixão, criatividade, paciência e de extraordinário trabalho árduo e sacrifício.

Nos quase quinze anos em que estive no cargo de CEO, tive ótimos "chefes de coisas", como eu os chamava (até que oficialmente mudei o título para chefes de equipe): Leslie Stern, Kate McLean, Agnes Chu e Nancy Lee foram inestimáveis para mim. E obrigado também a Heather Kiriakou por toda a ajuda ao longo dos anos.

Também devo muito a muitos membros do conselho diretor da Walt Disney Company, principalmente George Mitchell, John Pepper, Orin Smith e Susan Arnold. Obrigado por apoiarem a nossa visão e por todos os seus conselhos e incentivos. Empresas de sucesso compartilham algo em comum: uma forte parceria entre a gerência e seus conselhos diretores, e a nossa tem sido fundamental para o sucesso da Walt Disney Company.

Nos 45 anos em que estive na Disney, tive muitos chefes. Alguns são mencionados neste livro, mas quero agradecer a todos por terem me guiado e acreditado em mim:

Harvey Kalfin
Deet Jonker
Pat Shearer
Bob Apter
Irwin Weiner
Charlie Lavery
John Martin
Jim Spence
Roone Arledge
John Sias
Dan Burke
Tom Murphy
Michael Eisner

E um agradecimento final aos meus editores:

Joel Lovell, com profunda gratidão por sua colaboração e amizade. Foi ótimo compartilhar essas lições, memórias e experiências com você.

Esther Newberg, por sua orientação e por me convencer a escrever este livro. Você disse que seria fácil e certamente estava errada!

Andy Ward, a quem agradeço e admiro a liderança, os conselhos e os incentivos.

ÍNDICE

A

A Bela e a Fera, **93**, **175**
A Nova Onda do Imperador, **175**
A Pequena Sereia, **93**, **175**
A Vingança dos Sith, **228**
ABC Entertainment
    Iger se torna presidente, **62-65**
    novos programas durante a primeira temporada de Iger, **68-74**
    programas em horário nobre bem-sucedidos, **68-69**
ABC Group
    aquisição pela Disney, **21**
    componentes, **103**
    cultura do, sob Burke e Murphy, **91-92**
    duração de Iger no, **21**
    Harbert como presidente, **81**
    Iger como presidente, **80-82**
    Iger como supervisor do estúdio de televisão, **34-35**, **36-40**
    Sweeney no, **166**
    trajetória descendente, **105-106**, **110-111**, **123**
ABC News
    Arledge como chefe, **52**, **54**
    cobertura da virada do milênio pela, **106-109**
ABC Sports
    Arledge como chefe, **38-39**, **42-43**, **52**, **54**
    ESPN e, **54**
    glamour de trabalhar na, **41-42**
    Iger como supervisor de operações de estúdio, **40**
    Iger como vice-presidente, **51**
    Iger como vice-presidente sênior de programação, **55-56**
    negociação de Iger com a Coreia do Norte, **42**, **46-47**
    personalidades da rede, **42-43**
    rentabilidade, **40**
    venda para a Capital Cities, **51-52**
Abrams, J. J., **233-236**, **237**
"administração por comunicado de imprensa", **245**
ajuda, pedido de, **56-57**
Aladdin, **93**, **175**
Alias, **233**
ambição, estimulando, **102**
ambiente de trabalho

abuso no, **37**, **39-40**
comportamento sexual
predatório no, **257-258**
empatia e justiça no, **282**
Amblin Entertainment, **233**
America's Funniest Home Videos, **69**
American Family Association e *Nova York Contra o Crime*, **78-79**
Anos Incríveis, **69**
ansiedade
ataques de Iger, **148**
necessidade de controle, **150-151**, **287**
necessidade de não projetar, **234**
Arad, Avi, **200**
Arledge, Roone
busca da perfeição por, **38-39**, **44-45**, **47-48**
características, **49-50**
cobertura da virada do milênio e, **106-109**
com Iger como chefe, **109**
como chefe da ABC News, **52**, **54**
como chefe da ABC Sports, **38-39**, **42-43**, **52**
como chefe de Iger, **18-22**
Jogos Olímpicos de Inverno de 1988 e, **54**, **57**, **58-61**
morte, **109-110**
Murphy e Burke e, **53**, **54**
The Main Event e, **38**
Arndt, Michael, **233**, **235-236**
assumindo riscos
contendo danos e, **215**
coragem necessária para, **24**, **282**
dilema do líder a respeito, **248**
intuição e, **168**, **212**
pessimismo e, **124**
vencendo e sentindo-se à vontade com o fracasso, **48-49**, **76**, **282**
AT&T, **263**, **269-270**
ataque de jacaré, **15-20**
Atlantis, **93**, **175**
autenticidade
compra da Pixar, **186-188**
confiança de vendedores para

aquisições, **239**, **287**
confiando em seus instintos, **57**, **259-260**, **278-279**, **282**, **286**
de Murphy e Burke, **57**
descrição, **25**
fracasso na compra do Twitter, **241-242**
inexperiência e, **66**
parceira da Disney com a Pixar, **165-166**
respeito e, **25**
se torna presidente e diretor de operações da Capital Cities/ABC, **81-82**
autoconsciência e liderança, **103**, **279**, **282**, **288**
"autocracia suave", **107**
autoridade, fonte de verdade, **66-67**

B

Bachelder, Joe, **86**
BAMTech, **242**, **243-244**, **246-247**
Barr, Roseanne, **265-268**
Barra, Mary, **244**
Bass, Sid, **116-117**
Bay, Willow. *Ver também* Iger, Willow
casamento, **85**, **91**
Disney e, **84-85**, **87**
Bergman, Alan, **173**, **266**
Bewkes, Jeff, **215**
Bird, Brad, **184**
Bloomberg, Stu, solicitude de, **64-65**, **66-68**, **81**
Bochco, Steven
Cop Rock e, **76**
Doogie Howser, M.D., **69**
Nova York Contra o Crime, **77-79**
Bollenbach, Steve, **90-91**
Boseman, Chadwick, **218**
Branca de Neve, **175**
Braverman, Alan
ataque de jacaré e, **18**
como diretor financeiro e conselheiro de Iger, **158**
compra da Fox, **252**, **253**, **255**, **270**, **271-272**

compra da Lucasfilm, **232, 233**
compra da Pixar, **194-195, 197**
reinvenção da Disney, **264**
saída de Eisner e, **172**
saída de Jobs, **223**
tentativa de aquisição hostil da Disney e, **131-132**
vetado no conselho por Jobs, **208**
Brinkley, David, **54**
Brown, Tina, **204**
Bruckheimer, Jerry, **15**
Buckley, Dan, **218**
Buffett, Warren, **51-52, 192**
Burke, Dan
    antecedentes, **51-52**
    aposentadoria, **81**
    Arledge e, **53, 54**
    características, **57**
    como chefe perfeito, **61-62**
    como homem de negócios, **52, 53-54, 57-58, 215**
    cultura corporativa da ABC sob, **92**
    Iger como presidente da ABC, **80**
    Jogos Olímpicos de Inverno de 1988, **59, 60-61**
    Nova York Contra o Crime e, **78**
    planos para Iger, **61**
    Twin Peaks, **70**
Burke, Steve, **131**

C

CAA (Creative Artists Agency), **89, 96-97**
California Adventure (Anaheim), **118**
campanha "Salve a Disney", **128, 133-135**
Campeonato Mundial de Tênis de Mesa, **46-47**
Capitã Marvel, **219, 275**
Capital Cities/ABC
    aquisição da Disney, **83-89, 126**
    Iger como presidente e diretor de operações, **81-82**
    sob a Disney, **94**
Capital Cities Communications (Cap Cities), **52**. *Ver também* Burke, Dan; Murphy, Tom
Carros, **182-183**

Catmull, Ed
    compra da Pixar e, **180, 181, 182, 183, 184, 188-189, 191-192**
    Disney Animation e, **231**
CBS, **110-111**
Chapek, Bob, **12, 15-16, 20**
Chapman, Brenda, **184**
Chicken Little, **93**
China, Disney na, **104**
    antecedentes internacionais de Iger e, **104**
    Hong Kong, **118, 174-175**
    Xanghai, **9, 10, 11, 15, 19-20**
Chumbo Grosso, **68**
Cinderela, **175**
Coates, Ta-Nehisi, **218**
Coe, Sebastian, **48**
Comcast
    tentativa de aquisição hostil da Disney, **130-134**
    tentativa de compra da Fox, **259, 263, 269-273, 276**
concentração
    comunicando prioridades, **285**
    descrição, **24**
    em cargo/projeto em andamento, **283-284**
    não tendo muitas prioridades, **140-141**
confiança
    gera autenticidade, **25**
    mantendo nas negociações, **239, 287**
    própria intuição, **57, 259-260, 278-279, 282, 286**
consideração
    dando feedback e, **74, 95-96**
    execução de ideias ousadas e, **285**
    fazendo o trabalho de casa, **286**
    fazendo perguntas e, **283**
    fracasso de Ovitz com, **98-99**
    ponderação, **25**
Conway, Kellyanne, **249-250, 268**
Coogler, Ryan, **74**
Cook, Dick, **173, 175**
Cop Rock, **75-77**
coragem

criatividade e, **24**
descrição, **24**
como necessário à inovação, **282**, **287-288**
correr risco e, **24**, **282**
liderar com medo impede o avanço, **284-285**
período de desenvolvimento de serviços de streaming, **244-249**
Star Wars de Abrams, **233-235**
Twin Peaks e, **70-71**
Coreia do Norte, **46-47**
Cosell, Howard, **38**
crescimento internacional.
Ver também China, Disney na como prioridade para Iger, **142**
criatividade
administração, **74**, **283**
coragem e, **24**
empatia e administração de, **75**
fracasso e, **283**
culturas corporativas
ABC sob Burke e Murphy, **92**
Disney Company, **91**, **92-93**, **97**, **98-99**
"pacto social" para a compra da Pixar pela Disney, **190-191**
prioridades e, **104**
curiosidade, descrição, **24**

D

Daly, Bob, **215**
Desperate Housewives, **165-166**
determinação
análise e, **168-169**
descrição, **24**
ego e, **162**
ideias ousadas, **179-180**, **181**
Dinossauro, **175**
Disney Animation
como domínio de Eisner, **117**
como marca da Disney, **177**
compra da Marvel e, **198-199**, **200-201**
compra da Pixar e, **188-189**, **198-199**
estado da, quando Iger se tornou CEO, **172-173**, **174-175**
filmes de sucesso, **93**
fracassos de bilheteria, **93**, **122**
importância da, **193-195**
Lasseter na, **231**, **257-258**
Mayer e, **173**, **198**, **201**, **206**
parceria com a Pixar, **93**, **121-122**, **128-130**, **158**, **163-166**, **170-171**
revitalizada, **117**
Staggs e, **173**, **176**, **198**, **206**
Disney Channel, **93**
Disney, Patti, **126**
Disney, Roy E.
Eisner e, **116-117**, **125-129**, **130**, **132-133**, **134**
Iger e, **158**, **159-160**, **161-162**
Disney Studios
filmes de sucesso, **92-93**
filmes live-action, **274-275**
Horn e, **214**, **215-218**
Katzenberg e, **84**, **117**
Pantera Negra, **218-221**
Ross e, **214-215**
Roth e, **99**
Disney, Walt, **9**, **142**, **161**
Disney World (Orlando)
ataque de jacaré, **15-20**
como alvo original de Mateen, **11-12**
inauguração, **14**
Star Tours, **224-226**
tamanho, **10**
Disneylândia
Galaxy's Edge, **276**
Star Tours, **224-225**
sucesso da, **116**
Disney+ (serviço de streaming), **243**, **246-247**, **273-276**
Disney's Animal Kingdom (Flórida), **118**
Docter, Pete, **184**, **268**
Doogie Howser, M.D., **69**
Dorsey, Jack, **242**
Dungey, Channing, **266-267**

E

E.T., **233**
Edwards, Eddie "The Eagle", **60**

Eisner, Jane, **88, 89, 90**
Eisner, Michael
    busca incansável pela perfeição, **118, 119-120**
    como CEO da Disney, **83, 116-117**
    como "refundador" da Disney, **116-117**
    compra da Capital Cities/ABC, **83-88**
    compra da Miramax, **204**
    compra da Pixar e, **192-193**
    destituído como presidente do conselho, **134-135**
    Iger como "não promovível", **111-112**
    Iger promovido a presidente, diretor de operações e membro do conselho da Disney por, **114, 118**
    incapaz de nomear o número dois, **111**
    Jobs e, **120-123, 128-130, 163-164**
    Lucasfilm, **175**
    mandato na Disney, **92-93, 111**
    Marvel e, **203-204**
    Ovitz demitido, **96-100**
    pessimista por natureza, **124**
    relação com a Pixar, **93**
    relação com Iger, **101-102, 103**
    Roy Disney e, **116-117, 125-129, 130, 132-133, 134**
    saída da Disney, **157, 172**
    sucessos enquanto chefe imediato de Iger, **118-120**
    unidade de Planejamento Estratégico e, **167**
empatia
    administração de criatividade e, **74-75**
    como pré-requisito para administração da criatividade, **75**
    criando ambiente com, **226**
erros, assumindo a responsabilidade por, **48-49, 76, 282**
ESPN, **54, 61, 243, 262**
ESPN+ (serviço de streaming), **243-244, 246, 273-276**
Evangelatos, Dennis, **148**

F

Faber, David, **272**
Fahrenheit 9/11, **204**
Family Matters, **69**
Fantasia 2000, **93, 175**
feedback, fornecendo, **74, 95-96**
Feige, Kevin, **211-213, 217-218, 231**
Ferguson, Jay, **18**
foco no futuro, **99–100, 101–2**
Fox compra da, **252-256, 258-261, 262-265, 269-274, 276**
    começo da rede de televisão, **70**
Fox Searchlight Pictures, **253**
Fox Sports Networks, **253**
fracasso
    enfrentando e sentindo-se à vontade com, **48-49, 76, 282**
    inovação e, **76-77**
    respeito e, **77**
FX Networks, **253**

G

Galaxy's Edge, **276**
Ghirlando, padre, **85**
Gibson, Charlie, **87**
Gold, Stanley
    campanha para tirar Eisner, **125, 126-128, 129, 132, 133-135**
    Iger e, **159-161, 162**
    sobre Iger como sucessor de Eisner, **146-147**
Goldenson, Leonard, **51**
Goldston, James, **268**
Good Morning America, **11, 84-85, 87**
Grave, Lane, **15-20**
Graves, Matt, **18**
Graves, Melissa, **18**
Grey's Anatomy, **165-166**

H

Harbert, Ted
    como presidente da ABC Entertainment, **81-82**
    prestatividade de, **64-65, 66-67, 81**
Harris, Neil Patrick, **69**
Heidrick e Struggles, **147**

Hércules, **93, 175**
Hobson, Mellody, **225-226, 237, 238**
Home Improvement, **105**
Homem de Ferro 2, **208**
Homem-Aranha, **199, 211**
Hong Kong Disneyland, **118, 174-175**
Horn, Alan
  antecedentes, **214-215**
  chefe do Disney Studios, **213, 214, 215-218, 232, 233**
  comportamento de Lasseter, **257-258**
  compra da Lucasfilm, **233-234**
  O Despertar da Força, **234-239**
  Pantera Negra, **218-219**
Hulu, **249, 253, 276**
humildade e liderança, **66-67, 288**

I

Icahn, Carl, **200**
ICM, **55, 56**
Iden, Ron, **11**
Iger, Max (filho), **112, 148, 151**
Iger, Robert
  aposentadoria da Disney, **277**
  ataque de ansiedade, **148**
  avisado que sucederia Eisner, **151-152**
  campanha de desenvolvimento, **138-144**
  características, **35-36, 61-62, 67-68**
  casamento com Bay, **85, 91**
  como presidente da ABC, **80-82**
  como presidente da ABC Entertainment, **63-65**
  como supervisor de estúdio de televisão, **34-35, 36-40**
  crescendo, **29-33**
  falta de conhecimento sobre Hollywood, **67-68**
  Gold e, **158-161, 162**
  história de carreira, **21, 23**
  Jobs e, **152-153, 163-166, 204-210, 222-224**
  na ABC Sports, **40-41, 51, 54-56**
  período entre, e Eisner como CEO da Disney, **145-151**
  política e, **249-252**
  primeiro trabalho de horário integral, **34**
  Roy Disney e, **158, 159-160, 161-162**
Iger, Susan (esposa), **56, 65**
Iger, Willow (esposa)
  ataque de jacaré e, **19**
  carreira, **112, 115**
  compra da Pixar e, **180, 196-197**
  estreia de O Despertar da Força, **238**
  filhos de, **104, 112-113**
  Iger e a política, **251**
  jantar com Perlmutters, **203**
  jantar com Jobs, **222-223**
  na inauguração da Shanghai Disneyland, **15**
  natureza solidária de, **152**
Immelt, Jeff, **211**
inovação
  Cop Rock e, **75-77**
  coragem necessária para, **282, 287-288**
  fracasso e, **76-77**
  liderança durante períodos de, **244-249**
  Twin Peaks e, **70-71**
Institutional Shareholder Services (ISS), **132**
integridade
  autoconsciência como essencial, **282**
  campanha de Iger para suceder Eisner, **138-141**
  contratando pessoas com, **217**
  demissão de Barr, **266-268**
  descrição, **25**
  reputação da empresa depende de, **284**
  sobre Murphy e Burke, **57**
intuição, confiando na própria, **57, 259-260, 278-279, 282, 286**
iPods, **164-165**
Irmão Urso, **93, 175**
"iTV", ideia da, **164**

297

J

Jane (revista), **94-95**
Jarrett, Valerie, **265-266**, **267**
Jennings, Peter, **108**
Jiro Dreams of Sushi (documentário), **45**
Jobs, Laurene, **222-224**
Jobs, Steve
    características, **182**, **208**
    compra da Marvel pela Disney e, **206**, **209-210**
    compra da Pixar pela Disney e, **178-183**, **186-187**, **189-191**, **192**
    Eisner e, **120-123**, **128-130**, **163-164**
    Iger e, **152-153**, **163-166**, **206-210**, **222-224**
    Lucas e, **224**
    morte, **182**, **223**
    sugere cancelar a compra, **195-197**
    voto contra no conselho por, **209**
Jogos Olímpicos de Calgary, **54**, **57**, **58-61**
Jogos Olímpicos, Inverno (1988), **54**, **57**, **58-61**
Jurassic Park, franquia, **233**
justiça
    assumindo a responsabilidade por erros e, **48-49**
    descrição, **24**, **282**
    estar presente para o pessoal durante grandes mudanças, **246**
    perfeição e, **50**, **282**

K

Kalogridis, George, **13**, **16**
Kasdan, Larry, **235-236**
Katzenberg, Jeffrey, **84**, **93**, **117**, **145-146**
Kennedy, Kathy, **233**, **234-235**, **236-238**
King, Gayle, **220**
Koppel, Ted, **135**
Kraft, Robert, **268**

L

L.A. Law, **68**
Lasseter, John
    comportamento sexualmente predatório por, **257-258**
    compra da Pixar e, **178**, **181**, **182**, **183-185**, **187-189**, **191-192**
    na Disney Animation, **231**
    saída da Disney, **268**
Lee, Jennifer, **268**
Lee, Nancy, **264**, **270**
Lee, Spike, **220**
Lewis, Aylwin, **150**
liderança
    administração por comunicado de imprensa, **245**
    admissões de negligência e, **19**
    autenticidade (*ver* autenticidade)
    autoconsciência e, **103**, **279**, **282**, **288**
    autocracia suave, **107**
    capacidade de compartimentar, **14**
    capacidade de se adaptar e readaptar, **21-22**
    comunicação de pessimismo, **124-125**
    concentração (*ver* concentração)
    consideração (*ver* ponderação)
    coragem (*ver* coragem)
    curiosidade, **24**
    demitindo pessoal, **213-215**
    determinação (*ver* determinação)
    dilema de assumir riscos, **248**
    durante períodos de perturbação e inovação, **244-249**
    empatia e respeito pelos outros, **163**, **282**, **286**, **287**
    estimulando outros para, **284**
    fazendo perguntas difíceis, **100**
    fazendo todos os aspectos do trabalho, **284**
    humildade e, **66-67**, **288**
    importância de diversas vozes e visões, **221**
    importância de mentores, **278**
    indispensabilidade e, **102-103**
    integridade (*ver* integridade)
    investindo no crescimento da equipe, **102**
    justiça (*ver* justiça)
    modo correto de avançar, **138**

moral e prioridades estabelecidos por, **141**
nutrindo ambições próprias, **102**
otimismo (*ver* otimismo)
pensando grande, **283-284**
perfeição (*ver* perfeição, busca incansável da)
presente para o pessoal, **246**
problema de ter muito poder por muito tempo, **277-278**, **288**
tempo médio de mandato de CEO da Fortune **500**, **179**
topo, como personificação da empresa, **286**
Life Goes On, **69**
Lilo & Stitch, **93**, **175**
Litvack, Sandy, **86**, **90-91**, **111**, **114**
Lost, **165-166**, **233**
Lucas, George
    Iger na ABC e, **225**
    O Despertar da Força e, **234-239**
    Pixar, **224**
    na inauguração da Shanghai Disneyland, **15**
    Twin Peaks e, **71**
    venda da Lucasfilm, **226-233**
Lucasfilm, **198-199**, **224**, **226-233**
Lunden, Joan, **84-85**, **87**
Lynch, David, **70-73**

M

Maisel, David, **200**
marca
    Disney Animation como A Disney, **177**
    filmes da Marvel, **237**
    filmes de *Star Wars*, **237**
    importância da, **140**
    qualidade de conteúdo e, **141-142**
Marshall, Frank, **233**
Marvel Entertainment
    compra da, por Iger, **198-203**, **205-206**, **210-213**, **217-219**, **231**
    Eisner e, **203-204**
    futuro da, **231**
    valor para a Disney, **198-199**
massacre da boate Pulse, **11**

Mateen, Omar, **11-12**
Mayer, Kevin
    BAMTech e serviços de streaming direto para o consumidor, **243-244**, **246-247**
    custo de construir a própria plataforma tecnológica, **240-242**
    demonstração do aplicativo de streaming, **275**, **276**
    Disney Animation e, **173**, **198**, **201**, **206**
    Fox e, **252**, **253**, **254-255**, **259-260**, **270-271**
    Lucasfilm e, **226-227**, **228-229**, **230-231**
    Marvel e, **205**
    reestruturação da Disney, **264**
    Staggs e, **169**
McCarthy, Christine, **254**, **255**, **264**, **270**, **271**
microgerenciamento, **120**, **284**
Miller, Scott, **139**, **140**
Miramax, **204**
Mitchell, George
    "avaliação" de Iger como CEO da Disney e, **147**
    compra da Pixar pela Disney, **192-193**, **194-195**
    Eisner demitindo e, **135-137**
    eleito presidente do conselho, **135**
    primeira reunião do conselho de Iger como CEO, **174-175**
    processo Gold-Disney, **160-161**
    sobre a última entrevista de Iger com o conselho da Disney para se tornar CEO, **149-150**
Monday Night Football, **105**
Moneyline, **112-113**
Monstros S.A., **121**, **175**
Moore, Michael, **204**
Moraga Vineyards, **249**
moral
    estabelecimento de prioridades pela liderança e, **141**
    tomada de decisões centralizada e, **144**

Mucha, Zenia
- ataque de jacaré e, **17-18**
- campanha "Salve a Disney" e, **133-134**
- características, **17**
- como conselheira de Iger, **120**, **158**
- tentativa de compra da Comcast, **130**, **131**
- tuíte de Barr e, **266-267**
- saída de Eisner e, **172**

Mulally, Alan, **211**
Mulan, **93**, **175**
Murdoch, James, **259**
Murdoch, Lachlan, **259**, **260**
Murdoch, Rupert, **249**, **250-252**, **256-257**, **258-261**, **270-271**
Murphy, Larry, **94-95**
Murphy, Peter, **111**, **166-169**
Murphy, Tom
- advertindo Iger sobre progresso na Disney, **111-112**
- antecedentes, **51- 52**
- Arledge e, **53**, **54**
- características, **57**
- como chefe perfeito, **62**
- como homem de negócios, **52**, **53-54**, **57-58**, **215**
- cultura corporativa da ABC sob, **92**
- Eisner e, **85**, **86**, **88**, **192-193**
- Jogos Olímpicos de Inverno de 1988, **60-61**
- planos para Iger, **61**
- *Twin Peaks*, **70**, **71-72**

N

Nallen, John, **259**, **271**
National Geographic, **253**
NBC
- como líder do horário nobre, **68-69**, **77**
- compra pela Comcast, **211**, **259-260**
- "Must See TV" quinta-feira à noite, **110-111**
- Tartikoff e, **79**

Nem que a Vaca Tussa, **93**, **175**
New York Times, The, **90**
Newsweek, **72**
Nightline, **53**, **135**
Nova York Contra o Crime, **77-79**, **105**

O

O Corcunda de Notre Dame, **93**, **175**
O Despertar da Força, **234-239**
"O homem na arena" discurso (Roosevelt), **193-194**
O Império Contra-Ataca, **235**
O Incrível Hulk, **199**
O jovem Indiana Jones, **71**, **225**
O Quarteto Fantástico, **199**
O Rei Leão, **93**, **175**
O Retorno de Jedi, **235-236**
Obama, Barack, **211**, **220**, **268**
Ono, Jiro, **45**
11 de Setembro de 2001, **123**
oportunidade e ambição, **102**
Orlando Sentinel, **146**
Os Simpsons, **275**
otimismo
- descrição, **24**, **285**
- efeito do, **125**
- em face do desconhecido, **288**
- importância do, **285**
- mantendo, **286**

Ovitz, Michael
- antecedentes, **89-90**
- Eisner e, **90-91**, **96-100**
- Iger e, **100**

P

Pantera Negra, **74**, **218-221**
Parker, Jayne, **261**, **264**
Parker, Mark, **244**
parques da Disney, locações, **10**
Pequena Miss Sunshine, **233**
Perelman, Ron, **200**
perfeição, busca incansável da
- Arledge e, **38-39**, **44-45**, **47-48**
- como mentalidade, **282**
- descrição, **25**, **44-45**, **282**
- Eisner e, **118**, **119-120**
- elementos de, **44**
- justiça e, **50**, **282**

não se apegar a datas de lançamentos de filmes, **236**
Perlmutter, Ike, **199-203, 210-211, 219**
Perlmutter, Laurie, **203**
perseverança, **150**
pessimismo, **124, 285**
Peter Pan, **175**
Philbin, Regis, **105**
Piratas do Caribe, **130**
Pixar
    como marca, **176**
    compra pela Disney, **173, 177-195, 226-227, 231**
    Jobs como CEO, **121, 122-123**
    Lucas e, **224**
    parceria com a Disney, **93, 121-122, 128-130, 158, 163-166, 170-171**
Planeta do Tesouro, **93, 175**
política da Apple de "Rip. Mix. Burn.", **120-121**
Por favor, Matem Minha Mulher, **117**
Pratt, Jane, **94-95**
prioridades
    comunicando, **285**
    estabelecendo, **141**
Procurando Nemo, **129, 130, 175**

Q

Quem Quer Ser um Milionário, **105, 110-111**

R

raiva, necessidade de controlar, **150-151**
Ratatouille, **184**
Reasoner, Harry, **36-37**
respeito
    como pré-requisito de administração da criatividade, **75**
    dando más notícias, **286-287**
    em negociações, **286**
    em tempos de fracasso, **77**
    exemplos de Murphy e Burke, **57**
    ganhando por fazer seu trabalho, **98, 284**
    gera autenticidade, **25**
    processo Roy Disney-Gold e, **159-162**

responsabilidade por erros, assumindo, **48-49, 76, 282**
"Rip. Mix. Burn." política da Apple, **120-121**
Roberts, Brian, **130-134, 211, 269, 272**
Roberts, Robin, **11**
Roche, Gerry, **147-148**
Roosevelt, Theodore, **193-194**
Roseanne, **64, 265-266**
Ross, Rich, **214-215**
Roth, Joe, **90, 99**
Rydstrom, Gary, **184**

S

Sawyer, Diane, **54**
Scaramucci, Anthony, **249-250**
ser indispensável, autoconsciência sobre, **102-103, 284**
serviços de streaming, **242-243, 273-276**
Shanghai Disneyland
    antecedentes internacionais de Iger e, **104**
    inauguração, **9, 11, 15, 19-20**
    tamanho e custo, **10**
Shankar, Uday, **275**
Sherwood, Ben, **265, 266-267**
shokunin, **45**
Sinatra, Frank, **37-39**
Skipper, John, **261-262**
Sky, **253**
Solomon, Steve, **55**
Spence, Jim, **55, 56**
Spielberg, Steven, **71**
Staggs, Tom
    como diretor financeiro e conselheiro de Iger, **158**
    compra da Pixar, **173-174, 179, 185, 190, 194-195**
    Disney Animation e, **173, 176, 198, 206**
    inauguração da Hong Kong Disneyland, **175**
    parceria com a Pixar e, **170-171**
    saída de Eisner e, **172**
    unidade de Planejamento Estratégico, **94-95, 169**

Stanton, Andrew, **184**
Star Wars, filmes, **224-225**, **226**, **228**, **230-231**, **232**, **233**
Star Wars: Os Últimos Jedi, **260-261**
Stern, Bob, **88**
Stoddard, Brandon, **62-63**, **78**
Swanson, Dennis, **54-57**
Sweeney, Anne, **166**
Sykes, Gene, **170-171**

T

Talk, **204**
Tartikoff, Brandon, **79**
Tarzan, **175**
tecnologia
    abraçando o novo como oportunidade, **142**, **285-286**
    avanços na televisão, **43**
    BAMTech, **242**, **243-244**
    decisão de comprar a plataforma, **240-242**
    serviços de streaming, **242-243**, **273-276**
    Twitter, **241-242**
televisão, programas de classificação R, **77-79**
tenacidade, **150**
The Drew Carey Show, **105**
The Main Event, **37-39**
The Mandalorian, **274-275**
Thirtysomething, **69**
Time, **72**
Time Warner, **263**, **269-270**
tomada de decisões. *Ver* determinação
Touchstone Films, **117**
Toy Story, **121**, **175**
Toy Story 2, **121-122**
Toy Story 3, **233**
ToyBiz, **200**
trabalho em equipe, importância do, **79-80**
Trump, Donald, **249-250**, **268**
Tudo em Família, **69**
21st Century Fox. *Veja* Fox
20/20, **53**
Twin Peaks, **70-73**, **75**, **76**
Twitter, **241-242**, **266-268**

U

Uma Linda Mulher, **117**
Universo Cinematográfico da Marvel (MCU), **212**, **217-218**
Unkrich, Lee, **184**
Up, **184**

V

Valente, **184**
Vida de Inseto, **121**
videocassete, surgimento, como concorrente, **70**
videogames, surgimento, como concorrente, **70**
Vingadores: Ultimato, **217**, **275**, **276**

W

W (revista), **94**, **95**
Wall-E, **184**
Wall Street Journal, The, **71**
Walt Disney Company. *Ver também* entradas começando com Disney; subentradas começando com Walt Disney
    ambiente de trabalho, **257-258**
    aquisição da Capital Cities/ABC, **83-89**, **126**
    campanha de Iger para substituir Eisner, **138-141**, **138-144**, **141-143**
    carreira de Iger na, **21-22**
    crescimento internacional, **104**
    cultura da, **91**, **92-93**, **97**, **98-99**
    efeito do 11 de Setembro, **123-124**
    Eisner como CEO, **83**, **116-117**
    Eisner como "refundador" da, **116-117**
    Eisner incapacitado, **135-137**, **157-158**
    escrutínio público da, **157-158**
    Iger se torna presidente, diretor de operações e membro do conselho, mandato de Eisner, **92-93**, **111**
    Mickey Mouse, itens, **91**
    Ovitz e, **90-91**, **96-100**
    período entre Eisner e Iger como CEO, **145-151**
    por Eisner, **114**, **118**
    sucessos enquanto Eisner era chefe

imediato de Iger, **118-120**
tentativa de aquisição hostil pela
Comcast, **130-134**
tentativa de aquisição hostil por
Steinberg, **116**
unidade de Planejamento Estratégico,
92, **93-95**, **111**, **144**, **167**
Walt Disney Company com Iger como
CEO
    aposentadoria de, **277**
    BAMTech, **242**, **243-244**
    compra da Fox, **252-256**, **258-261**, **262-265**, **269-274**, **276**
    compra da Lucasfilm, **226-233**
    compra da Marvel, **198-203**, **205-206**, **210-213**, **217-219**, **231**
    compra da Pixar, **173**, **177-195**, **226-227**, **231**
    data de início oficial, **172**
    parceria com a Pixar, **158-159**, **163-166**, **170-171**
    primeira reunião do conselho de Iger, **174-179**
    processo Roy Disney-Gold, **159-162**
    reestruturação da unidade de
    Planejamento Estratégico,
    159, **166-169**
    retiro do conselho para tratar da
    disrupção, **243-244**
    serviços de streaming, **242-243**, **273-276**
    Twitter, **241-242**
    visão geral da reinvenção, **244-245**, **263-265**, **273-276**
Walt Disney Imagineering, **119**
Walt Disney World
    hotéis, **117**
    sucesso do, **116-117**
Walters, Barbara, **89**
Warner Bros., **215-216**
Washington, Denzel, **220**
Weinstein, Bob, **204**
Weinstein, Harvey, **204**, **257**
Weintraub, Jerry, **38**
Wells, Frank
    eleito presidente, **116-117**

formação da unidade de
Planejamento Estratégico, **92**, **167**
investidas com autoridades chinesas, **104**
morte, **83**, **84**, **93**
Whitman, Meg, **149**
Who's the Boss?, **69**
Wide World of Sports
    Campeonato Mundial de Tênis de
    Mesa, **46-48**
    popularidade, **40-41**
    viagens pelo, **41**
    visão de Arledge, **43**
Wilson, Gary, **146-147**, **149-150**, **176**
Winfrey, Oprah, **220**
World News Tonight, **53**
Wurtzel, Alan, **63**

1ª edição	JULHO DE 2020
reimpressão	MARÇO DE 2025
impressão	BARTIRA
papel de miolo	IVORY BULK 65 G/M²
papel de capa	CARTÃO SUPREMO ALTA ALVURA 250 G/M²
tipografia	ZENON E BENTON SANS